唐登学 主编

WANXIA SHENGHUI

SICHUAN DAXUE GUANXIN XIAYIDAI
GONGZUO SANSHI NIAN SHIJIAN YU TANSUO

晚霞生辉

——四川大学关心下一代工作三十年实践与探索

四川大学出版社

SICHUAN UNIVERSITY PRESS

图书在版编目（CIP）数据

晚霞生辉：四川大学关心下一代工作三十年实践与
探索 / 唐登学主编 . — 成都：四川大学出版社，
2022.6

ISBN 978-7-5690-5467-5

Ⅰ . ①晚… Ⅱ . ①唐… Ⅲ . ①高等学校－教育工作－
研究－四川 Ⅳ . ① G649.2

中国版本图书馆 CIP 数据核字（2022）第 08493

书　　名：晚霞生辉——四川大学关心下一代工作三十年实践与探索
　　　　　Wanxia Shenghui——Sichuan Daxue Guanxin Xiayidai Gongzuo Sanshi Nian Shijian yu Tansuo
主　　编：唐登学

选题策划：邱小平
责任编辑：罗　丹
责任校对：吴连英
装帧设计：墨创文化
责任印制：王　炜

出版发行：四川大学出版社有限责任公司
　　　　　地址：成都市一环路南一段 24 号（610065）
　　　　　电话：（028）85408311（发行部）、85400276（总编室）
　　　　　电子邮箱：scupress@vip.163.com
　　　　　网址：https://press.scu.edu.cn
印前制作：四川胜翔数码印务设计有限公司
印刷装订：四川煤田地质制图印刷厂

成品尺寸：170mm×240mm
印　　张：17.75
插　　页：6
字　　数：349 千字

版　　次：2022 年 8 月　第 1 版
印　　次：2022 年 8 月　第 1 次印刷
定　　价：68.00 元

四川大学出版社
微信公众号

习近平总书记就做好关心下一代工作作出重要指示

纪念中国关心下一代工作委员会成立 25 周年暨全国关心下一代工作表彰大会 2015 年 8 月 25 日在北京召开。习近平总书记作出重要指示：

习近平指出，十年树木，百年树人。祖国的未来属于下一代。做好关心下一代工作，关系中华民族伟大复兴。中国关工委成立 25 年来，为促进青少年健康成长做了大量工作。希望同志们坚持服务青少年的正确方向，着力加强青少年思想道德建设，引导青少年树立和践行社会主义核心价值观，支持和帮助青少年成长成才，团结教育广大青少年听党话、跟党走。广大老干部、老战士、老专家、老教师、老模范等离退休老同志是党和人民的宝贵财富。我们要弘扬"五老"精神，尊重"五老"，爱护"五老"，学习"五老"，重视发挥"五老"作用，推动关心下一代事业更好发展。

习近平强调，各级党委和政府要关心和支持关心下一代工作，支持更多老同志参加关心下一代工作，在时代的舞台上老有所为、发光发热。

原文刊载于《人民日报》2015 年 8 月 26 日第一版

纪念中国关心下一代工作委员会成立 30 周年暨全国关心下一代工作表彰大会 2020 年 11 月 17 日至 18 日在北京召开。习近平总书记作出重要指示：

习近平指出，青少年是祖国的未来和民族的希望。中国关工委成立 30 年来，特别是党的十八大以来，团结带领广大老干部、老战士、老专家、老教师、老模范等离退休老同志，不忘初心、牢记使命，为促进青少年健康成长发挥了重要作用。

习近平强调，广大"五老"是党和国家的宝贵财富，是加强青少年思想政治工作的重要力量。各级党委和政府要加强对关心下一代工作的领导，支持更多老同志参加关心下一代工作，使广大"五老"在关心下一代的广阔舞台上老有所为、发光发热，为培养社会主义建设者和接班人作出新的更大贡献。

原文刊载于《人民日报》2020 年 11 月 19 日第一版

四川大学关工委工作照

2022年1月5日，四川大学召开纪念关心下一代工作委员会成立三十周年暨表彰大会

2018年1月9日，四川大学关心下一代工作委员会全委会召开

2021年4月2日，四川大学关工委会同有关职能部门举办党史学习报告会

2019年12月15日，四川大学关工委协同华西公共卫生学院党委举行"习近平新时代中国特色社会主义思想学习班"十年工作总结会参会人员合影

四川大学关工委年度"关心优秀学生奖学金"颁奖会后合影

2017年6月6日，四川大学化学工程学院关工委举行"跟班关爱"学生毕业座谈会合影

　2020年7月8日，电子科技大学、西南交通大学、西南财经大学、四川农业大学、西南科技大学、四川大学六所高校关工委组织建设研讨交流会合影

　2021年11月16日，四川大学关工委召开学习贯彻党的十九届六中全会精神座谈会

表彰奖励

《晚霞生辉——四川大学关心下一代工作三十年实践与探索》编委会

主　　任：曹　萍

副　主　任：梁　斌　张　林　郭　勇　唐登学　曾学锋
　　　　　周荣丰　石　坚　郑尚维　杨静波

委　　员：罗　卡　陈　岗　马绍琼　周志文　汪朝清
　　　　　徐　怡　兰礼吉　曾治玉　曹养书　徐赐宁
　　　　　杨万贵　冷文华

主　　编：唐登学

常务副主编：曾学锋　周荣丰　汪朝清　杨静波

编　　委：徐　怡　姜迎春　向　丹　熊　薇

序

十年树木，百年树人。成立关心下一代工作组织，是具有中国特色的制度性安排，是党加强青少年思想政治工作的创新，事关党和国家前途命运，事关中华民族伟大复兴。四川大学关工委成立三十年来，在学校历届党政的领导和上级关工委的关怀指导下，按照关工委"围绕中心、配合补充、主动作为、协同创新、立足基层、注重实效"工作方针，充分发挥"五老"优势，紧紧围绕"立德树人"根本任务，不断拓宽工作思路，创新工作品牌，谱写了关心下一代工作的辉煌篇章，先后多次受到中国关工委、中央精神文明建设指导委员会办公室、教育部关工委、四川省关工委、四川省教育厅关工委和学校的表彰。

在关工委成立三十年之际，学校关工委编辑出版了《晚霞生辉——四川大学关心下一代工作三十年实践与探索》文集，文集选编了领导同志有关讲话和文件，较全面地反映了校院两级关工委老同志长期以来，特别是党的十八大以来，在习近平新时代中国特色社会主义思想指导下，认真学习贯彻习近平总书记对关工委工作的重要指示精神，始终不忘立德树人初心，牢记为党育人、为国育才使命，坚持急党政所急，想青年大学生所需，尽关工委所能，主动作为，展现了关工委老同志忠诚教育、关爱后代、无私奉献、务实创新的"五老"精神以及他们厚植教育情怀，拓宽工作思路，创新工作特色品牌，为铸魂育人、培养堪当民族复兴大任时代新人的永无止境的实践探索。

通过关工委三十年的实践与探索，总结归纳撰写的文章，其主要内容包括，围绕"立德树人"根本任务，以理想信念教育为核心，开展社会主义核心价值观教育、以党史为重点的"四史"教育，引导青年大学生永远听党话、跟党走的经验总结；有积极组织开展关工委品牌建设和特色活动的实践探索；有组织建设、制度建设、二级关工委建设、关工委领导体制和工作机制的实践概括；有"五老"从事关工委工作三十年的感悟体会；有积极研究和探索新时代关工委工作的特点、规律和创新发展的理论研究成果。

这些关工委实践经验总结、理论研究成果，既是学校关工委三十年来发展历程的见证和忠实的记录，也是关工委助力"立德树人"鲜活实践的总结，是关工委"五老"精神的集中展示，同时更是继续做好新时代关工委工作很好的借鉴和参考。

三十而立，任重道远。学校关工委将深入学习贯彻党的十九届六中全会精神和习近平总书记对关工委工作的重要指示精神，胸怀"国之大者"，践行初心使命，以关工委成立三十周年为新的起点，在铸魂育人的舞台上，老有所为，发光发热，为培养堪当民族复兴大任的时代新人，作出新的更大的贡献。

回眸三十年，迈入新时代，开启新征程。谨以此文集作为四川大学关心下一代工作委员会献给党的百年华诞，迎接党的二十大胜利召开的一份礼物。

四川大学党委常务副书记
四川大学关工委主任

目　录

文件选编

领导讲话

理论研究

工作大事记

四川大学关工委组织机构

文件选编

中共中央办公厅 国务院办公厅印发
《关于加强新时代关心下一代
工作委员会工作的意见》

新华社北京 2 月 9 日电 近日，中共中央办公厅、国务院办公厅印发了《关于加强新时代关心下一代工作委员会工作的意见》，并发出通知，要求各地区各部门结合实际，认真贯彻落实。

《关于加强新时代关心下一代工作委员会工作的意见》主要内容如下。

党的十八大以来，全国各级关心下一代工作委员会（以下简称关工委）认真贯彻落实党中央关于关心下一代工作的决策部署和习近平总书记重要指示批示精神，团结动员广大老干部、老战士、老专家、老教师、老模范（以下简称"五老"）等离退休老同志参加关心下一代工作，为支持和帮助青少年成长成才作出了积极贡献。在全面建设社会主义现代化国家新征程中，关心下一代工作面临新形势新任务。为进一步发挥各级关工委和广大"五老"在教育、引导、关爱、保护青少年方面的独特优势和重要作用，现就加强新时代关工委工作提出如下意见。

一、总体要求

（一）指导思想。以习近平新时代中国特色社会主义思想为指导，深入贯彻党的十九大和十九届二中、三中、四中、五中、六中全会精神，深入贯彻习近平总书记关于关心下一代工作的重要指示批示精神，坚持"急党政所急、想青少年所需、尽关工委所能"的工作方针，以培育和践行社会主义核心价值观为主线，以理想信念、思想道德、传统文化、科技素养和法治教育为重点，充分发挥"五老"在教育引导和关爱保护青少年方面的优势作用，促进青少年成长成才，为培养德智体美劳全面发展的社会主义建设者和接班人贡献力量。

（二）工作原则。坚持党对关工委工作的领导，自觉把党的领导贯彻到关工委工作全过程各方面，切实增强"四个意识"、坚定"四个自信"、做到"两个维护"；坚持服务党和国家工作大局，积极配合、主动作为，找准工作的结合点和着力点，为党和国家中心工作助力添彩；坚持把立德树人作为根本任务，大力加强青少年思想政治工作，引导广大青少年以实现中华民族伟大复兴为己任，努力学习、健康成长、艰苦奋斗；坚持发挥"五老"的优势作用，弘扬"忠诚敬业、关爱后代、务实创新、无私奉献"的"五老"精神，尊重"五老"，爱护"五老"，学习"五老"，支持更多老同志在关心下一代的广阔舞台上老有所为、发光发热；坚持与时俱进、改革创新，遵循青少年成长规律，积极探索适合关工委特点的方法路径，使关心下一代工作始终充满生机活力。

二、重点任务

（三）坚持用习近平新时代中国特色社会主义思想铸魂育人。深入贯彻落实《中共中央、国务院关于新时代加强和改进思想政治工作的意见》，充分发挥"五老"报告团、宣讲团作用，在青少年中持续开展习近平新时代中国特色社会主义思想宣传教育活动，打牢青少年成长成才的思想根基。加强理论宣传普及和阐释解读，深入宣传党和国家重大战略部署和政策举措，让党的创新理论走进青少年、引领青少年，增强青少年做中国人的志气、骨气、底气，引导其积极投身于全面建设社会主义现代化国家的火热实践中。

（四）讲好红色故事、传承红色基因。实施传承红色基因工程，组织"五老"深入青少年中，讲好党的故事、革命的故事、根据地的故事、英雄和烈士的故事，把红色故事中蕴含的革命精神和时代价值讲出来，大力弘扬党的优良传统和作风，教育引导青少年从党的辉煌成就、艰辛历程、历史经验、优良传统中深刻领悟中国共产党为什么能、马克思主义为什么行、中国特色社会主义为什么好，牢记红色政权是从哪里来的、新中国是怎么建立起来的，进一步增强爱党报国情怀。组织青少年瞻仰参观革命博物馆、纪念馆、党史馆、烈士纪念设施，老少携手开展读书、征文、演讲、展演、夏令营冬令营等形式多样的实践教育活动。深入开展党史、新中国史、改革开放史、社会主义发展史学习教育，用中国共产党人精神谱系教育青少年，引导其从中汲取信仰力量，筑牢理想信念之基。

（五）积极引导青少年培育和践行社会主义核心价值观。深入贯彻落实《新时代公民道德建设实施纲要》、《新时代爱国主义教育实施纲要》，紧紧抓住青少年价值观形成的关键时期，全面加强青少年思想道德建设，广泛开展社会主义核心价值观教育，不断强化教育引导、实践养成和制度保障。组织动员"五老"到广大青少年中深入开展爱国主义主题教育活动，弘扬爱国传统，引导青少年不断增强爱国意识和爱国情怀，牢固树立正确的世界观、人生观、价值观，牢固树立马克思主义祖国观、民族观、文化观、历史观，铸牢中华民族共同体意识。充分发挥各地历史文化优势，利用好历史文化遗产特别是历史文物和传统节日，大力弘扬中华优秀传统文化，引导青少年感受中华文化魅力，传承中华传统美德。深入开展"扣好人生第一粒扣子"、"大手拉小手"、"老少共筑中国梦"主题活动，广泛组织"新时代好少年"学习宣传，发挥先进典型的示范引领作用，用高尚的道德精神和价值追求激励教育青少年。

（六）加强青少年法治教育和权益保护。关工委要履行好未成年人保护法、预防未成年人犯罪法规定的法定职责。持续开展"关爱明天、普法先行"青少年法治宣传教育活动，推动法治教育进学校、进农村、进社区、进家庭、进企业，教育引导青少年树立尊法、学法、守法、用法意识。开展法律知识竞赛、模拟法庭和青少年维权岗等活动，提高青少年运用法律保护自身合法权益的意识和能力。组织"五老"参与预防、减少青少年违法犯罪工作和未成年人司法保护工作，发挥其在帮教失足青少年工作中的独特优势。

（七）实施"五老"关爱下一代工程。深化关爱助学工作，着力为青少年成长成才办实事解难事。对困境青少年的帮扶要从物质层面更多地深入到精神层面，在生活上关爱的同时更加注重从思想上关心、情感上关怀、心理上疏导，帮助他们健康成长、全面发展。动员"五老"依托儿童之家、青少年活动室、农家书屋、复兴少年宫等阵地，协同做好农村留守儿童、流动儿童、事实无人抚养儿童等青少年群体的关爱与服务工作。发挥"五老"在乡村振兴中的服务和推动作用，开展农村青年农业生产经营人才、农村二三产业发展人才、乡村公共服务人才、乡村治理人才、农业农村科技人才、乡村工匠等培训，助力培养有理想、懂技术、会管理、会经营的乡村新型青年人才。发挥老同志传帮带作用，推进劳模工匠进校园活动，加强青少年劳动教育；大力弘扬劳模精神、劳动精神、工匠精神，助力培养有理想守信念、懂技术会创新、敢担当讲奉献的青年产业工人队伍。

（八）优化青少年健康成长的社会环境。推动构建促进青少年德智体美劳全面发展的教育培养体系，动员"五老"参与群众性精神文明创建活动，组织青少年在课余、假期开展健康向上的文体活动和社会实践；组织"五老"担任少先队校外辅导员，引导少先队员从小培养对党和社会主义祖国的朴素情感。认真落实家庭教育促进法，积极开展家庭教育工作，深化"'五老'弘扬好家教好家风"主题活动，讲好红色家风故事，引导青少年在家做一个好孩子、在学校做一个好学生、在社会做一个好公民，助力构建家庭学校社会协同育人的工作机制。加强网络环境保护，积极运用微博、微信、手机客户端等新媒体传播正能量，引导青少年文明上网、科学上网，参与净化网络空间和网吧义务监督活动，呵护青少年健康成长。

三、推进新时代关工委建设

（九）巩固拓展组织体系。适应服务对象、服务内容、服务方式的变化和需求，按照"领导班子建设好、'五老'作用发挥好、制度健全执行好、积极探索创新好、活动经常效果好"的标准，加强关工委组织建设。在"五老"和青少年集中的活动场所加强组织和工作覆盖，不断扩大关工委关爱教育青少年的渠道。加强关工委基层组织建设，支持学校、机关、社区、行政村、企事业单位、干休所等组建关工委组织，实现活动联办、资源联用、协调发展。

（十）加强教育阵地建设。坚持因地制宜，创新形式，建好全国关心下一代党史国史教育基地、中国关心下一代教育基地、"五老"工作室等教育阵地，提高利用率和青少年参与度。积极支持和参加爱国主义教育基地、青少年教育基地、少先队校外实践教育营地（基地）、社区家长学校等家庭教育指导服务站点、儿童之家建设，用好青少年宫、儿童活动中心、博物馆、陈列馆、档案馆、文化馆、图书馆、美术馆、科技馆等各类社会实践活动基地，提升青少年思想道德教育的生动性和直观性。加强关工委网络阵地建设，推动思想政治工作传统优势与现代信息技术高度融合，打造线上线下有机结合、相互促进的关心下一代工作平台。

（十一）推进工作品牌建设。培育和形成一批青少年喜闻乐见、符合时代特征、具有时代气息的青少年思想道德建设、预防未成年人犯罪、加强民族团结、助力乡村振兴等方面的关爱教育工作品牌，使青少年在参与各项主题活动中，增强爱党爱国爱社会主义意识，树立起为实现中华民族伟大复兴而勤奋学习、艰苦奋斗的远大志向，立志听党话、跟党走。巩固提升多年来开展关心下一代工作形成的品牌，不断赋予品牌新内容，服务青少年成长成才。

（十二）注重理论研究。深入调查研究，了解青少年成长成才中出现的新情况新问题，总结推广行之有效的经验做法，及时向党委和政府以及有关部门建言献策。加强关心下一代工作理论研究，把握关心下一代工作的特点规律，研究解决制约关工委工作发展的重点难点问题，注重将理论成果转化为解决实际问题的工作政策和制度机制。

（十三）加强宣传工作。鼓励支持出版社、电视台、广播电台、网站、报社等推出符合青少年特点、贴近青少年需求、服务青少年健康成长的书籍、节目和栏目等，营造共同支持关心下一代工作的良好氛围。宣传"五老"队伍中涌现出的先进典型和感人事迹，宣传报道"五老"服务青少年健康发展、促进社会和谐的典型经验做法。

四、强化组织实施

（十四）加强党的领导。各级党委和政府要重视关心下一代工作，支持更多老同志参加关心下一代工作。理顺和完善领导机制。各地要加强统筹谋划，认真研究部署，强化经费保障，推动关心下一代工作更好发展。

（十五）健全工作机制。建立健全党委统一领导、党政齐抓共管、关工委主动作为、有关部门积极配合、社会各界广泛参与的关心下一代工作机制。建立健全关工委成员单位联席会议制度，在各级党委领导下，各成员单位发挥职能作用，加强对关工委工作的支持和配合，形成共同关爱服务青少年健康成长的工作氛围。

（十六）加强队伍建设。广泛动员政治素质高、热心公益事业、具有奉献精神的老同志参加关工委工作，及时把新退出领导岗位、身体健康、热爱青少年工作的老同志充实进关工委领导班子。建立健全"五老"常态化退出和补充机制，努力建设一支素质优良、人数众多、覆盖面广、结构合理、扎根基层、富有活力的"五老"队伍。探索完善"五老"、志愿者、社会工作者相结合、关工委与相关部门相结合的关心下一代工作模式。采取灵活多样的形式，有计划地开展学习培训，努力将关工委建设成老有所为的重要舞台、老有所学的重要课堂、老同志服务党和国家事业发展的重要阵地。各地可结合实际，对从事关心下一代工作的"五老"给予关怀帮助，在春节、重阳节等传统节日进行看望慰问，帮助他们解决实际困难。对在关心下一代工作中作出突出贡献的"五老"，按规定给予鼓励和表彰。

新华社

2022 年 2 月 9 日

中共教育部党组关于加强新时代全国教育系统关心下一代工作委员会工作的意见

部内各司局，部属各高等学校党委：

为深入贯彻落实习近平新时代中国特色社会主义思想和习近平总书记对关心下一代工作的重要指示，贯彻落实中国关工委成立 30 周年大会精神，根据《中华人民共和国未成年人保护法》有关规定以及《新时代爱国主义教育实施纲要》《关于进一步发挥"五老"队伍在加强青少年思想道德建设中作用的意见》相关要求，现就加强新时代全国教育系统关心下一代工作委员会（以下简称关工委）工作提出如下意见。

一、深刻认识新时代加强关工委工作的重要性

成立关工委组织是具有中国特色的制度性安排，是党加强青少年思想政治工作的创新。党的十八大以来，习近平总书记多次对关心下一代工作作出重要指示，强调要支持更多老同志参加关心下一代工作，为培养社会主义建设者和接班人作出新的更大贡献。习近平总书记的重要指示为新时代关心下一代工作指明了前进方向，提供了根本遵循。

关工委成立 30 年来，始终把立德树人作为根本任务，充分发挥老干部、老战士、老专家、老教师、老模范（以下简称"五老"）优势，坚持围绕中心、配合补充、因地制宜、量力而为、立足基层、注重实效，积极配合教育部门和各级各类学校开展工作，在加强青少年理想信念教育和思想道德建设、帮助青少年成长成才、为青少年健康成长营造良好社会环境等方面发挥了积极作用，取得了显著成效。

当今世界正经历百年未有之大变局，不同思想文化交流交融交锋，社会思潮多元多样多变，青少年思想道德建设面临着许多新情况新挑战。各级教育部门和学校党组织要认真贯彻落实习近平总书记对关心下一代工作的重要指示，

高度重视关工委是加强青少年思想政治工作的重要力量，切实加强对关工委工作的领导和支持，要将关工委工作纳入德智体美劳"五育并举"总体格局，纳入各级各类学校思政工作体系，纳入有关部门和学校的责任范围，为新时代关心下一代事业持续健康发展提供坚强保障；要充分认识教育系统广大"五老"理想信念坚定、经历阅历丰富、专业造诣深厚、师德师风高尚、悉心关爱学生、深受学生尊重的独特优势，发挥他们在加强青少年思想道德建设方面不可替代的作用，共同促进祖国下一代健康成长，培养德智体美劳全面发展的社会主义建设者和接班人，造就担当民族复兴大任的时代新人。

二、明确新时代关工委的工作定位、工作方针和主要任务

关工委是在同级教育部门和各级各类学校党组织的领导下，组织、指导教育系统广大"五老"，配合教育部门和学校，全面贯彻党的教育方针，落实立德树人根本任务，服务青少年健康成长的群众性工作组织。以现职党政领导为主导，提出工作任务；以老同志为主体，开展工作。

关工委的工作方针是围绕中心、配合补充，主动作为、协同创新，立足基层、注重实效。

关工委的主要任务是：

1. 聚焦铸魂育人，加强青少年思想政治教育。把学习贯彻习近平新时代中国特色社会主义思想作为首要政治任务，通过"老少结对"、上党课、作报告等多种形式，引导青少年增强"四个意识"，坚定"四个自信"，做到"两个维护"。加强理想信念教育和革命传统教育，扎实开展"四史"教育，特别是党史学习教育，推动红色基因渗进血液、浸入心扉，教育青少年听党话、跟党走。加强社会主义核心价值观教育，通过主题教育活动、社会实践活动等形式，帮助青少年树立正确的世界观、人生观和价值观。

2. 服务现实需求，支持和帮助青少年全面发展。组织动员"五老"结合工作经验和专业特长，参与学校教育教学工作，帮助青少年提升文化素养和思想道德素质，通过传帮带等形式帮助青年教师提高教书育人能力。重视体育、美育、劳动教育，开发具有关工特色的、青少年喜闻乐见的活动形式，促进青少年增强体质、提高审美能力、养成劳动习惯。聚焦青少年成长教育中存在的不平衡不充分问题，充分发挥关工委和"五老"优势，帮助农村孩子享有高质量教育，促进留守儿童、随迁子女和困境儿童健康发展。当前要着重加强青少年心理健康教育，加强思想引导心理疏导，注重解疑释惑；加强对青少年的人生规划指导，化解追星、"饭圈"等负面文化影响。

3. 进军"三个战场",促进和助力家校社协同共育。巩固传统的学校"战场",发挥好的经验,依托已有载体,在各级各类学校组织开展形式多样的活动,服务青少年健康成长。开辟社区"战场",适应社区生活方式、交往方式、信息传播方式变化,积极参与、开拓社区教育,充分利用校外教育活动场所、辅导站和青少年活动中心等教育资源,协力推进关爱教育活动纵深发展。挺进家庭"战场",组织"五老"积极参与指导家庭教育,协助举办家长学校,帮助广大家长掌握正确家庭教育理念和科学方法。充分利用网络新媒体唱响主旋律、传播正能量,实现主流价值观的有效传递,守护好网上精神家园,为青少年营造风清气正的网络空间。

三、全面推进新时代关工委建设

各级教育部门和学校党组织要把加强关工委自身建设摆在重要位置,着力加强人员接续,确保关工委人员顺利交替、"五老"及时调整充实、关心下一代事业有序衔接;抓好工作协同,调动各方面积极性支持并落实关工委的计划和建议;加强主动服务,积极为"五老"发挥作用创造条件,把"五老"丰富阅历、深厚造诣转化为强大育人优势。

1. 加强组织建设。各级教育部门和学校党组织要加强对关工委组织建设的领导,进一步巩固和提升省级、市(地)、县(区)、乡(镇)和普通高等学校等教育系统关工委组织建设成果,大力推进本科院校二级学院、中小学等关工委组织建设,积极推动在民办院校、幼儿园建立关工委组织,实现各级教育部门和各级各类学校关工委组织建设全覆盖。

2. 加强队伍建设。各级教育部门和学校党组织要根据新时代"五老"队伍的新特点新变化,采取组织发动、典型带动、奖励促动等方法,动员更多有热情、有能力、有干劲的"五老"参加关心下一代工作,着力提升核心层、巩固骨干层、扩大参与层,努力建设一支素质优良、人数众多、覆盖面广、结构合理的关心下一代工作队伍。

3. 加强班子建设。各级教育部门和学校党组织要重视加强关工委班子建设,精心挑选从同级领导岗位上退下来、有奉献精神、热心青少年学生成长和关工委工作的老同志充实到领导班子中,特别要重视选好配强领导班子主要负责同志。领导班子成员由同级党组织发文任命。关工委领导班子成员因工作变动、身体、年龄等原因缺位的,要及时补充到位,做到班子结构合理、有出有进、进出有序。

4. 加强办事机构建设。省级教育部门和本科高校党组织要重视关工委日常办事机构（秘书处或办公室）建设，选配服务意识强、热心关工委事业、有较强工作能力的专人担任负责人，由同级党组织发文任命。要确保有专职工作人员从事日常工作，明确工作职责，落实年度考核制度。市（地）、县（区）教育部门和高等职业院校参照执行。乡镇（街道）中心学校和有条件的中小学校、幼儿园等要明确相对固定的兼职人员负责关工委（关工小组）日常工作，明确工作要求，合理计算工作量。

5. 加强体制机制建设。各级教育部门和学校党组织要进一步健全完善"党委统一领导、党政齐抓共管、关工委主动作为、有关部门积极配合、社会各界广泛参与"的关心下一代工作领导体制和工作机制。明确办公室、组织、宣传、学工、思政、教务、财务、人事、离退休等相关部门为关工委委员单位，着力构建联合行动的长效机制，进一步完善关工委委员单位职责，将委员单位助力关工委工作纳入工作职责及考核目标。推动关工委与工会、共青团、妇联等群团组织加强联合，各尽其责、协同配合。指导关工委进一步建立健全相应的工作会议、学习培训、请示汇报、信息简报、宣传交流、档案管理、总结奖励等规章制度，提高工作科学化、制度化、规范化水平。

四、切实加强对新时代关工委工作的领导

1. 各级教育部门和学校党组织要履行领导职责，确保关工委工作"有人管"。地方各级教育部门和学校党组织要明确 1 名同级党政领导同志分管关工委工作并担任关工委主要领导职务，真正发挥现职党政领导主导作用。同级党组织每年至少听取 1 次关于关工委工作的专题汇报，研究工作，布置任务，及时解决工作中遇到的困难和问题。

2. 各级教育部门和学校党组织要发挥关工委作用，确保关工委人员"有事干"。要以"党建带关建"为引领，将关心下一代工作纳入党建工作规划和党建责任制督查考核内容，做到同研究、同部署、同考核。要按照根据实际工作需求、青少年成长需要和关工委能力特点，为关工委明确目标、安排课题、布置任务，支持关工委动员组织"五老"积极参与下一代教育工作。

3. 各级教育部门和学校党组织要努力创造条件，确保关工委开展工作"有资源"。各地各校有关重要文件、会议精神和工作要求要及时向关工委传达、通报。召开涉及全局性的工作会议和有关德育、思想政治工作、学生党建工作等专题会议，要请关工委负责同志参加。要把关工委教育培训列入干部培训计划，保证关工委班子成员和"五老"骨干定期接受培训。要为关工委开展工作提供办公场所和必备设施。关工委所需工作经费纳入教育行政部门或学校年度预算，保证专款专用。

4. 各级教育部门和学校党组织要细化制度安排，确保"五老"发挥作用"有条件"。对担任关工委领导职务和坚持日常工作的"五老"，解决必要的交通、通讯、误餐、图书资料等工作经费。对经关工委批准，为学生作报告、讲党课和参与教师培训等的"五老"，按现任同级职称教师课时费标准予以补贴。对因工作需要并经批准的驻会关工委领导和返聘的办事机构的"五老"，应执行本单位返聘人员有关规定。对担负关工委工作的"五老"骨干，应在春节、重阳节等传统节日探望慰问，相关经费从工作经费列支。

5. 各级教育部门和学校党组织要加强宣传激励，确保"五老"施展才华"有热情"。要加大宣传力度，为关工委和"五老"开展工作创造良好的舆论和社会环境。要大力弘扬"五老"精神，对在关心下一代工作中成绩突出的单位和个人给予奖励。要积极动员社会资源，大力宣传关心下一代工作典型，为全方位育人营造良好的社会氛围。

中共教育部党组
2021 年 4 月 25 日

全国教育系统关心下一代
工作委员会工作规程

第一章　总　则

第一条　为全面贯彻落实习近平新时代中国特色社会主义思想，根据党和国家有关青少年工作的方针政策、法律法规，进一步加强全国教育系统关心下一代工作委员会（以下简称教育系统关工委）建设，推进教育系统关工委工作科学化、制度化、规范化，结合工作实际，特制定本规程。

第二条　教育系统关工委是同级党组织批准成立的，在同级教育部门和各级各类学校党组织领导下，以离退休老同志为主体、在职同志参加，服务青少年健康成长的群众性工作组织。以现职党政领导为主导，提出工作任务；以老干部、老战士、老专家、老教师、老模范（以下简称"五老"）为主体，开展相关工作。

第三条　教育系统关工委工作的指导思想是：以马克思列宁主义、毛泽东思想、邓小平理论、"三个代表"重要思想、科学发展观、习近平新时代中国特色社会主义思想为指导，全面贯彻党的教育方针，紧扣立德树人根本任务，促进青少年健康成长，培养德智体美劳全面发展的社会主义建设者和接班人，造就担当民族复兴大任的时代新人。

第四条　教育系统关工委的工作方针是：围绕中心、配合补充，主动作为、协同创新，立足基层、注重实效。

第五条　教育系统关工委培育和崇尚"不忘为党育人初心，牢记立德树人使命；坚持服务青少年正确方向，奉行老有所为发热发光"的关工文化，坚守和弘扬"忠诚教育、关爱后代、无私奉献、务实创新"的"五老"精神。

第二章　工作原则

第六条　坚持党的领导。坚持正确政治方向，认真贯彻落实以习近平同志为核心的党中央对青少年工作的部署要求，坚持在同级教育部门和学校党组织领导下开展工作。

第七条　坚持围绕中心、服务大局。围绕党和国家中心工作，服务改革发展稳定大局，紧扣立德树人根本任务，帮助引导青少年健康成长，谋划和推进新时代关心下一代工作。

第八条　坚持改革创新。把握时代脉搏，坚持问题导向、需求导向、目标导向，推进工作思路创新、方法创新、机制创新，保持关心下一代工作的生机活力。

第九条　坚持面向基层。把工作重点放在基层，依靠基层、深入基层、服务基层，加强对基层关工委工作的支持帮助和分类指导，因地制宜、因校制宜，提升基层关工委组织力、执行力、凝聚力，夯实关心下一代工作基础。

第三章　工作任务

第十条　加强理想信念教育。把学习宣传贯彻习近平新时代中国特色社会主义思想作为首要政治任务，教育引导青少年坚定理想信念，厚植家国情怀。开展党史、新中国史、改革开放史、社会主义发展史教育，引导青少年继承革命传统，传承红色基因，听党话、跟党走。

第十一条　加强思想道德教育。以社会主义核心价值观为引领，弘扬中华优秀传统文化，加强社会公德、职业道德、家庭美德和个人品德教育，帮助青少年树立正确的世界观、人生观、价值观。根据青少年成长特点，开展多种形式的主题教育活动，培养青少年良好道德品质，养成文明行为。

第十二条　参与智育、体育、美育和劳动教育。参与学校教育教学工作，帮助青少年提升文化素养、技术技能和心理健康素质，帮助青年教师提高教书育人能力。加强体育、美育、劳动教育，开发具有关工特色的、青少年喜闻乐见的活动形式，促进青少年增强体质、提高审美能力、养成劳动习惯。

第十三条　参与家庭教育和社区教育。参与指导家庭教育，协助举办好家长学校，帮助广大家长树立正确家庭教育理念、掌握科学教育方法。参与社区青少年教育，协助社区及相关部门依托校外教育活动场所、辅导站和青少年活动中心等，组织青少年开展健康向上的文体活动和社会实践活动。配合有关部门推动构建学校、家庭、社会协同育人机制。

第十四条　开展法治教育。配合有关部门和学校，开展以宪法教育为核心的法治教育，帮助青少年增强法治观念，提升法治素养，自觉尊法、学法、守法、用法。维护青少年合法权益，预防和减少青少年违法犯罪。开展有助于青少年成长成才的其他教育。

第十五条 开展关爱帮扶工作。聚焦青少年成长中存在的问题，帮助农村孩子享有高质量教育，促进留守儿童、随迁子女和困境儿童健康发展。依法动员社会力量参与关心下一代公益慈善事业，为青少年健康成长办实事、解难事。

第十六条 营造青少年健康成长的社会环境。对青少年成长环境进行调查和理论研究，为营造和优化青少年健康成长的良好环境提供实践指导。积极参与网络思政教育，利用网络新媒体唱响主旋律、传播正能量，实现主流价值观的有效传递。守护好网上精神家园，为青少年营造风清气正的网络空间。

第四章 工作方法

第十七条 打造工作平台和创建活动品牌。发挥基层首创精神和典型引领作用，总结、宣传可复制推广的工作经验。深化现有工作平台、活动品牌内涵，打造新的工作平台和活动品牌，增强工作吸引力和感染力。

第十八条 开展调查研究。对教育系统关心下一代工作中普遍性、倾向性问题以及青少年成长中的新情况、新特点、新问题，深入调查研究，形成研究成果，指导工作实践，探索工作举措，提升工作针对性和实效性。

第十九条 加强协同配合。主动配合党政有关部门开展工作，加强与群团和社会组织的联系合作，形成党委统一领导、党政齐抓共管、关工委主动作为、有关部门积极配合、社会各界广泛参与的工作格局。

第二十条 选树先进典型。遴选和树立基层单位和"五老"先进典型，通过宣传"五老"精神和感人事迹，使广大参与关心下一代工作的同志学习有榜样、工作有目标、前进有方向。

第二十一条 强化宣传引领。加强与主流新闻媒体合作，强化教育系统关工委宣传阵地建设，推进"网上关工委"建设，为全社会共同关心下一代健康成长提供舆论支持，营造良好氛围。

第五章 组织建设

第二十二条 各级教育部门及各级各类学校都应建立健全关工委组织。普通高等院校应建立院（系）二级关工委组织。

第二十三条 各级教育系统关工委接受同级党政领导和上级关工委指导。教育部关工委在部党组领导下，负责指导、组织、协调、服务全国教育系统关工委工作。

第二十四条 教育部关工委设名誉主任、顾问、主任、常务副主任、副主任、秘书长、副秘书长。主任和现职秘书长由部党组任命，常务副主任由主任提名，报分管部领导审批。关工委下设秘书处，挂靠在教育部离退休干部局，按编制配备专职工作人员。

第二十五条 省（区、市）教育部门及本科院校关工委由现职分管领导担任主任，也可根据实际情况实行由现职分管领导与退休厅级（校级）职务的老同志担任主任的双主任制，退休厅级（校级）职务的老同志担任常务副主任或副主任。主任、常务副主任、副主任、秘书长由同级教育部门和学校党组织任命。关工委日常办事机构（办公室或秘书处）要确保有专职工作人员从事日常工作，明确工作职责，落实年度考核制度。

第二十六条 市（地）、县（区）教育部门和高等职业院校关工委由现职主要领导或分管领导兼任主任，退休局级（校级）以上职务老同志担任常务副主任或副主任。主任、常务副主任、副主任、秘书长由同级教育部门和学校党组织任命。日常办事机构建设参照省（区、市）教育系统和本科院校关工委执行。

第二十七条 乡镇（街道）中心校和有条件的中小学校（含中等职业学校）、幼儿园等关工委（工作小组）主任（组长）由学校现职主要领导担任，退休校级领导或有威望的退休教师担任副主任，由同级教育部门和学校党组织任命。要确保有相对固定的兼职人员负责日常工作，明确工作要求，合理计算工作量。

第二十八条 教育系统关工委委员构成单位应根据本地本校实际情况确定。教育部关工委、省（区、市）教育部门关工委委员单位可由办公室、高教、职教、基教、思政、财务、人事、离退休等相关部门组成。本科院校委员单位可由办公室、组织、宣传、学工、教务、财务、人事、离退休等相关部门组成。市（地）、县（区）及以下教育部门和高等、中等职业院校关工委，中小学校、幼儿园可参照执行。

第二十九条 教育系统关工委实行任期制。教育部关工委、省（区、市）教育部门关工委和高等学校关工委，原则上每五年为一届，主任、常务副主任可连任；遇有特殊情况，经同级党组织批准，可提前或延期换届。省（区、市）以下教育部门关工委和中小学校（含中等职业学校）、幼儿园关工委组织的任期，分别由上一级教育关工委确定。

第三十条 教育系统关工委实行主任负责制，按照集体领导、分工负责的原则开展工作。主任主持工作，常务副主任、副主任分工协助主任工作，办公室或秘书处负责处理日常事务。

第三十一条　按照有进有退、进退有序的原则，及时动员和吸收从同级领导岗位上退下来、有奉献精神、热心关心下一代工作的老同志充实进关工委领导班子。

第六章　队伍建设

第三十二条　通过组织发动、典型带动、奖励促动等方法，组织引导老同志，特别是新退休的老同志参加关工委工作，努力建设一支素质优良、人数众多、覆盖面广、结构合理的关心下一代工作队伍。

第三十三条　按照自愿参加、就近就地、发挥优势、量力而行的原则，广泛组织"五老"积极参与"五老"报告团（讲师团）、党建指导组、教学督导组、理论学习辅导组、心理咨询组、法制宣传组、家庭教育指导组、帮困助学组等，调动工作积极性。

第三十四条　按照建设学习型、服务型、创新型关工委要求，组织关工委领导班子成员和老同志加强学习，不断提高思想理论水平和适应新时代关心下一代工作的能力。

第三十五条　落实关心"五老"的相关政策，政治上尊重、思想上关心、生活上照顾、工作上支持，对在关心下一代工作中成绩突出的单位和个人给予奖励，增强"五老"的荣誉感、归属感、获得感，鼓励"五老"在关心下一代的广阔舞台上老有所为、发光发热。

第七章　制度建设

第三十六条　建立健全"党建带关建"工作机制。主动配合各级教育部门和学校党组织将关心下一代工作纳入党政工作议事日程、党建工作规划、党建责任制督查考核以及学校思想政治和德育工作评估。每年至少向同级党组织汇报 1 次关工委工作。

第三十七条　建立健全联席协调机制。加强与委员单位、群团组织和社会组织联系，定期沟通协调、资源共享、活动联办。

第三十八条　建立健全会议制度。每年召开关心下一代工作全体委员会议、关心下一代工作会议，定期召开关心下一代工作总结表扬奖励大会。

第三十九条　建立健全培训制度。定期举办关工委干部培训班，开展学习、交流、研讨，列入同级党组织干部培训计划。

第四十条　建立健全请示汇报、信息简报、宣传交流、档案管理等规章制度，提升工作科学化、规范化水平，保证工作有序有效运行。

第八章　工作保障

第四十一条　根据工作需要，教育系统关工委负责同志参加同级教育部门和学校党组织召开的涉及全局性的工作会议和有关德育、思想政治工作、学生党建工作等专题会议，按规定听取传达和阅读文件。

第四十二条　教育系统关工委应按照相关规定，建立完善财务制度，保证专款专用。对担任关工委领导职务和坚持日常工作的"五老"，给予必要的交通、通讯、误餐、图书资料等工作经费。对经关工委批准，为学生作报告、讲党课和参与教师培训讲课等的"五老"，按现任同级职称教师课时费标准予以补贴。对因工作需要并经批准的驻会关工委领导和返聘的办事机构"五老"，应执行本单位返聘人员有关规定。对从事关工委工作的"五老"骨干应给予关怀帮助，在春节、重阳节等传统节日探望慰问，相关经费从工作经费列支。

第四十三条　教育系统关工委坚持公益性原则，依照有关规定多渠道筹集资金，接受海内外社会各界的捐赠、资助。有条件的可设立关心下一代基金，用于开展活动、帮困助学和奖励先进等。

第四十四条　教育系统关工委应严格执行财务管理制度，规范、合理使用工作经费及各种捐赠、资助资金，召开会议和组织活动要严格遵守中央八项规定精神，厉行节约，勤俭办会。

第九章　附　则

第四十五条　各级教育系统关工委可参照本规程，结合本单位实际，制定相应的工作规程。

第四十六条　本规程自公布之日起试行，由教育部关工委负责解释。

中共四川大学委员会关于加强新时代学校关心下一代工作委员会工作的实施意见

为深入贯彻落实习近平新时代中国特色社会主义思想和习近平总书记对关心下一代工作的重要指示,贯彻落实中国关工委和教育部关工委成立30周年大会精神,根据《中共教育部党组关于加强新时代全国教育系统关心下一代工作委员会工作的意见》(教党〔2021〕34号)文件要求,结合学校实际,现就加强新时代学校关心下一代工作委员会(简称关工委)工作提出如下实施意见。

一、新时代加强关工委工作的重要性

当今世界正经历百年未有之大变局,不同思想文化交流交融交锋,社会思潮多元多样多变,青少年思想道德建设面临着许多新情况新挑战。关工委是加强青少年思想政治工作的重要力量,关工委工作事关党和国家前途命运,事关中华民族伟大复兴,是德智体美劳"五育并举"总体格局和学校思政工作体系的重要组成部分。成立关工委组织可以充分发挥教育系统广大"五老"理想信念坚定、经历阅历丰富、专业造诣深厚、师德师风高尚、悉心关爱学生、深受学生尊重的独特优势,充分发挥他们在加强青少年思想道德建设方面不可替代的作用,共同促进祖国下一代健康成长,培养德智体美劳全面发展的社会主义建设者和接班人,造就担当民族复兴大任的时代新人,是具有中国特色的制度性安排,是党加强青少年思想政治工作的创新。

二、新时代学校关工委的主要任务

校院两级关工委是在校院两级党委领导下,在上级关工委的指导下,组织、指导学校广大"五老"配合学校全面贯彻党的教育方针,落实"立德树人"根本任务,服务青年师生健康成长的群众性工作组织。以现职党政领导为主导，提出工作任务；以老同志为主体，开展工作。关工委的工作方针是围绕中心、配合补充，主动作为、协同创新，立足基层、注重实效。其主要任务有：

1. 聚焦铸魂育人，加强青年师生思想政治教育。把学习贯彻习近平新时代中国特色社会主义思想作为首要任务，通过"面对面交流""老少结对"、上党课、作报告等多种形式，引导青年师生进一步增强"四个意识"，坚定"四个自信"，做到"两个维护"。加强理想信念教育、革命传统教育，深入开展以"党史"为重点的"四史"教育，继承革命传统，传承红色基因，教育青年师生听党话、跟党走、感党恩。加强社会主义核心价值观教育，通过主题教育活动、社会实践活动等形式，帮助青年师生树立正确的世界观、人生观和价值观。

2. 紧密结合学生实际需求，助力全面发展，促进成长成才。组织动员关工委老同志根据自身的工作经验和专业特长，积极推进"五育并举"各项工作，助力帮助青年学生提升文化素养和思想道德素养，重视体育、美育、劳动教育，开发具有关工特色、寓教于乐的活动形式，促进学生增强体质，提高审美能力，养成劳动习惯。加强心理健康教育，注重思想引导和心理疏导，促进青年学生身心健康成长，努力成为德智体美劳全面发展的社会主义事业的建设者和接班人。

3. 围绕"立德树人"根本任务，大力协助提高青年教师教书育人的能力。积极参与学校教育教学活动，深入课堂，加强教学督导，通过"传帮带"等多种形式，帮助青年教师提高教学水平和教书育人能力。

4. 巩固优化学校已有载体，开展形式多样的教育活动，积极参与开拓社区教育。有效整合和利用学校、社会、家庭和网络新媒体的教育资源和优势，充分利用校外教育活动场所等教育资源，协助加强推进关心关爱教育活动向纵深发展，使关工委工作开展落到实处，取得成效。

三、全面加强新时代学校关工委建设

校院两级党委要把加强关工委建设放在重要位置，着力加强人员接续，确保关工委人员顺利交替，"五老"队伍调整充实，关心下一代事业有序衔接；抓好工作协调，调动各方面积极性，支持并落实关工委的工作计划和建设；积极为"五老"发挥作用创造条件，把"五老"丰富阅历，深厚造诣转化为强大育人优势。

1. 加强组织建设。校院两级党委要加强对关工委组织建设的领导，进一

步健全和完善校院两级关工委组织，坚持与党政换届同步，及时对校院两级关工委组织进行调整充实。凡已建立党委（或党总支）的校内各学院（单位）都要建立关工委组织，实现关工委组织建设全覆盖；要进一步加强校关工委各指导部建设。

2. 加强队伍建设。校院两级党委要根据新时代"五老"队伍的新特点新变化，采取组织动员、典型带动、激励促动等方法，动员更多有热情、有能力、有干劲的"五老"参加关心下一代工作。特别注重吸收或安排一些从领导岗位上退下来即将退休的同志提前参加关工委工作，着力提升核心层，巩固骨干层，扩大参与层，努力建设一支素质优良，人数较多，覆盖面广，结构合理的关心下一代工作队伍。

3. 加强班子建设。校院两级党委要高度重视，加强关工委班子建设，精心挑选从岗位上退下来，有奉献精神，关爱青年师生成长进步，热心关工委工作的老同志充实到领导班子中，特别要重视选好配强班子主要负责同志和主持工作的关工委常务副主任，领导班子成员由同级党委发文任命。关工委领导班子成员因工作变动、身体、年龄等原因缺位的，要及时补充到位，做到班子结构合理，有出有进，进出有序。

4. 加强办事机构建设。要切实加强校关工委日常办事机构建设。由相关部处负责人组建关工委秘书处，秘书处挂靠在离退休工作处，由离退休工作处长兼任秘书长。进一步加强关工委办公室建设，提升处理关工委工作日常事务的能力。要选配奉献精神强，热心关心下一代事业，具有较强服务意识和工作能力的人来担任负责人，由校党委发文任命。要确保有专职工作人员从事关心下一代日常工作，专职工作人员的编制纳入离退休工作处统管，明确工作职责，落实年终考核制度。

学院（单位）二级关工委的日常工作由学院（单位）党政办公室兼管，明确专人负责协调与联系。

5. 加强体制机制建设。校院两级关工委要进一步健全完善"党委统一领导，党政齐抓共管，关工委主动作为，有关部门积极配合，离退休老同志广泛参与"的关心下一代工作领导体制和工作机制。明确学校关工委由党政办、组织部、宣传部、学生工作部、校团委、研究生工作部、教务处、财务处、人事处、后勤保障部、离退休工作处等相关部门为关工委委员单位，着力构建联合行动的长效机制，进一步明确完善关工委委员单位职责，将委员单位助力关工委工作纳入工作职责及年度考核目标。校内二级关工委，要将涉及青年学生和青年教师工作的相关老同志作为关工委委员。要指导关工委进一步健全完善相应的工作会议、学习培训、请示汇报、信息沟通、宣传交流、网络宣传、总结表彰等长效机制。修订《四川大学关心下一代工作规程》，提高关工委工作的科学化、制度化、规范化和常态化水平。

四、切实加强对新时代学校关工委工作的领导

1. 校院两级党委要履行领导职责，确保关工委工作"有人管"。校院两级党委要明确 1 名同级党政领导干部分管关工委工作并担任关工委主任，真正发挥现职党政领导主导作用。校院两级党委每年至少听取一次关工委工作的专题汇报，研究工作，明确任务，提出要求，及时解决工作中遇到的困难和问题。

2. 校院两级党委要充分发挥关工委作用，确保关工委人员"有事干"。要以"党建带关建"为引领，将关心下一代工作纳入党建和思想政治工作规划及党建和思想政治工作责任制督查考核内容，做到同研究、同部署、同考核。要按照实际工作要求，青年学生和青年教职工成长需要和关工委老同志的能力特点及优势，对关工委布置任务，明确目标，支持关心关工委动员组织"五老"积极参与关心下一代教育工作。

3. 校院两级党委要努力创造条件，确保关工委开展工作"有资源"。学校有关重要文件、会议精神和工作要求，要及时向关工委进行传达、通报。召开涉及全局性的工作会议和有关德育、思想政治工作、学生党建工作等专题会议，邀请关工委负责同志参加。要把关工委骨干的教育培训，列入干部培训计划，确保关工委班子成员和"五老"骨干定期接受培训。要为关工委开展工作提供办公场所和必备设施，关工委所需工作经费纳入学校预算，保证专款专用。遇到重要任务所需经费，专题报告予以解决。二级关工委所需经费纳入单位预算，由学院（单位）负责列支。

4. 校院两级党委要细化制度安排，确保"五老"发挥作用"有条件"。对担任关工委领导职务和坚持日常工作的"五老"解决必要的交通、通讯、午餐、图书资料等工作经费和适当补贴。对受校院邀请为学生作报告、讲党课和参与师生培训等的"五老"，按现任同级职称教师课时费标准给予补贴。对因工作需要并经批准的返聘的办事机构的"五老"应执行返聘人员有关规定。在重要节日对关工委骨干进行慰问。

5. 校院两级党委要加强宣传激励，确保"五老"施展才华"有热情"。要加大宣传力度，为关工委和"五老"开展工作创造良好的舆论环境，要大力弘扬"五老"精神，坚持每两年一次对关心下一代工作突出的单位和个人表彰奖

励制度。要积极动员学校资源，大力宣传关心下一代工作典型，为"三全育人"营造良好的校园氛围。

中共四川大学委员会
2021 年 9 月 10 日

领导讲话

三十载坚守初心担使命
新时代托起朝阳育新人

——中国关工委主任顾秀莲在纪念中国关工委成立 30 周年暨全国关心下一代工作表彰大会上的讲话

（2020 年 11 月 17 日）

同志们：

在全党全国人民认真学习党的十九届五中全会精神的热潮中，今天中国关工委和中央文明办联合召开会议，纪念中国关心下一代工作委员会成立 30 周年，隆重表彰全国关心下一代工作先进集体和先进个人。

党中央对大会的召开高度重视。习近平总书记作出重要指示，进一步强调了关心下一代工作发展的方向性、根本性、战略性问题，为新时代关心下一代工作指明了方向，注入了强大动力。中央政治局委员、国务院副总理孙春兰代表党中央、国务院作了重要讲话。中央政治局委员、中宣部部长黄坤明出席了会议。这些都充分体现了党中央对关心下一代工作的关心关爱和高度重视。

上世纪九十年代初，在老一辈革命家倡议下，经党中央批准，成立了中国关心下一代工作委员会。中国关工委成立后的 30 年，是我国改革开放和社会主义现代化建设取得瞩目成就的 30 年，也是各级关工委和广大"五老"为党的事业薪火相传作出积极贡献的 30 年。30 年来，中国关工委和各地各部门关工委坚决贯彻党中央决策部署，坚持急党政所急、想青少年所需、尽关工委所能，坚持围绕中心、服务大局、积极配合、主动作为，充分发挥广大"五老"的政治优势、威望优势、经验优势和示范引领作用，用优良的作风感染青少年，用高尚的人格教育青少年，用丰富的经验培育青少年，用无私的奉献关爱青少年，谱写了一曲 1367 万"五老"离休不离岗、退休不褪色、辛勤培养下一代的动人篇章。

——党对关工委的领导全面加强，关工委工作环境进一步优化。党中央将关工委工作纳入立德树人顶层设计。新修订的《未成年人保护法》明确了关工委配合政府和司法机关保护未成年人的法定职责，党中央、国务院关于深化教育教学改革和新时代爱国主义教育等文件明确了关工委的育人职责。中国关工委会同中央组织部、教育部、民政部、全国总工会、中国科协、国务院妇儿工委办公室、中央军委政治工作部印发《关于进一步发挥"五老"队伍在加强青少年思想道德建设中的作用的意见》，为多部门加强"五老"队伍建设提供了基本遵循。各地普遍将关工委工作纳入党委政府工作日程，列为精神文明建设重要内容。不少地方党委组织部、老干部局联合关工委下发了党建带关建文件，把关工委建设纳入党建总体部署和党建工作责任制督查考核内容，关工委成员单位联席会议制度、组织建设机制、干部培训机制、宣传工作机制、工作保障机制更加健全完善，关工委办事机构在机构改革中得到加强，为开创关心下一代工作新局面提供了强有力的保障。

——唱响红色基因主旋律，思想政治引领取得新成效。各级关工委把引导青少年坚定理想信念作为政治责任，深入学习宣传贯彻习近平新时代中国特色社会主义思想，扎实开展"传承红色基因，争做时代新人""党史国史教育""老少共筑中国梦"等主题教育实践活动，近五年发动 101 万名老同志参加"五老"报告团，建设四点半学校、校外辅导站、五爱教育基地等关工委阵地36.7 万多个，常态化开展爱国主义教育，辐射青少年 2.8 亿人次。各地关工委充分利用地方红色资源，编写了一批爱国主义教育读本，共建了一批关心下一代党史国史教育基地，组织了寻访红色足迹、重温红色经典、聆听红色故事以及老少书画展和文艺展演等形式多样的教育活动，营造了浓厚的红色文化氛围。尤为可喜的是，讲红色故事已在全国蔚然成风，各级关工委领导亲自讲，"五老"骨干带头讲，一批青少年跟着讲，讲出了广大青少年对革命、建设和改革开放的认同和共鸣，对革命先烈、英雄模范人物的崇敬和向往，对党对祖国对人民的热爱，提升了思想道德教育的吸引力和青少年的接受度。积极培育社会主义核心价值观，中华优秀传统文化教育、民族团结进步教育、国情教育和形势政策教育蓬勃开展，连续开展 27 届"中华魂"读书活动，连续举办 16届"中华大家园"全国关爱各族少年儿童夏令营，这几年相继推出"读懂中国""院士回母校""新时代学雷锋"等教育实践活动，吸引了广大青少年踊跃参与，有效促进实践养成、知行合一。

——助力脱贫攻坚和乡村振兴，为阻断贫困代际传递发挥重要作用。我们按照党中央决战脱贫攻坚、决胜全面建成小康社会的战略部署，深入开展"讲政治、育新人、学科技、奔小康"活动、"十百千万""五老"关爱行动，推动关心下一代工作融入国家脱贫攻坚大局。坚持扶贫与扶志扶智相结合，通过建设科技扶贫示范基地，开展技术培训、指导，实施产业帮扶、就业帮扶等措施，增强贫困青年的脱贫内生动力和自我"造血"功能，近五年发动 66 万名"五老"深入农村对口帮扶，培养青年致富带头人 52 万名，为实施乡村振兴战略提供了人才支持。实施农村留守儿童关爱保护行动，通过结对帮扶、项目关爱、建设农村留守儿童之家、组织异地探亲等关爱模式，五年来为 910 万农村留守儿童提供了课后辅导、生活救助、心理疏导、情感抚慰等关爱服务。实施关爱助学行动，通过开展中国关心下一代教育基地项目以及老校长、老教师下乡和学前教育流动课堂等教育扶贫项目，帮助老少边穷地区学校培训骨干教师、改造基础设施。五年来共募集 102 亿元助学资金，帮助贫困家庭学生用知识改变命运。实施困境青少年关爱行动，县以上关工委成立基金会近 200 个，贫困青少年脊柱侧凸支具矫治、先心病救治等服务项目被列入地方政府民生工程。

——积极参与社会治理和净化社会文化环境，为青少年健康成长撑起一片蓝天。围绕青少年最关心最直接最现实的利益问题深入开展调查研究、积极建言献策，促进出台了把事实孤儿纳入国家保障体系、加快农村寄宿制学校发展等政策措施。中国关工委与中央政法委、司法部等部门连续举办四届"关爱明天、普法先行"青少年普法教育活动，增强了青少年的法治意识。全国现有"五老"关爱工作团 12 万个、"五老"法治副校长 12 万名、法治教育基地 2.47 万个。五年来，开展法治教育报告 76 万场，参加重点群体青少年帮教工作的"五老"达到 70 万名，对预防青少年违法犯罪起到了积极作用。积极参与家长学校建设，深入开展"'五老'弘扬好家教好家风"主题活动，广大"五老"带头亮家风、立家训、定家规。积极配合未成年人保护社会治理创新，指导爱心企业建设帮教基地，推进"未成年人零犯罪零受害"社区（村）试点工作，近五年有近 66 万名"五老"参与涉及青少年矛盾纠纷的人民调解工作，32 万名"五老"开展网吧义务监督活动，还有很多"五老"参加禁毒防艾、防止溺水和心理健康服务，他们用爱心编织安全网、筑起防火墙，受到群众广泛赞誉。

——建立健全制度机制，关工委自身建设取得扎实进展。修订《中国关心下一代工作委员会工作规则》，建立健全一系列制度机制。完善学习研究机制，制定落实中国关工委干部教育培训规划，定期召开理论研讨会，用党的创新理论指导实践、推动工作的能力明显提升。创新组织建设机制，"领导班子建设好、'五老'作用发挥好、制度健全执行好、积极探索创新好、活动经常效果好"五好基层关工委创建活动达标率较五年前显著提高，以农村、社区、大中小学、机关、大型国有企业、民营企业等为主体，以离退休党支部、老年大学、老年社会组织等为补充，基层关工委组织网络更加健全，全国现有基层关工委 107 万个。创新品牌建设机制，陆续向社会推出全国关心下一代工作十大品牌、全国关心下一代帮扶工作品牌等工作典型。创新宣传工作机制，《中国火炬》等刊物越办越好，网上关工委建设稳步推进，中国关工委开通"'五老'情"等微信平台，全系统建立网站网页和微信公众号平台 6500 多个，关工委组织的"朋友圈"越来越大。

我们还围绕两岸关系和平发展主题，连续举办十二届海峡两岸关爱下一代成长论坛，连续举办十六届中日韩儿童童话交流活动，多次参与中国东盟"10＋1"青少年文化交流节活动，架起境内外青少年关爱事业交流合作的桥梁。

30 年的实践表明，成立关工委组织是具有中国特色的一项制度性安排，是我们党加强青少年思想政治工作的一个创新，是党的群众路线同培养下一代优良传统相结合的一个创举，是推进国家治理体系和治理能力现代化的有益探索，充分彰显了中国共产党领导和我国社会主义制度的政治优势。

特别是党的十八大以来，关心下一代工作在习近平新时代中国特色社会主义思想指导下发生了深刻的变化。各级关工委面貌焕然一新，广大"五老"和关工委干部的工作积极性空前高涨。今天受到表彰的先进集体和先进个人就是他们当中的优秀代表。他们胸怀大局，信念坚定，对党和人民无限忠诚，是坚定理想信念、不懈奋斗的表率；他们热忱为青少年排忧解难，努力维护青少年的合法权益，是倾心关爱后代、甘于奉献的表率；他们积极参与社会治理，营造青少年健康成长环境，是践行崇高道德、维护文明风尚、创造美好生活的表率。在今年抗击新冠肺炎疫情的人民战争中，广大"五老"知重负重，真情奉献，带头参与志愿服务和抗疫宣传，带头捐款捐物，用实际行动弘扬伟大抗疫精神，赢得了党和人民的赞誉。

在这里，我代表中国关工委向受到表彰的先进集体和先进个人表示热烈祝贺！向辛勤工作在关心下一代工作岗位上的全体同志致以诚挚问候！向重视和支持关工委工作的各级党政领导、相关部门和社会各界致以崇高的敬意！我们的所有成绩，是在继承前人基础上取得的。在这个庄严而光荣的时刻，我们深切怀念为关心下一代事业作出突出贡献的老一辈革命家，他们的崇高精神将永远铭记在我们心中！

回顾这些年的工作实践，我们深深感到，做好关心下一代工作，必须坚持和把握好以下原则。

必须坚持党的领导。要认真学习贯彻习近平新时代中国特色社会主义思想，树牢"四个意识"，坚定"四个自信"，坚决做到"两个维护"，在思想上政治上行动上同以习近平同志为核心的党中央保持高度一致。

必须坚持围绕中心、服务大局。要紧紧围绕统筹推进"五位一体"总体布局和协调推进"四个全面"战略布局，找准工作着力点，做到在大局下思考、在大局下行动，为中心工作助力、为全局工作添彩。

必须坚持立德树人。要坚持以人民为中心的工作导向，把立德树人作为根本任务，大力加强青少年思想道德建设，深入开展青少年爱国主义教育，引导青少年听党话、跟党走。

必须坚持改革创新。要深入调查研究，总结推广典型经验，不断转变思想观念，创新工作方法，使关心下一代工作与时代同步，与青少年同心，与改革开放同进，充满生机活力。

必须坚持抓基层打基础。要把抓基层建设与抓"五老"队伍建设结合起来，坚持党建引领，融入基层治理，加强制度保障，持续用力、持之以恒、久久为功。

必须坚持协同配合形成合力。要主动协调配合党政部门和群团组织开展工作，加强与企业和社会组织的联系与合作，在关心下一代工作中相互支持，为青少年健康成长创造良好环境。

面对时代发展和青少年需求带来的新情况新变化，关工委工作还存在一些不足，对当代青少年的特点还需进行深入的研究，思想观念、工作方式、活动内容等方面还需加大创新力度，关心下一代工作的成功实践亟须上升到理论层面。

回眸 30 年，我们从改革的春风中走来，迈入了更加昂扬的新时代。再过30 年，正好到本世纪中叶，我国将建成富强民主文明和谐美丽的社会主义现代化强国。党的十九届五中全会科学擘画了中国未来 5 年以及 15 年的发展新蓝图。认真学习贯彻党的十九届五中全会精神，是当前各级关工委的首要政治任务。要全面把握关心下一代工作的新形势，深刻认识我国社会主要矛盾变化带来的新特征新要求，深刻认识错综复杂的国际环境带来的新矛盾新挑战，贯彻新发展理念，坚守立德树人初心，牢记为党育人、为国育才使命，着眼青少年全面发展，切实服从服务于新格局构建和高质量发展，为实现"十四五"规划和 2035 年远景目标贡献力量。

新时代关工委工作的总体要求是：以习近平新时代中国特色社会主义思想为指导，以立德树人为根本，以社会主义核心价值观为引领，牢牢把握保持和增强政治性、先进性、群众性的根本要求，加强青少年思想道德建设，深化青少年爱国主义教育，激发青少年创新创造活力，支持和帮助青少年成长成才。

坚持守正创新，以党建带关建，推进关爱服务体系和关爱服务能力建设，为培养担当民族复兴大任的时代新人，培养德智体美劳全面发展的社会主义建设者和接班人作出新贡献。

第一，深刻学习领会习近平总书记对关心下一代工作的重要论述，坚持用科学理论统领新时代关工委工作。

党的十八大以来，习近平总书记在加强青少年思想政治教育工作中，提出了一系列新理念新思想新战略，作出了一系列新决策新部署新安排，引领关心下一代工作取得历史性成就。深入学习贯彻习近平总书记重要指示重要论述，要吃透核心要义，认真学思践悟，不断增强做好关心下一代工作的责任感和使命感。

要深刻把握关心下一代工作的政治方向。习近平总书记强调关工委要坚持服务青少年的正确方向。我们要牢牢把握政治性这一关工委的本质属性，深刻认识关工委组织是党的群众性工作组织，旗帜鲜明讲政治，毫不动摇地坚持党对关心下一代工作的领导，始终坚定正确的政治方向，发挥好党和政府联系青少年的桥梁纽带作用。

要深刻把握关心下一代工作的时代主题。习近平总书记深刻指出，关心下一代工作，关系中华民族伟大复兴。实现中华民族伟大复兴的中国梦，是党和国家工作大局，也是当代关心下一代工作的时代主题。我们要深刻把握时代主题，增强工作前瞻性、预见性，把握主动性，引导青少年把人生理想融入发展中国特色社会主义事业、建设社会主义现代化强国、实现中华民族伟大复兴的奋斗之中。

要深刻把握关心下一代工作的使命任务。习近平总书记强调，要着力加强青少年思想道德建设，引导青少年树立和践行社会主义核心价值观，支持和帮助青少年成长成才，团结教育广大青少年听党话、跟党走。我们要以奋发有为的精神状态履职尽责，圆满完成党和人民交给的任务，做青少年朋友的知心人、青少年工作的热心人、青少年群众的引路人。

要深刻把握关心下一代工作的动力源泉。习近平总书记强调弘扬"五老"精神，指出广大老干部、老战士、老专家、老教师、老模范等离退休老同志是党和人民的宝贵财富，要求尊重"五老"、爱护"五老"、学习"五老"、重视发挥"五老"作用，推动关心下一代事业更好发展。我们要坚定不移弘扬"五老"精神，为新时代关心下一代工作提供不竭动力。

要深刻把握关心下一代工作的根本保证。习近平总书记要求各级党委和政府要关心和支持关心下一代工作，支持更多老同志参加关心下一代工作。这是加强党的领导在关心下一代工作中的具体运用，为加强关心下一代工作提供了根本保证。我们要坚持党的领导，以党建带关建，把新时代关工委建设全面推向深入。

第二，担负起立德树人光荣使命，支持和帮助青少年成长成才。

要坚持用习近平新时代中国特色社会主义思想铸魂育人，认真落实《新时代公民道德建设实施纲要》和《新时代爱国主义教育实施纲要》，特别是中央关于"组织动员老干部、老战士、老专家、老教师、老模范等到广大群众特别是青少年中讲述亲身经历，弘扬爱国传统"的要求，坚持立根铸魂、价值引领、综合育人。当前和今后一个时期要突出抓好统筹推进传承红色基因工程和深入推进"五老"关爱工程。统筹推进传承红色基因工程，主要是以社会主义核心价值观为引领，结合形势教育、法治教育、劳动教育、科学精神教育、心理健康宣传教育和中华优秀传统文化教育，推进传承红色基因教育制度化、常态化，突出理想信念教育，强化道德实践养成，促进身心全面发展，讲好党史、新中国史、改革开放史、社会主义发展史，引导青少年增强文化自信，把红色基因一代代传下去。深入推进"五老"关爱工程，主要是聚焦青少年发展中不平衡不充分问题，特别是在成长成才、身心健康、就业创业、社会融入等方面的新问题，通过项目帮扶、结对帮扶、阵地帮扶等方式，帮助农村青年创业就业，帮扶农村孩子享有高质量教育，帮教失足青少年重返社会，促进农村留守儿童和困境儿童健康发展。传承红色基因工程和"五老"关爱工程相互促进、统筹联动，要协同实施好，在加强宣讲育人的基础上，以更大力度推进实践育人、帮扶育人、帮教育人、阵地育人、环境育人，形成新时代关心下一代工作的鲜明优势，帮助青少年扣好人生第一粒扣子。

第三，加强新时代"五老"队伍建设，充分发挥"五老"队伍的重要作用。

"五老"是关工委工作的主体，必须下力气抓好"五老"队伍建设这项关键性工程。要抓住贯彻落实《关于进一步发挥"五老"队伍在加强青少年思想道德建设中的作用的意见》契机，进一步完善"五老"发动、提高、激励等方面的体制机制，畅通"五老"参加关工委工作的途径，努力建设一支素质优良、人数众多、覆盖面广、结构合理的"五老"队伍。加强"五老"队伍建设，发挥"五老"队伍作用，根本靠制度，关键靠弘扬"五老"精神。"忠诚敬业、关爱后代、务实创新、无私奉献"的"五老"精神，是党的优良传统与时代精神在关心下一代工作上的最好结合。立足新时代、新征程，广大"五老"要保持坚守初心、一心为党的政治本色，从新的历史方位，积极践行"五老"精神，不断磨砺自我，使我们的政治素养、理论水平、服务能力跟上时代发展步伐，做共产主义远大理想的信仰者、传承者。要始终保持奋斗不止、计利国家的历史担当，更加自觉地发扬斗争精神，在关心下一代的重要阵地上，对错误思潮、错误言论、错误行为敢于发声亮剑。要始终保持甘于奉献、为民服务的优良作风，针对农村留守儿童和困境儿童关爱以及网络成瘾、校园欺凌、未成年人犯罪等问题，切实加大工作力度。关工委是老少共建、老青共建的大学校。要倡导"五老"向青少年学习，同时要鼓励"五老"相互帮助、共同提高，不断增强"五老"的荣誉感、使命感、成就感、归属感，为推进关心下一代工作提供人才基础和精神动力。

第四，深化改革创新，推进关爱服务体系和关爱服务能力现代化。

要紧紧围绕保持和增强政治性、先进性、群众性这条主线，进一步强化目标导向、问题导向、效果导向，全力推进工作理念、工作方式、组织设置以及其他各方面创新，让制度更加成熟，让服务更有质量，让青少年更有获得感、幸福感、安全感。要健全关爱服务体系，加强"五老"报告团、关爱工作团等关爱服务团队以及关工委阵地建设，完善有利于凝聚社会各界的关爱服务制度，创设更多社会需要、青少年喜爱、"五老"适合的公益服务平台，加快形成开放、融合、共享的社会化关爱教育机制。要积极参与社会治理共同体建设，拓宽"五老"参与社会治理的途径，助力家庭用良好家教家风涵育道德品行，助力学校办好思想政治理论课，助力构建基层自治、法治、德治相结合的城乡基层社会治理体系，促进家庭学校社会协同育人。在改革开放和社会主义市场经济深入发展的条件下，青少年思想独立性、选择性、多变性、差异性日趋增强，要按照高质量发展的要求，加强调查研究，强化品牌引领，提高工作水平。同时更加注重提高运用数字化手段教育引导青少年、服务联系青少年的本领，扎实推进网上关工委建设，积极开展网上关心下一代工作。更加注重提高运用法治思维和法治方式开展关心下一代工作的能力，做到自觉接受党的领导、联系服务青少年、依法依规开展工作相统一。

第五，以党的建设为引领，把各级关工委建设成为关心下一代工作的坚强堡垒。

要认真贯彻新时代党的建设总要求，全面建设学习型、创新型、服务型关工委组织，不断提升关工委的组织力、影响力和凝聚力。要贯彻落实习近平总书记关于党建带群建的重要指示精神，推动完善党建带关建的制度机制，以党的建设带动关工委政治建设、思想建设、组织建设和队伍建设。要更加主动地配合党政部门和群团组织开展工作，建立健全"五老"队伍建设联席会议制度，推动关工委融入党委统一领导的大宣传格局，不断完善党委统一领导、党政齐抓共管、关工委主动作为、有关部门积极配合、社会各界广泛参与的关心下一代工作机制。全国关工委系统要进一步形成各有侧重、上下联动的工作格局，中国关工委要贯彻落实党中央重大战略决策部署，加强源头参与、顶层设计、宏观指导；省、市一级关工委要在当地党委政府领导下，贯彻落实中国关工委工作部署，从实际出发创造性谋划、开展工作；县级关工委要加强对乡镇、街道以及村和社区基层关工委工作的指导。坚持抓基层的鲜明导向，持续深入开展创建五好基层关工委活动，推动基层关工委建设纳入基层党组织建设工作责任制，纳入离退休干部党的建设。加强办公室规范化、制度化和作风建设，推动干部的培养交流使用，打造一支高素质的关工委办公室干部队伍。

同志们，当今世界正经历百年未有之大变局。我们坚定地相信，有习近平同志作为党中央的核心、全党的核心领航掌舵，有全党全国各族人民团结一心、顽强奋斗，我们就一定能够战胜前进道路上出现的各种艰难险阻，一定能够夺取全面建设社会主义现代化国家新胜利！让我们更加紧密地团结在以习近平同志为核心的党中央周围，用关爱青少年健康成长的实际行动融入这个奋进的时代，用崇高的"五老"精神彰显广大老同志的初心使命，在实干中远行，在远行中担当，为党和国家事业薪火相传，为实现中华民族伟大复兴的中国梦而努力奋斗！

中国关工委主任顾秀莲在全国教育系统关工委第六次工作会议暨成立30周年纪念大会上的讲话

（2021年12月22日）

在全国上下深入学习贯彻党的十九届六中全会精神之际，教育部隆重召开关工委第六次工作会议暨成立30周年纪念大会，总结部署工作，交流经验，表扬先进，对推动全国教育系统关工委工作高质量发展具有积极影响。在此，我代表中国关心下一代工作委员会向大会的召开和受到表扬的先进集体、先进个人表示热烈的祝贺！向全国教育系统积极参与关心下一代工作的广大"五老"致以崇高的敬意！向一贯重视、关心和支持关工委工作的教育部党组和各级教育部门表示衷心的感谢！

刚才，进鹏同志代表教育部党组讲话，体现了对关工委工作的大力支持，对教育系统广大"五老"的亲切关怀；卫红同志的工作报告，展示了教育系统关工委工作的可喜成效；7家单位的发言，特色鲜明、亮点突出，我听了以后很受感动、很受启发。教育系统关工委"五老"多、工作战线长、服务对象广，工作成效显著，是全国关工委系统的一面旗帜，可以用三个"突出"来概括教育系统关工委工作成就和特色。

一是党政领导重视突出。教育部党组历来高度重视关心下一代工作。凡是教育部关工委举办的重要活动，分管的部领导都会出席并讲话，还多次对关工委工作作出批示。尤其是今年以部党组名义印发的《中共教育部党组关于加强新时代全国教育系统关心下一代工作委员会工作的意见》，对关工委组织建设、支持保障等关键环节作出明确规定，力度大、措施实，充分体现教育部党组贯彻习近平总书记对关心下一代工作的重要指示精神深入全面，为新时代加强教育系统关工委工作提供了有力指导和坚强保障，为新时代全国关工委工作提供了有益借鉴。

二是创新发展成效突出。教育系统关工委的品牌活动，亮点纷呈。"老校长下乡""院士回母校""大国工匠进校园""读懂中国""新时代好少年"等活动突破了"你讲我听"的灌输式思想政治工作模式,针对学生特点,以学生为主体,采用学生喜欢、熟悉的微视频、网上展示传播等形式,充分调动学生的参与热情,突出学生群体的自我教育、自我升华,把工作真正做到学生心坎上,增强了思政工作的吸引力、感染力,受到了学校、老师和家长的热烈欢迎,使关工委工作在新时代展示了旺盛的生命力。

三是合力育人影响突出。教育部关工委近年来与中国工程院、中国科学院和全国总工会等单位合作,邀请院士、杰出老校友、大国工匠与学生面对面交流分享求学求艺、敬业报国的经历和感悟,对广大青年学生进行思想道德教育和理想信念教育,有效挖掘优质育人资源;与央视网、中国教育电视台等主流媒体合作,给青少年和广大"五老"提供交流、展示的舞台,有效增强了关工委工作实效。这些都进一步提升了关工委工作的影响力。

同志们,刚刚召开的党的十九届六中全会是在我们党成立一百年的重要历史时刻,在党和人民胜利实现第一个百年奋斗目标、全面建成小康社会,向着全面建成社会主义现代化强国的第二个百年奋斗目标迈进的重大历史关头,召开的一次具有开创性、里程碑意义的重要会议。全会通过的《中共中央关于党的百年奋斗重大成就和历史经验的决议》,是一篇光辉的马克思主义纲领性文献,是新时代中国共产党人牢记初心使命、坚持和发展中国特色社会主义的政治宣言,是以史为鉴、开创未来、实现中华民族伟大复兴的行动指南。站在新的历史起点上,关工委作为党领导下的群众性工作组织,要把学习贯彻党的十九届六中全会精神作为当前和今后一个时期的一项重大政治任务,坚守立德树人初心,牢记为党育人、为国育才使命,履职尽责走好实现第二个百年奋斗目标的新时代赶考路。

借此机会,我提三点希望。

一是抓紧抓实习近平新时代中国特色社会主义思想的学习贯彻工作。六中全会通过的决议指出,党确立习近平同志党中央的核心、全党的核心地位,确立习近平新时代中国特色社会主义思想的指导地位,反映了全党全军全国各族人民共同心愿,对新时代党和国家事业发展、推进中华民族伟大复兴历史进程具有决定性意义。各级教育系统关工委要准确把握习近平新时代中国特色社会主义思想的精神实质和内涵,在学深、悟透、弄通、做实上下功夫,不断增强对习近平新时代中国特色社会主义思想的理论认同、实践认同、情感认同,增强"四个意识"、坚定"四个自信"、做到"两个维护"。要充分认识成立关工委组织是具有中国特色的制度性安排,是我们党加强青少年思想政治工作的重要创新，进一步增强做好关心下一代工作的使命感和责任感，认真研究分析关心下一代工作面临的新形势新任务，切实把习近平新时代中国特色社会主义思想转化为推进工作的强大动力，推动立德树人根本任务落到实处。要始终坚持和加强党对关心下一代工作的全面领导，建立健全党领导关心下一代工作的体制机制，增强政治判断力、政治领悟力、政治执行力，确保关心下一代事业始终沿着正确政治方向前进。

二是有力有效推动红色基因传承工作。党的十八大以来，以习近平同志为核心的党中央高度重视红色资源的保护利用。习近平总书记在中共中央政治局第三十一次集体学习时强调，红色资源是我们党艰辛而辉煌奋斗历程的见证，是最宝贵的精神财富。红色血脉是中国共产党政治本色的集中体现，是新时代中国共产党人的精神力量源泉。各级教育系统关工委要重视发挥广大"五老"是中国道路见证者和亲历者的优势，组织他们深入到青少年中，讲好中国故事，讲好中国共产党故事，讲好新时代中国特色社会主义故事，发扬红色传统、传承红色基因、赓续革命精神。要充分利用革命博物馆、纪念馆、党史馆、烈士陵园等红色资源，设计符合青少年认知特点的教育活动，教育引导青少年学用相长，知行合一，使优良传统和红色基因内化为精神力量，外化为实际行动。要积极搭建"五老"参与红色基因传承工作的平台，健全相关工作机制，深化品牌活动，凝练规律性的方式方法，推进红色基因传承工作制度化、常态化。

三是用心用情谋划关心下一代工作高质量发展。近日，经党中央、国务院同意，中共中央办公厅、国务院办公厅印发了《关于加强新时代关心下一代工作委员会工作的意见》，这是中国关心下一代工作委员会成立以来首个由中共中央办公厅、国务院办公厅印发的关于加强关工委工作的重要文件，是新时代关工委工作的行动纲领。各地各校关工委要高度重视这份文件的贯彻落实工作，坚持围绕中心服务大局，在国家改革发展的全局中谋划好新时代关工委工作，为中心工作助力，为全局工作添彩，与青少年同心，与教育发展大局同进，进一步激发组织的生命力。要坚持协同合作，加强关工委与相关部门的协调联动，发挥各自职能作用，形成共同关爱服务青少年健康成长的工作氛围。要坚持强化自身建设，不断加强队伍建设、班子建设、办事机构建设和体制机制建设，全面建设学习型、创新型、服务型关工委组织，提升教育系统关工委的影响力。

同志们，使命重在担当，实干铸就未来。让我们更加紧密地团结在以习近平同志为核心的党中央周围，以习近平新时代中国特色社会主义思想为指导，不忘初心、牢记使命，为党和国家事业薪火相传，为实现中华民族伟大复兴的中国梦作出新的更大贡献。

教育部党组书记、教育部部长怀进鹏 在教育部关工委第六次工作会议 暨成立 30 周年纪念大会上的讲话

（2021 年 12 月 22 日）

在全党深入学习贯彻党的十九届六中全会精神之际，我们今天隆重召开纪念大会，回顾 30 年来教育系统关心下一代工作走过的历程，总结成功经验，共谋未来创新发展，意义重大。首先，我代表教育部党组向秀莲主任参与大会指导，以及中国关工委对教育系统关心下一代工作的重视和支持表示衷心的感谢！向在关心下一代战线上默默耕耘、无私奉献的老领导、老同志致以诚挚的问候！向今天受表扬的先进单位、先进个人表示真诚的祝贺。

刚才，卫红同志转达了中央政治局委员、国务院副总理孙春兰对教育系统关心下一代工作的关心，对同志们的慰问，体现了对关心下一代工作的重视和厚爱。刚才播放了教育系统关工委 30 年工作成就的宣传片，听了 7 个单位和个人的发言，讲得都非常好，反映出教育系统关工委取得了很多创新的成果和务实的成绩。我认为，这是一项崇高的事业，也是一项关心国家、关心社会、关心未来的伟大事业，很受感动。卫红同志的工作报告内容丰富、脉络清晰，总结了过去 30 年来的工作发展、工作特点和做好关工委工作的 6 个要素，对下一步工作进行谋划，我完全同意。接下来，秀莲主任要作重要讲话，我们要深刻领会，做好贯彻落实工作。

党的十八大以来，习近平总书记两次对关心下一代工作作出重要指示，指出广大"五老"是党和国家的宝贵财富，是加强青少年思想政治工作的重要力量，强调要支持更多老同志参加关心下一代工作，为培养社会主义建设者和接班人作出新的更大贡献。30 年来，特别是党的十八大以来，教育系统关工委以习近平总书记的重要指示精神为指引，在教育部党组的领导下，紧紧围绕教育中心工作，坚持服务青少年的正确方向，着力加强青少年思想道德建设，引导青少年树立和践行社会主义核心价值观，支持和帮助青少年成长成才，成效

显著、影响广泛，极其有效地推动制度优势转化为育人优势，发挥了不可或缺的作用，主要表现在以下几个方面：一是坚持"党建带关建"，组织覆盖广。省、地（市）、县（区）教育关工委基本全覆盖，99%的公办普通高校、80%的职业院校和90%以上的中小学都建立了关工委组织，190余万名"五老"参加关心下一代工作。关工委组织从无到有，从小到大，筚路蓝缕，健康有序发展。二是落实立德树人根本任务，品牌效应好。面向高校和职业院校学生创新开展了"院士回母校""杰出老校友回母校""大国工匠进校园""读懂中国"等活动，近五年累计5500余万名青少年受益；连续开展24届"新时代好少年"主题教育读书活动，覆盖31个省、自治区、直辖市，累计超过5亿名青少年参加。三是守正创新、服务基层，主动作为多。聚焦精准扶贫，创新开展"老校长下乡"活动，北京、浙江、四川、重庆、贵州等试点省（市）近3000名老校长、老教师支援学校近2000所，近174万名农村学生受益。着眼家校社共育，长期组织家庭教育研究和家长培训，在新冠肺炎疫情常态化新形势下，举办家庭教育公开课21期，累计3200余万名家长收看。四是"五老"人才致力光彩事业，成为靓丽的风景线。30年来，一大批老同志退而不休，坚持奋战在关心下一代的战线上，发挥独特优势，继续为教育引导广大青少年听党话跟党走不懈努力、发光发热，这种"五老"精神值得在教育系统大力弘扬。在此，我代表部党组向大家表示由衷的敬意和衷心的感谢！

党的十九届六中全会，在建党百年的关键历史节点，树起了一座永恒的历史丰碑，回顾百年奋斗历程，总结重大历史经验，有重大而深远的意义。教育是国之大计、党之大计，在实现第二个百年奋斗目标、全面建设社会主义现代化国家的新征程中，教育的先导性、基础性、全局性地位和作用更加凸显，肩负的使命更为重大。教育系统要把学习宣传贯彻党的十九届六中全会精神作为当前和今后一个时期的重大政治任务，深刻领悟中国共产党为什么能、马克思主义为什么行、中国特色社会主义为什么好，坚持学懂弄通做实习近平新时代中国特色社会主义思想，坚定不移地走中国特色社会主义教育发展道路，切实把思想和行动统一到党中央的重大决策部署上来，不断开创新时代教育工作新局面。昨天，全国老干部工作先进集体和先进个人表彰大会在北京召开，习近平总书记对全国老干部工作作出重要指示，希望广大老干部不忘初心、牢记使命，坚持老有所为、继续发光发热，弘扬党的优良传统、赓续红色血脉，讲好党百年奋斗重大成就和历史经验的故事，积极为实现第二个百年奋斗目标和中华民族伟大复兴贡献智慧和力量。近日，中办、国办印发《关于加强新时代关心下一代工作委员会工作的意见》，要求"充分发挥'五老'在教育引导和关爱保护青少年方面的优势作用"。希望教育系统继续贯彻落实习近平总书记重要指示及中央文件精神，进一步加强关心下一代工作，组织引导更多"五老"为培养德智体美劳全面发展的社会主义建设者和接班人贡献力量。这里，我提三点建议，供大家参考。

第一，各级教育部门和学校党组织要加强对关心下一代工作的领导。关工委作为党领导下的群众性工作组织，是党的工作的有机组成部分。各级教育部门和学校党组织要贯彻落实部党组 2021 年 4 月印发的《中共教育部党组关于加强新时代全国教育系统关心下一代工作委员会工作的意见》，健全完善"党委统一领导、党政齐抓共管、关工委主动作为、有关部门积极配合、社会各界广泛参与"的领导体制和工作机制，为关工委工作提供保障。要把关工委工作纳入党建工作计划、"五育并举"总体格局、各级各类学校思政工作体系和有关部门、学校的责任范围，进一步加强领导，关心和支持关工委开展工作，切实帮助解决实际困难和工作中的问题，为关工委创造更好的工作条件。要根据实际工作需求、青少年成长需要和关工委特点，为关工委明确目标、安排课题、布置任务，支持关工委动员组织"五老"积极参与关心下一代工作。

第二，各级教育系统关工委要围绕立德树人根本任务，为教育中心工作提供强大助力。希望各级关工委把关心下一代工作放在服务教育事业大局中统筹谋划，把各级教育行政部门的决策部署转化为教育系统关工委和广大"五老"的自觉行动，帮助引导青少年健康成长，为全局工作助力添彩。要聚焦铸魂育人，教育引导广大青少年筑牢理想信念之基，把引导青少年坚定理想信念作为政治责任，组织广大"五老"深入到青少年中，持续开展形式多样、内容丰富、青少年喜闻乐见的以"四史"教育为主要内容的品牌活动，传承红色基因、赓续红色血脉。要服务现实需求，真正地帮助青少年健康成长。配合"双减"政策的稳步实施，结合关工委老同志的优势，开展具有特色的体育、美育、劳动教育活动，协助教育行政部门和学校建设丰富多彩的"第二课堂"，促进青少年增强体质、提高审美能力、养成劳动习惯，助力学生全面发展。要促进家校社协同育人，共同营造关爱青少年的社会环境。家庭教育促进法出台，将家庭教育由传统的"家事"，上升为新时代的"国事"，教育系统关工委在家庭教育领域，特别是参与家长学校建设方面做了大量的工作，也有很多宝贵的经验，今后要继续在这方面发力，着力帮助更多家庭掌握正确的家庭教育观念和科学方法。

第三，广大"五老"要不忘初心、牢记使命，护航青少年健康成长。教育系统关工委广大"五老"理想信念坚定、经历阅历丰富、专业造诣深厚、师德师风高尚，是难得的宝贵资源和人才宝库。希望你们全面贯彻党的教育方针，矢志关心下一代，践行初心不停歇。继续用亲身经历和身边事，讲好党的故事、革命的故事、根据地的故事、英雄和烈士的故事，教育引导青少年增强"四个意识"、坚定"四个自信"、做到"两个维护"。继续发挥专长，在身体健康的情况下，适当参与学校的教育教学工作，协力提升青少年的文化素养和思想道德素质。继续做青少年的知心朋友，经常到青少年中去，了解他们的思想动态、价值取向、行为方式和生活方式，做他们的知心人、引路人，陪伴他们在成长过程中更好地理解社会、理解生活、理解发展，引导他们为实现中华民族伟大复兴的中国梦而奋斗。

同志们，三十载弦歌不辍，新时代薪火相传。关心关爱青少年成长成才，使命光荣，责任重大。让我们更加紧密地团结在以习近平同志为核心的党中央周围，坚持以习近平新时代中国特色社会主义思想为指导，牢记初心使命，勇于担当作为，不断开创关心下一代工作新局面，为培养堪当民族复兴大任的时代新人作出新的更大贡献。

坚守初心继往开来
为培养时代新人作出新贡献
——教育部关工委主任李卫红在教育部关工委第六次
工作会议暨成立30周年纪念大会上的讲话

（2021年12月22日）

今天我们在这里召开教育部关工委第六次工作会议暨成立30周年纪念大会，主要任务是贯彻落实党的十九届六中全会精神，贯彻落实习近平总书记对关心下一代工作的重要指示精神，贯彻落实中共中央办公厅、国务院办公厅《关于加强新时代关心下一代工作委员会工作的意见》，系统总结30年来特别是党的十八大以来教育系统关工委工作，表扬全国教育系统关心下一代工作先进集体和先进个人，研究探讨今后一个时期教育系统关心下一代工作高质量、可持续发展的新思路和新举措。

我们党高度重视青少年的健康成长，学生是青少年中的绝对多数，教育系统关心下一代工作在关心下一代工作全局中占有重要地位。1990年，中国关心下一代工作委员会成立。1991年，适应形势和工作需要，国家教委党组决定成立关心下一代工作委员会，教育系统关工委组织诞生。30年来，各级教育系统关工委不忘立德树人初心，广泛动员、紧紧依靠"五老"这一特殊群体，充分发挥他们的政治优势、经验优势、威望优势，围绕中心、服务大局，勇于担当、无私奉献，为青少年健康成长作出了独特贡献，书写了离岗不离党、退休不褪色的动人篇章。特别是党的十八大以来，在习近平新时代中国特色社会主义思想指引下，教育系统关工委工作发生了深刻变化，工作积极性更加高涨，工作环境更加优化，工作特色更加突出，工作品牌更加鲜明，各项工作取得了新进展新成效。

——坚持党的领导，教育系统关工委政治保障和工作保障更加有力。习近平总书记高度重视关心下一代工作，两次作出重要指示，强调各级党委和政府要加强对关心下一代工作的领导，支持更多老同志参加关心下一代工作。中国关工委领导多次亲临教育系统关工委指导，给予大力支持。教育部党组高度重视关工委工作，2009年印发《关于加强全国教育系统关心下一代工作委员会建设的意见》，2021年又出台《关于加强新时代全国教育系统关心下一代工作委员会工作的意见》，进一步明确了教育系统关工委工作定位、工作性质和主要任务，对各级教育部门和学校党组织加强关工委领导和建设提出明确要求，为加强新时代教育系统关工委工作提供了有力指导和坚强保障。各地各校党组织普遍将关工委工作纳入议事日程、经费列入财政预算、培训列入干训计划等，许多单位试行"党建带关建"制度，将关心下一代工作纳入党建工作规划和党建责任制督查考核内容，确立关工委成员单位并明确责任分工，教育系统关心下一代工作制度和机制建设得到全面加强。

——坚持立德树人根本任务，助力青少年思想政治教育更加富有针对性。教育系统关工委主动融入学校"大思政"教育体系，按照"贴近中心、贴近学生、贴近实际"的工作思路，积极打造富有影响力的工作品牌，极大提升了关心下一代工作的吸引力感染力。聚焦习近平新时代中国特色社会主义思想宣传阐释和"四史"教育、理想信念教育，不断丰富拓展主题教育活动等基础教育领域"五大平台"，"特邀党建组织员""'五老'报告团""青蓝工程"等高等教育领域"十大品牌"内涵；2016年开始创新推出"院士回母校""杰出老校友回母校""大国工匠进校园""读懂中国"等新活动品牌；2018年"五好小公民"主题教育读书活动更名为"新时代好少年"主题教育读书活动，并于今年实现了由线下到线上线下相融合的成功转型。近五年，累计发动17.32万名老同志参加"五老"报告团，11万余名老同志担任高校"特邀党建组织员"，13.77万名老同志参与"青蓝工程"，各类主题教育活动辐射青少年1.5亿人次。各地各校关工委积极探索实践，涌现出"思政课教学督导员""'五老'说""青马工程"等一批顺应时代发展、符合青少年特点、富有关工特色的鲜活形式，不断汇聚起青少年听党话、跟党走的强大正能量。

——坚持服务中心，助推教育脱贫攻坚和家校社协同育人更加有效。教育系统关工委明确定位、主动作为，坚持急党政所急、帮青少年所需，充分发挥"五老"优势，为青少年办实事、解难事。上世纪九十年代，围绕"两基"工作，积极开展回乡务农青年职业技术培训、义务举办家庭经济困难学生校外辅导站和庭院文化室。党的十九大作出打赢脱贫攻坚战的战略部署，教育系统关工委创新开展"老校长下乡"活动，联合中央文明办试点开展"退休教师下乡服务志愿行动"，指导中国下一代教育基金会实施滇西助学圆梦计划、青少年科技素养提升计划、全国规范化家长学校实践活动、留守儿童帮扶中心等项目，5年来近3000名老校长、老教师支援学校近2000所，基金会募集款物近

2 亿元，覆盖 30 个省（区、市），数百万学生受益。主动配合教育行政部门积极参与家庭教育指导服务，着力推动家长学校建设，承担全国教育科学规划教育部重点课题和国家一般课题组织家庭教育研究，开设"家校共育，立德树人——家庭教育公开课"。据不完全统计，教育系统 80 余万"五老"参与家长学校建设，累计培训教师百余万，服务家长 5000 余万人次。许多地方教育部门和学校关工委组织募集资金、物品等捐赠贫困学生和学校，组织"五老"通过课后辅导、生活救助、心理疏导等方式开展关爱帮扶活动，5 年来，教育系统关工委 61.36 万"五老"参与关爱活动，14.61 万"五老"参与心理健康服务。

——坚持夯实基础，教育系统关工委自身建设更加完善。教育系统关工委积极探索做好关心下一代工作的新方法、新途径，不断优化机制、健全组织、创新发展。制定《全国教育系统关心下一代工作委员会工作规程》，落实教育系统关工委领导干部学习培训制度、年度会议制度和协作组制度，工作制度化、规范化水平进一步提高。健全基层组织，目前省、地（市）、县（区）三级教育关工委组织基本实现全覆盖，99% 的公办普通高校、75% 的高校院（系）、80% 的职业院校、90% 的中小学校建立了关工委组织。创新宣传机制，工作刊《心系下一代》争取到正式刊号出版发行，教育部关工委微信公众号订阅用户突破 248.97 万，各级教育系统关工委建立网站网页和微信公众号平台 5000 余个，与新华社、央视网、中国教育电视台、中国教育报、中国大学生在线等合作，陆续推出"关工人物"和一批工作品牌，其中，"读懂中国"活动优秀作品各平台点击量累计 1422.6 万人次，家庭教育公开课累计收看 3200 余万人次，2021 年"新时代好少年"主题教育读书活动优秀作品央视网点击量达 366.28 万人次，影响力持续提升。

30 年的实践告诉我们，党中央批准成立关工委组织是具有中国特色的制度性安排，唯有坚持党的全面领导，在同级教育部门和学校党组织领导下开展工作，关心下一代工作才能始终沿着正确方向坚定前行；唯有坚持围绕中心、服务大局的工作定位，在党和国家战略布局中谋划，在教育改革发展中推进，关心下一代工作才有强大的生命力和影响力；唯有坚持立德树人的根本任务，着力加强青少年思想道德建设，教育引导青少年听党话、跟党走，关心下一代工作才能不负党和时代的重托；唯有坚持解放思想、守正创新的工作理念，把握时代脉搏，走近青少年，加强联动共享，关心下一代工作才能与时代同行、与青少年同心、与改革开放同进；唯有坚持主动作为、积极进取的精神风貌，心里装着青少年，始终想着"关工"事，关心下一代工作才能走深走实；唯有坚持依靠基层、服务基层的鲜明导向，加强对基层关工委工作的支持帮助和分类指导，动员更多老同志加入关工委组织，关心下一代工作才能行稳致远、健康发展。

30年来，一批又一批"五老"凝聚在党的旗帜下，用心用情关爱青少年，用实际行动生动诠释了"忠诚教育、关爱后代、无私奉献、务实创新"的"五老"精神，也充分证明了老同志是党和国家的宝贵财富，是加强青少年思想政治工作的重要力量，是当之无愧的中国志愿者第一方阵。今天受到表扬的先进集体和先进个人就是"五老"中的优秀代表，在这里，我谨代表教育部关工委向你们表示热烈的祝贺！向各级领导、教育部相关司局和有关方面长期以来对教育系统关心下一代工作的重视和支持表示衷心的感谢！向关工委的老领导和为关心下一代工作作出贡献的同志们致以崇高的敬意！

总结回顾成绩的同时，我们也清醒地认识到工作中还存在一些问题和瓶颈。比如，工作制度体系还不够完善，基层组织建设还需要不断加强，"党建带关建"的经验还需要总结推广；工作平台品牌还需要不断创新和完善，老同志参与思政课程和课程思政的有效路径还需要探索，"青蓝工程""家长学校"等老品牌的内涵还需要进一步深化；工作方式、手段更新创新还不够及时，思想政治工作的吸引力、影响力还亟待加强。

同志们，"每一代人有每一代人的长征路，每一代人都要走好自己的长征路"。习近平总书记"七一"重要讲话郑重宣示"现在，中国共产党团结带领中国人民又踏上了实现第二个百年奋斗目标新的赶考之路"。党的十九届六中全会提出"两个确立"决定性意义的重大论断，反映了全党全军全国各族人民共同的心愿，是时代呼唤、历史选择、民心所向，也是走好新的赶考之路的重要保证。中共中央办公厅、国务院办公厅刚刚印发的《关于加强新时代关心下一代工作委员会工作的意见》，是加强关工委建设的重要文件，充分体现了以习近平同志为核心的党中央对关工委工作的亲切关怀、高度重视和对广大"五老"的殷切期望，是新时代关工委工作的行动纲领。站在新的历史起点，踏上新的赶考之路，教育系统关工委要认清新形势，把握新特点，作出新贡献。

——我们正处于世界百年未有之大变局和实现中华民族伟大复兴战略全局"两个大局"交汇的关键时期，伟大目标越是接近，青少年成长环境越复杂，教育引导青少年听党话、跟党走的任务越艰巨，教育系统关工委要保持政治清醒，不惧风险，勇于担当，破解难题。

——我们正站在"两个百年"奋斗目标的历史交汇点，向着全面建成社会主义现代化强国的第二个百年奋斗目标迈进，比历史上任何时期都更加渴求人才。教育系统关工委要急党政所急、尽关工委所能，助力加快推进教育现代化、建设教育强国、办好人民满意的教育，主动作为，发光发热。

——我们正面临现实空间和虚拟空间"两个空间"的融合碰撞，特别是新冠肺炎疫情，加速了人们生产生活方式和学习方式的转变，互联网已成为广大群众获取公共服务的新平台、青少年活动的新空间。教育系统关工委要善于运用互联网技术和信息化手段做思想政治工作，不断提升驾驭和运用网络新媒体的能力。

立足新发展阶段，贯彻新发展理念，构建新发展格局，教育系统关工委工作面临新的时代问卷。我们要在总结 30 年工作经验、把握 30 年工作规律基础上，深入贯彻习近平总书记对关心下一代工作的重要指示精神，深入落实中办、国办《关于加强新时代关心下一代工作委员会工作的意见》，全面贯彻党的教育方针，全面落实立德树人根本任务，按照"围绕中心、配合补充，主动作为、协同创新，立足基层、注重实效"的工作方针，以团结教育广大青少年听党话跟党走为根本目标，以提高广大青少年全面素质为战略主题，以助力加强青少年思想政治教育为工作重点，以体制机制建设为保障基础，以协同创新为基本路径，团结带动更多"五老"在新的赶考路上再次交出让党和人民满意的答卷。

——30 年再出发，我们要坚持政治引领，着力"三个深化"，在学习贯彻习近平新时代中国特色社会主义思想实践中有新举措。

党的十九届六中全会通过的决议明确提出，"党确立习近平同志党中央的核心、全党的核心地位，确立习近平新时代中国特色社会主义思想的指导地位"。我们要切实提高政治站位，将学习贯彻习近平新时代中国特色社会主义思想作为当前和今后一段时期的首要政治任务，充分发挥教育系统"五老"精研、善讲的优势，在引导青少年学习领会贯彻方面发挥独特作用。

深化理论武装。坚定不移把"两个维护"作为最高政治原则和根本政治规矩，通过专题学习、集中培训、座谈交流等形式，组织教育系统广大"五老"深入学习习近平新时代中国特色社会主义思想，特别是关于教育的重要论述和对关心下一代工作的重要指示精神，用党的创新理论武装头脑，进一步增强做到"两个维护"的思想自觉、政治自觉、行动自觉，始终心怀"国之大者"。

深化理论阐释。充分发挥教育系统"五老"人才富矿优势，开展党的创新理论阐释，将党的科学理论的"大道理"转化为青少年喜闻乐见的"小故事"；建设好运用好"宣传与研究中心"，打造教育系统关心下一代工作智库，创建《心系下一代》理论专版，开设理论研究动态专栏，推出一批有学理深度和学术厚度的研究成果，引领关工委组织创新发展。

深化理论教育。深入开展习近平新时代中国特色社会主义思想宣传教育活动，组织"五老"宣讲团、报告团走进校园、走进社区、走进网络，用青少年易懂易学的语言和生动活泼的方式开展宣传宣讲，推动党的创新理论走进青少年思想深处、情感深处和心灵深处，带动更多青少年真学、真懂、真信、真用。

——30年再出发，我们要牢牢把握立德树人根本任务，突出"三个助力"，在培养德智体美劳全面发展的社会主义建设者和接班人方面展现新作为。

今年新修订的《中华人民共和国教育法》将党的教育方针落实为国家法律规范。我们要切实把思想统一到中央精神和决策部署上来，围绕教育根本任务，毫不动摇地助力培养一代又一代拥护中国共产党领导和我国社会主义制度，立志为中国特色社会主义奋斗终身的有用人才。

助力思想政治教育。推动理想信念教育常态化制度化，主动融入时代新人培育工程，建立完善"五老"参与大中小学思政工作一体化长效机制，为"五老"更好发挥作用创造条件、畅通渠道。持续开展以党史教育为重点的"四史"教育，落实红色基因传承工程，深化"读懂中国""新时代好少年"主题教育读书活动等，依托本地本校红色资源设计符合青少年认知特点的教育活动，组织"五老"结合自身经历讲好红色故事、英雄模范故事等，用中国共产党人的精神谱系教育青少年。以中华优秀传统文化教育为抓手深化社会主义核心价值观教育，通过"键对键""面对面"等多种方式，组织开展生动活泼、特色鲜明的主题教育活动，帮助青少年树立正确的世界观、人生观、价值观。

助力青少年全面发展。配合主渠道贯彻落实中办、国办有关"双减"、体育、美育、劳动教育工作意见，开发具有关工特色、青少年喜闻乐见的活动形式，实施"关心下一代明亮'视'界"计划，推进"唱响百年"儿童原创歌曲征集传唱活动，探索建立青少年科技教育、劳动教育、实训实践基地，发动"五老"参与课后服务，培育"五老"专家工作室，促进青少年增强体质、提高审美能力、养成劳动习惯；重视和加强对青少年学生的心理健康教育和疏导；开展以宪法教育为核心的法治教育，帮助青少年增强法治观念，提升法治素养。助力乡村振兴，巩固拓展"老校长下乡"工作成果，推广京冀、川渝等区域协同模式，引导更多老同志尽力而为、量力而行开展教师培训、支教等活动，为推动乡村教育发展作出积极贡献。大力宣传贯彻新修订的《未成年人保护法》，用心用情帮助困难学生，关爱留守儿童、困境儿童等特殊群体成长。

助力家校社协同共育。积极宣传贯彻新施行的《家庭教育促进法》，按照

"重引领""创品牌""多助力"的思路，发挥教育系统关工委在推动家庭、社会共同关爱青少年方面的组织优势，积极开展家校社协同育人体制机制研究，继续参与家长学校建设，助力家长学校师资能力提升，协力推动家庭教育指导中心和家庭教育课程资源库建设。开展教育系统关工委社区教育探索实践，协助建立教育系统"五老"人才资源库，助力提升社区"五老"师资运用和服务能力；利用好校外教育活动场所、辅导站和青少年活动中心等，协力推进关爱教育活动向纵深发展。

——30年再出发，我们要坚持守正创新，用好"三个路径"，在推动教育系统关工委工作高质量发展上呈现新亮点。

在30年工作基础上，进一步提升工作质量，必须坚持守正创新，转变思想观念、创新工作方法，适应时代的发展和青少年成长环境的变化，在继承中创新，在创新中发展。

品牌引领提升实效。巩固深化丰富既有工作品牌内涵，着力创新"院士回母校""杰出老校友回母校""大国工匠进校园"等活动形式，深挖人物故事和思政元素，打造优质融媒体思政教育产品，扩大活动受益面和影响力；着力探索"青蓝工程"与"思政课程""课程思政"教师能力素养提升相融合、"特邀党建组织员"与党建督导相融合的方式，提升品牌的时代价值和有效性。创新"关工委＋互联网"的工作路径，加强网上家长学校、青少年心理咨询服务热线等网上阵地建设和维护，培育和形成一批青少年喜闻乐见、符合时代特征的网上关心下一代工作品牌，把关工委工作做到学生聚集的网络空间。提倡各地各校结合实际打造具有自身特色的工作品牌，以品牌创新带动关心下一代工作高质量发展。

协同共享聚集合力。积极争取、主动接受各级党政领导的指导支持，加强与相关部门和主渠道的联系，充分发挥委员单位职能作用，推动关工委工作纳入"五育并举"总格局、纳入思政工作体系、纳入部门和学校责任范围，推进与党群、学工等部门以及涉老组织协同合作，形成共同关爱服务青少年健康成长的工作合力。注重资源整合，加强与共青团、妇联、工会以及行业协会的联系，推动资源共享、活动共办，最大限度地争取资源、提升实效。

多方宣传扩大影响。依靠主流媒体，突出宣传关工委独有优势、特色工作和典型事迹，全方位扩大关工委的影响力。借助新媒体，尝试开辟关工优质思政资源专题专栏，加大品牌活动宣传力度，提升宣传质量，提高传播力。按照有关规定建好自有媒体，办好刊物、官网、官微，开发服务青少年的微博、手机客户端等新媒体平台，打造关工委宣传矩阵，增强宣传吸引力和实效性。

——30年再出发，要坚持问题导向，加强"三个建设"，在提升关心下一代工作保障力上实现新突破。

今后一段时期，我们要继续坚定不移地贯彻中办、国办《关于加强新时代关心下一代工作委员会工作的意见》和教育部党组《关于加强新时代全国教育系统关心下一代工作委员会工作的意见》，落实落细文件中提出的要求和任务，坚定信心，乘势而上，夯实新时代教育系统关心下一代工作基础。

加强组织建设。进一步健全完善各级关工委领导班子，逐步推进任期制，进一步巩固和提升基层关工委组织建设，重点抓好区县关工委、本科院校二级院（系）和职业院校关工委组织建设，加快推进民办高校关工委组织建设，力争实现各级教育部门和各级各类学校关工委组织建设全覆盖。

加强制度建设。进一步完善教育系统关心下一代工作制度体系，落实好《全国教育系统关心下一代工作委员会工作规程》，健全完善"党建带关建"制度机制、联席协调机制、表扬激励机制、学习宣传机制等，鼓励支持有条件的地方和学校将关工委"五老"纳入教师表彰范围，着力增强组织力凝聚力。

加强队伍建设。积极探索和建立"五老"接续机制，实现常态化进退，使更多政治素质过硬、有一定专长和工作热情的老同志加入关心下一代工作队伍。建立分类、分层次培训体系，在继续做好省级教育系统关工委和部直属高校关工委主要负责同志年度培训的同时，力争5年内通过线上线下相结合的方式，完成地市级教育系统关工委主要负责同志轮训工作，提升他们适应新时代服务青少年的能力和水平。加强对基层关工委和"五老"的关爱，帮助他们解决实际困难。

同志们，30年，我们初心如磐，不辱使命，砥砺前行；30年，我们大手握小手，与青少年相伴而行，双手托起明天的太阳；30年，我们薪火相传，把宝贵的中国精神传给下一代，成就光辉事业。30年再出发的我们正处于最好年华，让我们紧密团结在以习近平同志为核心的党中央周围，勿忘昨天的苦难辉煌，无愧今天的使命担当，不负明天的伟大梦想，组织好"五老"队伍，发挥好"五老"优势，与时代同行，向中心聚力，主动作为、勇毅前行，奋力书写教育系统关心下一代工作新篇章，为培养造就堪当时代重任的接班人作出新贡献。

牢记初心使命　三十而立再出发
推动学校关心下一代事业高质量发展

——四川大学党委书记王建国在纪念四川大学
关工委成立30周年暨表彰会上的讲话

（2022年1月5日）

老师们、同志们：

今天，我们在这里召开纪念四川大学关心下一代工作委员会成立30周年大会，深入学习贯彻习近平总书记关于做好关心下一代工作的重要指示精神，总结工作、表彰先进、部署任务，推动新时代学校关心下一代工作再创佳绩。刚才，曹萍同志代表学校关工委作了工作报告，表彰了关心下一代先进集体和先进个人，希望受表彰的单位和个人再接再厉、再立新功。

自1991年成立以来，四川大学关工委已经走过30年的历程。这30年，是我国经济社会快速发展、各项事业突飞猛进的30年，也是我校关心下一代工作阔步前进、硕果累累的30年。30年来，学校历届党委、行政始终把关心下一代工作摆在重要位置，纳入学校全局工作来谋划推进，在组织领导、人员配备、要素保障等方面给予全力支持。30年来，学校关工委在学校党委的领导和上级关工委的指导下，把将青年大学生培养成为德智体美劳全面发展的社会主义建设者和接班人作为初心和使命，坚持急党政所急、想青少年所需、尽关工委所能，围绕中心，服务大局，协调配合，主动作为，尽心尽力履行好教育、引导、关爱、保护青少年的职责使命，在培育时代新人，加强精神文明建设，促进校园和谐稳定，推动中国特色世界一流大学建设等方面，做了大量卓有成效的工作。学校关工委多次被评为全国、全省关心下一代工作先进集体，我校关心下一代工作走在了全国全省高校前列。30年来，学校老干部、老战士、老专家、老教师、老模范等广大"五老"志愿者，老骥伏枥、倾情奉献、尽己所能、展己所长，服务学校"三全"育人、党建思政、队伍建设、教学科研、困难帮扶等工作，为促进青年大学生健康成长和学校事业发展作出了重要贡献。在此，我代表学校党委行政，向刚才获得表彰的先进集体和先进个人表示热烈的祝贺！向为学校青年大学生健康成长辛勤耕耘、无私奉献的广大"五老"志愿者和所有支持学校关心下一代工作的同志们，表示衷心的感谢并致以崇高的敬意！

青少年是祖国的未来和民族的希望。做好关心下一代工作，事关中华民族伟大复兴。党的十八大以来，以习近平同志为核心的党中央高度重视关心下一代工作，习近平总书记就关心下一代工作作出一系列重要指示批示。2020年11月，习近平总书记对全国关心下一代工作委员会成立30周年暨表彰大会作出重要指示，强调广大"五老"是党和国家的宝贵财富，是加强青少年思想政治工作的重要力量。各级党委和政府要加强对关心下一代工作的领导，支持更多老同志参加关心下一代工作，使广大"五老"在关心下一代的广阔舞台上老有所为、发光发热，为培养社会主义建设者和接班人作出新的更大贡献。2021年12月8日，中办、国办印发了《关于加强新时代关心下一代工作委员会工作的意见》，对做好新时代关工委工作作出全面系统部署，为关工委奋进新时代、走好新征程指明了前进方向、提供了根本遵循。

当前，我们党和国家正进入全面建设社会主义现代化国家、向第二个百年奋斗目标进军新征程的重要时刻，我们学校正迈进全面加快推进学校党的建设新的伟大工程和建设世界一流大学新的伟大事业新征程。要把这些美好蓝图变为现实，需要我们这一代人共同努力，需要广大青年担当时代大任、接续奋斗。我们要全面贯彻党的十九届六中全会精神，深入学习贯彻习近平总书记关于关心下一代工作的重要指示精神，全面落实中办、国办《关于加强新时代关心下一代工作委员会工作的意见》，站在培养堪当民族复兴大任时代新人的战略高度，增强使命担当，大力弘扬"五老"精神，继续做好教育引导、关心关爱、团结凝聚青年大学生的工作，在新起点上奋力谱写学校关心下一代工作的新篇章。借此机会，我提几点希望与要求：

一是提高政治站位，准确把握新时代关心下一代工作方向。百年大计，教育为本。今天党和国家事业发展对高等教育的需要，对科学知识和优秀人才的需要，比以往任何时候都更为迫切。我们高校是党领导的高校，是中国特色社会主义大学，肩负着培养德智体美劳全面发展的社会主义建设者和接班人的重要职责和使命。要进一步提高政治站位，坚持党对关工委工作的领导，自觉把党的领导贯彻到关工委工作全过程各方面，增强"四个意识"，坚定"四个自信"，坚定拥护"两个确立"、坚决做到"两个维护"，始终牢记为党育人、为国育才的初心使命，坚持"四为"方针，坚持服务青少年的正确方向，围绕保持和增强政治性、先进性、群众性，发扬改革创新精神，坚持用新理念、新机制、新方式推进关工委改革，使关工委组织更好地服务青年大学生成长成才。

二是聚焦立德树人，促进学生健康成长全面发展。青少年阶段是人生的"拔节孕穗期"，最需要精心引导和栽培，引导他们扣好人生第一粒扣子至关重要。学校各级关工委和老同志、老教师要坚持把立德树人作为根本任务，充分发挥"五老"优势作用，大力加强青少年思想政治工作，坚持用习近平新时代中国特色社会主义思想铸魂育人，引导青年大学生增强做中国人的志气、骨气、底气，积极投身于全面建设社会主义现代化国家的火热实践中。加强大学生"四史"学习教育，深入学生中讲好党的故事、革命的故事、根据地的故事、英雄和烈士的故事，引导学生传承红色基因，汲取信仰力量，筑牢理想信念之基。突出抓好青年大学生思想道德建设，扎实开展社会主义核心价值观学习教育活动，引导学生牢固树立正确的世界观、人生观、价值观，将社会主义核心价值观内化于心、外化于行、固化于志。深化关爱助学工作，以学生需求为导向，努力支持和帮助青年大学生成长成才，更加注重从思想上关心、情感上关怀、心理上疏导，帮助他们健康成长、全面发展。

三是增强服务观念，为学校高质量发展作出新贡献。围绕中心、服务大局，是做好新时代关心下一代工作的基本要求。要坚持服务党和国家工作大局，积极配合、主动作为，找准工作的结合点和着力点，使关工委成为推动学校改革发展的参与者、开拓者、奉献者，在新时代彰显关工委的新作为。要积极主动地融入学校事业发展大局，发挥政治优势、经验优势、威望优势和智力优势，多为学校改革发展建言献策，以关工委的组织优势促进学校高质量发展、助力世界一流大学建设。要注重发挥专家教师的传帮带作用，关心青年教师的成长，可以经常回到实验室、邀请青年教师到家中做客，积极参与各学科、各教研室的发展，一起探讨、研究教学科研中存在的问题和不足，帮助他们解决困难，提高教学能力水平，激发科研工作斗志，促进教学科研工作的顺利开展。

四是坚持统筹推进，形成关心下一代工作强大合力。关心下一代工作，不是学校关工委一家的事，是学校上下的"分内事"，我们要增强大局意识，坚持系统观念、系统方法，加强全局性谋划、整体性推进，形成强大工作合力。学校党委行政要加强对关工委的领导和指导，一如既往把关心下一代工作摆在重要位置，定期听取工作汇报，及时协调解决问题，真正做到思想上重视、工作上支持、条件上保障。学校各部门各学院各单位要通力协作、密切配合，主动参与、全力支持关工委各项工作，为"五老"同志发光发热创造更好的环境和条件；大力弘扬"五老"精神，尊敬、关心和爱护老同志、老教师，充分考虑老同志、老教师的身体状况，做到量力而行、就近就便、劳逸结合，使老同志、老教师既能老有所为、发光发热，又能身心愉悦、益寿延年；大力宣传和树立"五老"先进典型，推动关心下一代事业更好发展。学校关工委要加强自身建设，巩固拓展组织体系，加强教育阵地建设，推进工作品牌建设，注重理论研究，加强宣传工作，动员和吸收更多热心关心下一代工作的老同志、老教师充实到"五老"队伍中来，不断提高关工委组织的吸引力、凝聚力和战斗力，把川大关工委这块牌擦得更亮、打得更响；坚持与时俱进、改革创新，遵循青少年成长规律，积极探索适合大学关工委特点的方法路径，使关心下一代工作始终充满生机活力。

老师们、同志们，十年树木，百年树人。关心下一代事业是薪火相传、造福未来的光辉事业。30周年纪念，是我校关工委迈向新征程、开创新局面的新起点。站在新的历史起点上，让我们坚持以习近平新时代中国特色社会主义思想为指导，不忘初心、牢记使命，齐心协力、携手共进，不断开创新时代学校关心下一代工作新局面，为培养德智体美劳全面发展的社会主义建设者和接班人，全面加快中国特色世界一流大学建设作出新的更大贡献！

最后，再次向各位老领导、老教师、老同志表示敬意，祝大家身体健康、生活美满、阖家幸福！

赓续三十年初心使命
铸魂育人谱写新篇章

——四川大学党委常务副书记、校关工委主任曹萍在纪念四川大学关工委成立30周年暨表彰会上的讲话

（2022年1月5日）

同志们：

在认真学习贯彻习近平总书记"七一"重要讲话和十九届六中全会精神之际，今天在这里召开纪念四川大学关心下一代工作委员会成立30周年暨表彰大会。

学校党委高度重视今天大会的召开，党委书记王建国、校长李言荣都来参加会议。校长亲自主持今天的会议，王书记稍后将作重要讲话。

四川大学关心下一代工作委员会于1991年11月成立，经过合校后的整合，先后八次调整换届，至今已走过30年的历程。30年来，在学校历届党政领导和上级关工委的关怀指导下，校院两级党委高度重视，各职能部门积极支持配合，全校离退休老同志积极参与。通过初创、整合发展、创新发展阶段，逐步走向了制度化、规范化、常态化的运行轨道。特别是党的十八大以来，在习近平新时代中国特色社会主义思想的指导下，关工委深入学习贯彻习近平总书记对关心下一代工作的重要指示精神，紧紧围绕"立德树人"的根本任务，按照关工委"二十四字"工作方针，坚持"急党政所急，想青年所需，尽关工委所能"的工作要求，不断拓宽工作思路，创新工作品牌，谱写了高校"五老"不忘初心使命，深情关爱下一代铸魂育人无私奉献的生动篇章。学校关工委工作取得显著成效，多次受到中国关工委、中央精神文明建设指导委员会办公室、教育部关工委、四川省关工委、四川省教育厅关工委和学校党政的表彰。

一、学校党政高度重视，全面加强对关心下一代工作的领导

自学校关工委成立以来，学校历届党政高度重视关工委工作，切实加强领

导。一是选好配强关工委领导班子，按照与学校党政领导换届同步原则，自关工委成立至今，先后八次对关工委领导进行充实调整，关工委主任一直由学校党委常务副书记或副书记兼任，指派涉及相关工作职能的学校党政领导以及退休校级干部任关工委副主任，并规定二级关工委主任由现职学院（单位）领导兼任。现有校关工委成员 53 人，6 个工作指导部，有成员 71 人，40 个二级关工委，472 名二级关工委成员。二是对关工委工作做到"四纳入、四落实、四统一"。即把关工委工作纳入学校党政工作日程，纳入学校发展规划，纳入学校党建目标责任考核内容，纳入思想政治工作体系；做到组织人员、办公场所设备、工作制度、经费保障四落实；做到与党建思想政治工作统一部署、统一检查、统一考核、统一总结表彰。三是每年定期召开关工委工作全委会，关工委的工作实施意见、计划以党委文件形式印发。为了贯彻落实教育部党组 20 号文件，2010 年学校党委下发《关于进一步加强关工委建设，继续做好关心下一代工作的意见》，2021 年下发了《关于贯彻落实〈中共教育部党组加强新时代全国教育系统关心下一代工作委员会工作的意见〉的实施意见》；2000 年在对制定的《四川大学关心下一代工作暂行条例》修改的基础上，学校党委印发了《四川大学关心下一代工作委员会工作条例》，以后进行多次修改、补充完善，均以党委文件进行了印发。四是校院两级党委从人、财、物等方面对关工委工作开展给予大力支持和保障。关工委每年的活动经费纳入学校预算，定额划拨；坚持关工委工作两年一次的表彰制度；有的学院还设立了关工委工作的专项经费，每个学院明确关工委工作联络员，为关心下一代工作开展提供了必要的办公条件和有力保证。

二、关工委主动作为，关爱工作成效显著

1. 坚持以理想信念为核心的政治思想教育，引导青年学生成长成才。

校院两级关工委配合主渠道，遵循青年学生成长规律，积极开展对青年学生的政治思想教育。一是校院两级关工委特别是二级关工委，配合主渠道，把助力青年学生坚定理想信念作为重要的政治任务，把理想信念教育、"四史"教育、革命传统教育、入学教育等方面教育紧密结合起来，利用专题报告会、演讲比赛、座谈会、面对面交流、党课教育、专题学习、参观江姐纪念馆、参观邓小平故居、参观校史馆等多种形式，引导青年学生坚定理想信念，制定成长规划和学术生涯规划，进一步激发青年学生的奋发进取精神。二是利用重要传统节日、重大节庆日和纪念日，在青年学生中开展政治思想教育和主题实践活动，以不同方式对青年学生进行中国特色社会主义和法制道德等方面的教育，引导青年学生爱党爱国爱校，永远听党话、跟党走。三是利用参加学生日常管理中的"百佳"学生个人及集体评选活动，"自强之星""助学铸人筑梦""助爱回家"主题征文评审活动，"明远启航——大学生能力提升计划实施总结展示活动"等，加强对青年学生的教育。四是举办各种专题讲座、特殊党课、交流座谈等活动对毕业生进行择业观教育，引导青年学生在新征程中为党和国家建功立业，成为堪当重任的时代新人。

2. 以开展品牌活动为载体，推进关工委工作的创新发展。

按照教育部关工委推荐的"十加三"品牌活动，我校关工委积极组织开展关工委工作品牌活动。在开展关工委工作的过程中，以二级关工委为主体，充分发挥二级关工委工作的作用，不断推进关工委工作的创新发展。一是在教育部关工委推荐开展的品牌活动中，推进关工委活动的深入开展。主题教育活动：组织"五老"开展专题报告、专题讲座等教育活动。特邀党建组织员：校院两级党委先后特邀了42位老同志担任党建特邀党建组织员，协助学院党委切实加强对学生党建的指导，注重协助加强对入党积极分子的培养教育，做好发展学生新党员工作。据不完全统计，关工委老同志为发展对象上党课和作专题报告600多次，听讲人数达13万余人，给发展学生新党员入党前谈话考察近7000人。各学院聘请老同志担任教学督导员，对青年教师实行"传帮带"，加强师德师风建设，提高青年教师的教学能力和水平。特别是2018年以来，连续四年在全校开展"读懂中国"活动，30个学科型学院关工委，紧紧围绕每年主题，组织青年学生与"五老"结对，以老同志的亲身经历和感悟，激发青年学生树立爱党爱国情怀。全校各二级关工委组织访谈"五老"264人，参与学生人数21645人，组织学生创作团队人数859人，撰写征文267篇，录制微视频95个、短视频5个。上报教育部关工委征文20篇，获得最佳征文6篇，优秀征文6篇；上报微视频12个，获得最佳微视频1个，优秀微视频2个；2019年至2021年学校关工委连续获得优秀组织奖，有7个二级关工委荣获学校"读懂中国"活动优秀组织奖。二是根据各自特点自创工作品牌。校院两级关工委会同物理学院、化学工程学院、华西基础医学与法医学院、文学与新闻学院四个学院党组织，从2013年以来选择8个班级，开展"跟班关爱"学生实践活动，从新生进校到大学毕业，跟进关爱学生的全面发展和成长，现已跟完两届，启动了第三届，跟班关爱学生实践项目2017年被教育部关工委评为"优秀创新案例"。校院两级关工委配合华西公共卫生学院党委，从2009年至今连续13年举办12期习近平新时代中国特色社会主义思想学习班。十多年来，有982名学生参加学习，写心得体会2908篇，有560位老同志参加学习指导，该项目于 2013 年被评为校园文化建设精品项目。1999 年在社会对贫困问题关注度还不高的情况下，经学校同意，校关工委在党委学生工作部的支持下，设立了四川大学"关心优秀学生奖学金"，在老少边穷地区来校的困难学生中开展了"关心优秀学生奖学金"评选活动。评选活动把党的温暖和老同志对青年的关心传递给学生，激励学生勤奋学习、奋发成才、报效祖国。22年来，有 1387 名学生获得关爱奖学金，奖金达 199.1 万元。

3. 加强自身建设，更加健全完善关工委工作体制机制。

经过多年的实践，关工委形成了党委统一领导，党政齐抓共管，有关部门积极配合，关工委主动作为，全校师生广泛参与的领导体制和工作机制。不断修改完善《四川大学关心下一代工作规程》，健全完善关工委工作学习培训制度、会议制度、信息交流制度、总结表彰制度等一系列管理制度，目前关工委工作呈现出良好的发展态势和机遇。

4. 加强调查研究，不断提高关工委工作能力和水平。

近几年来，关工委坚持深入基层调查研究，先后承担各项教育部关工委重点课题，研究成果《普通高校二级关工委工作长效机制研究》已收入《教育部关心下一代论文集萃》；《多元架构下的大学生思想政治教育"三进"教育模式中"五老"作用发挥机制研究》收入《教育部关工委理论研究中心 2016 年课题研究成果选编》；承担的教育部关工委专项课题"高校关工委组织建设经验与启示研究"被评为一类课题，其成果得到教育部关工委有关领导和专家的高度评价，已收入纪念教育部关工委成立 30 周年系列丛书《教育系统关心下一代课题研究成果集萃》，由北京大学出版社出版发行。

为纪念学校关工委成立 30 周年，关工委老同志们撰写了 30 多篇征文，收集了大量的照片和资料，编印出版了《四川大学关工委三十年》画册和《晚霞生辉——四川大学关心下一代工作三十年实践与探索》文集。

同志们，回顾关工委 30 年的历程，学校关工委工作在为实现学校"两个伟大""双一流"建设目标，坚守"立德树人"的初心，勇担为党育人，为国育才，作出了特殊贡献。取得显著的成效来之不易，离不开学校党政的高度重视、坚强领导，离不开上级关工委的亲切关怀和指导，离不开校内各职能部门的大力支持，凝结着校、院两级关工委组织和关工委老同志的敬业奉献。今年受到教育部关工委、四川省关工委和省教育厅关工委以及今天受到表彰的先进集体和先进个人，特别是受表彰的从事关工委工作 20 年以上的 57 位老同志，就是对学校关心下一代事业作出特殊贡献的杰出代表。在这里，我代表学校党委、行政和校关工委向受到表彰的先进集体和先进个人表示热烈的祝贺！向辛勤工作在关心下一代工作岗位上的同志们致以诚挚的问候！向重视和支持关工委工作的校院两级党政、相关部门和全校师生表示衷心的感谢！

同志们，我们今天取得的成绩，是在继承前人基础上取得的，在今天纪念关工委成立30周年的时刻，我深切怀念为关心下一代工作作出贡献的老同志们，他们崇高的奉献精神将永远铭记在我们心中。

回顾30年来的工作实践，我们深刻体会到，做好关心下一代工作，必须坚持党对关工委工作的领导，这是做好学校关工委工作的根本保证。坚持"立德树人"的根本任务，是关工委取得成效的目的所在。不断充实调整建立稳定的关工委工作队伍，是做好关工委工作的重要基础。不断健全完善关工委工作的领导体制机制，是加强关工委工作的重要途径。坚持守正创新发展，是关工委工作持续发展的强大动力和力量源泉。

我们深知，面对新征程、新时代发展以及青年大学生的需求，对关心下一代工作提出的新任务新要求，校内二级关工委工作发展不平衡的问题应引起高度重视，校、院两级关工委队伍后继乏人的问题有待采取有效措施，对青年大学生研究有待深化，"五老"作用发挥有待加强，思想观念、工作方式、活动内容、理论研究有待进一步创新。

三、奋进新征程，开创关工委工作新篇章

迈入新时代，开启新征程，党的十九届六中全会明确了教育作为实现中华民族伟大复兴基础工程的战略地位。习近平总书记"七一"讲话对关工委工作的重要指示，使我们深刻地领会到，必须抓好后继有人这个根本大计。为党育人、为国育才、是教育肩负的光荣任务，立德树人、主动作为是新时代关工委的责任担当。

第一，深入学习贯彻习近平新时代中国特色社会主义思想，深刻理解新时代关工委工作的战略地位和作用。党的十八大以来，习近平总书记对教育作出重要论述，两次对关心下一代工作作出重要指示，为新时代关心下一代工作指明了前进方向，提供了根本遵循。校院两级关工委要把认真学习贯彻习近平新时代中国特色社会主义思想和重要指示，作为当前和今后一个时期的首要政治任务，结合学习贯彻中国关工委主任顾秀莲和教育部党组书记、教育部部长怀进鹏，教育部关工委主任李卫红在纪念关工委成立30周年大会上的讲话精神，深刻认清关心下一代工作的地位和作用。高度重视关工委工作，牢牢把握关工委政治性的本质属性，切实加强对关工委工作的领导和支持。坚持"党建带关建"，将关工委工作纳入德智体美劳"五育并举"的总体格局，纳入学校思想

政治工作体系，纳入学校和机关职能部门的责任范围，充分发挥"五老"优势，弘扬"五老"精神，把新时代关工委建设全面推向新发展。

第二，认真贯彻落实中共中央办公厅、国务院办公厅和中共教育部党组的相关文件精神，全面推进新时代学校关工委建设。2021年12月8日，中办、国办印发了《关于加强新时代关心下一代工作委员会工作的意见》。2021年9月10日，学校党委根据中共教育部党组34号文件精神，制定印发了《中共四川大学委员会关于加强新时代学校关心下一代工作委员会工作的实施意见》（川大委〔2021〕66号），为加强新时代关工委工作提出明确规定和要求，认真贯彻落实中办、国办和教育部党组以及学校党委关于加强新时代关工委工作的文件精神，搞好校院两级关工委领导班子调整换届；针对本单位工作中存在的薄弱环节，研究提出本单位加强新时代关工委工作的思路和措施；切实抓好关工委工作队伍建设，保持关工委工作连续性。

第三，要紧紧把握立德树人根本任务，促进关工委工作的创新发展。坚持铸魂育人，积极开展以多种形式特色鲜明的主题教育，引导他们走好新时代长征路，树立正确的世界观、人生观、价值观；坚持守正创新，以品牌引领提升实效；进一步巩固深化丰富既有工作品牌的内涵，把关爱活动与激发大学生的奋发进取精神紧密结合起来，努力培养德智体美劳全面发展的社会主义建设者和接班人。

第四，进一步健全完善关工委工作的常态化机制。要根据教育部关工委印发的《全国教育系统关心下一代工作委员会规程》，对《四川大学关心下一代工作规程》进行修改完善，进一步完善关工委领导体制和工作机制，坚持"党建带关建"，使二级关工委工作走上科学化、制度化、规范化的轨道。

第五，注重调查研究，坚持问题导向，努力推进关工委工作的开展。针对目前关工委工作中存在工作发展不平衡、工作的深度广度不够、后继乏人等问题，采取有效措施，在继承中创新，在创新中发展。充分发挥学院（单位）党组织对关工委工作的主导作用，切实加强对关工委工作的领导，以"党建带关建"为引领，将关工委工作融入党建工作规划和党建责任制督查考核内容，做到同研究、同部署、同考核。学院（单位）党委要大力支持关工委工作，对关工委明确目标、安排任务，为关工委工作开展提供场地和必要的条件。要充分发挥"五老"优势，大力弘扬"五老"精神，进一步增强老同志的荣誉感、幸福感、归属感。

第六，继续组织开展好2022年以"共话百年奋斗，争做时代新人"为主题的"读懂中国"活动，教育部关工委12月16日下发了关于开展2022年

"读懂中国"活动的通知，校关工委及时进行文件转发并做了部署和安排，我今天借此机会，再次强调一下，各学院（单位）党委要充分认识开展活动的重大意义，高度重视本次活动的开展，按照学校关工委转发的通知要求，切实加强对活动的领导，从各方面给予大力支持，充分发挥二级关工委主体作用和"五老"优势，大力弘扬、宣传"五老"精神和事迹，按照校关工委部署要求，扎实开展好此次活动，争取取得更好的成效。

　　同志们，学校关工委走过 30 年的历程，正经历百年未有之大变局，迎来了新的征程，让我们紧密团结在以习近平同志为核心的党中央周围，深入贯彻习近平总书记对关工委工作的重要指示精神，认真学习贯彻党的十九届六中全会精神，大力弘扬"五老"精神，动员组织好更多的老同志参与关心下一代工作，充分发挥"五老"优势，为培养担当民族复兴大任的时代新人，为学校"两个伟大""双一流"建设实现第二个百年奋斗目标，谱写关工委工作辉煌篇章。

　　谢谢大家！

实践探索

经验总结

培根铸魂，关爱青年三十载

唐登学

2021 年，是中国共产党成立一百周年，也是四川大学关心下一代工作委员会成立三十周年。三十年来，学校关工委在党委的领导以及上级关工委的指导下，通过初创、整合和发展，组织进一步健全，队伍不断充实，工作稳步推进，影响逐步扩大。全面贯彻党的教育方针，传承和弘扬革命精神，培根铸魂，关爱青年三十载，为促进青少年健康成长，实现民族复兴、国家富强的伟大梦想和学校"双一流"建设作出了积极的贡献。多次受到教育部关工委、四川省关工委、四川教育系统关工委的表彰，2013 年被中国关工委评为"五好基层关工委"先进集体，2010 年、2020 年两次被中国关工委、中央精神文明建设指导委员会办公室评为先进集体。回顾和总结走过的三十年，可以用以下几点来概括。

一、围绕一个中心

青年是祖国的未来，青年兴则国家兴，青年强则国家强。高校是培养兴国强国青年的重要基地，为党育人，为国育才。立德树人是高校的根本任务。围绕中心开展工作，是关工委工作方针的第一条要求。从宏观大局讲，就是围绕中国梦的实现；从学校讲，就是贯彻党的教育方针，紧紧围绕立德树人，关注、关心、关爱青年，把他们培养成合格的社会主义建设者和接班人这个中心。三十年来，我校关工委工作无论从指导思想上还是从工作的部署安排和具体实施上都很好地保证了围绕中心开展工作。

二、做到两个坚持

第一是坚持在学校党委的领导和上级关工委的指导下开展工作。例如，学校关工委组成人员由党委批准产生，在每届学校党政领导班子换届以后，都及时对校院两级关工委进行换届调整。校党委文件批转每年关工委工作计划，颁布四川大学关工委工作条例（规程），把关工委工作列入学校党政工作考核指标体系，重要会议要求关工委领导亲自参加，并提供必要的工作条件和经费支持等。校关工委的重点工作要主动向党委和相关领导汇报，上级关工委下达的工作任务也要保质保量按时完成。

第二是坚持贯彻关工委工作"二十四字"方针。从"围绕中心，配合补充，因地制宜，量力而为，立足基层，注重实效"到"围绕中心，配合补充，主动作为，协同创新，立足基层，注重实效"，急党政之所急，想青年之所想，尽关工委所能，变自发为自觉，主动作为，求真务实，做好工作。

三、注重三个配合

学校关工委是在校党委领导下，以在职党政领导为主导，以老同志为主体的群众性工作组织，其工作性质是配合补充。关工委工作首先是与职能部门配合，特别是与关工委委员单位、关工委工作参与部门紧密协助配合，这是做好关工委工作的重要基础。三十年来，校关工委党建工作与校党委组织部配合，"青蓝工程"与人事处、教务处配合，学生思想政治教育、素质教育与学生工作部配合，社团管理与心理健康咨询工作与校团委和心理咨询中心配合，社区教育与社区办配合。与部门配合保证了围绕中心，增强了工作的针对性和实效性。其次是学校关工委工作团队与基层关工委的配合。如马克思主义学院关工委、学院教学督导组和学校关工委思想政治指导部一起合作，既对青年学生加强教育，也对青年教师进行指导，大大促进了思政课程建设，提高了课程育人的质量，把关工委工作真正落实到基层，在基层出彩。部分学院关工委的成员与校关工委指导部成员互兼，也促进了校院关工委的配合。最后是学校关工委各指导部之间的协调配合。六个指导部有分有合，跟班关爱活动、习近平新时代中国特色社会主义理论学习班的指导都有几个指导部的同志参与。

四、建立和执行四个制度

三十年来，关工委在实践中逐步建立了四个制度。

第一是学习培训制度。凡是中央领导重要指示、批示，党的会议精神，重要文件都要组织骨干认真学习，采取集中学习和分散学习相结合的方式，学在前，用在先，每学期集中学习二至三次，使广大关工委老同志明确党在每个阶段提出的指导思想、工作原则、发展路径，从而坚定信念、明确方向、振奋精神、努力工作。每一届院系关工委班子调整以后都会对关工委新成员进行培训，让他们了解关工委的性质、任务、工作方针、方法等，提高新成员对关工委工作的认识，提高他们的工作积极性、主动性、创造性。第二是会议制度。坚持定期召开关工委全委会、关工委工作会、关工委常务办公会等会议，通过执行会议相关决策，发挥关工委组织集体智慧，保证关工委工作落到实处。第三是总结表彰制度。校关工委和各指导部每年都要召开总结会，交流工作经验并形成书面材料向学校党委和上级关工委汇报，每两年一次对关工委工作先进集体和先进个人进行表彰。第四是信息交流制度。工作情况和经验可以及时通过纸质简报和网络媒体进行交流，还通过深入二级关工委调研和到兄弟学校调研进行关工委工作信息交流，在调研基础上形成调研报告。我校关工委承担的教育部专项课题"高校关工委组织建设经验与启示研究"被评为一类课题，其成果受到有关领导和专家的高度评价；承担的教育部关工委重点课题成果《普通高校二级关工委工作长效机制研究》已收入教育部关工委关心下一代论文集粹。

五、常抓五个方面的工作

第一是在重要节假日和重要时间节点对青年加强思想政治教育。每年的"五一"劳动节、"五四"青年节、"七一"建党节、"八一"建军节、"十一"国庆节、毛主席诞辰纪念日、抗日战争胜利纪念日、纪念抗美援朝、红军长征胜利、解放战争三大战役、学校校庆日等重要节日和时间节点都要通过不同方式对青年学生进行爱党爱国爱校的教育，以及党史、国史、改革开放史、社会主义发展史、法制道德等教育。每年新生入学以后关工委都要深入学生，通过面对面的方式，采取大中小型座谈会、报告会等多种形式帮助引导新生明确学习目的、找准前进方向、制定生涯规划，以尽快适应大学生活，严格要求自己努力成长成才。毕业前关工委会对学生进行毕业教育，教育学生正确认识就业形势，正确处理国家利益和个人利益的关系，到国家最需要的地方去建功立业。

第二是在参与对学生的日常管理教育中，加强对学生的教育引导。为了提高学生的综合素质，引导学生全面发展，学校有关部门组织学生开展了许多有意义的活动，关工委老同志都积极参加。如在学生中开展的"百佳"学生个人及集体评选活动，"自强之星""阅读之星"的评选表彰活动，"中国梦，谁的青春不奋斗""助学铸人筑梦"主题征文活动，"助爱回家"系列宣传活动，"明远启航——大学生能力提升计划实施的总结展示活动"，"辩以名诚，坐而论信"资助诚信辩论赛事活动，"残健融合筑梦天使，齐心同力载梦人生"青春励志演讲比赛活动，等等。特别是两年一次的"百佳"寝室走访考察、谈心交流，使青年学生深受教育和鼓舞。

第三是加强学生的党建工作。关工委部分老党员担任学校党建特邀党建组织员，参与指导学生党支部建设，助力研究生党员做本科生党支部工作，参与培训学生党支部书记，给入党积极分子上党课。从三校合并建立关工委以来，据不完全统计，关工委同志上党课及作宣讲报告 600 多次，听课听讲人数 13 万余人，参与学生发展对象入党前的谈话考察 7000 多人。党建活动既增加了在学生中发展党员的数量，也助力了保证党员发展的质量。

第四是开展关工委工作品牌建设。其一，搞好教育部关工委组织的十大品牌和三大新品牌活动。为了深入学习贯彻习近平新时代中国特色社会主义思想和党的十九大精神，落实立德树人的根本任务，创新大学生思想教育，教育部关工委组织全国高校开展"读懂中国"活动，组织青年学生与亲身经历重大事件的本地本校"五老"结对，通过面对面交流，以微视频和征文的形式展现"五老"的奋斗历程、感人事迹和真实感悟，在校大学生受到鲜活的党史、国史、改革开放史、社会主义发展史的教育。通过"读懂中国"树立正确的历史观、民族观、国家观、文化观，增强"四个意识"，坚定"四个自信"，做到"两个维护"。我校校院两级关工委积极组织开展"读懂中国"活动，2018 年围绕改革开放 40 周年，主题是"改革在身边，开放在眼前"；2019 年围绕中华人民共和国成立 70 周年，主题是"我和我的祖国"；2020 年围绕全面建成小康社会，主题是"全面小康，奋斗有我"；2021 年围绕中国共产党建党 100 周年，主题是"讲好入党故事，传承红色基因"。开展"读懂中国"活动 4 年，全校受访"五老"264 人，学生创作团队人数 859 个，参与学生人数 21645 人，撰写征文 267 篇，录制微视频 95 个，短视频（1 分钟）5 个；上报教育部征文 20 篇，评为最佳征文 6 篇，优秀征文 6 篇；上报教育部微视频 12 个，评为最佳微视频 1 个，优秀微视频 2 个。最佳视频和征文在中国教育电视台等新媒体播放，广大学生受到了教育和启迪。我校关工委获得教育部关工委优秀组织奖。其二，我校关工委努力开展自创品牌活动。从 2019 年开始，校院关工委支持引导并参与华西公共卫生学院学生中国特色社会主义理论学习班。利用周六、周日休息时间组织该院三年级学生党员、入党积极分子学习邓小平理论、"三个代表"重要思想、科学发展观和习近平新时代中国特色社会主义思想。每期的学习策划和对学习的具体指导都有校院关工委老同志参与，对青年学生不断提高思想觉悟和理论水平，坚定理想信念，努力成为马克思主义者有很大影响和促进。十多年来，老同志有 560 人次参加学习指导，有 982 名学生参加学习，写学习心得体会 2908 篇，此项目 2013 年评为四川大学第三届校园文化建设精品项目。关工委还从 2013 年开始创新开展了"跟班关爱学生"实践活动，从新生入学一直到毕业全程关爱、全面关心，已在化学工程学院2013级制药工程2班、2017级安全工程，物理学院2013级微电子3班、2017级核工业与技术1班，华西基础医学与法医学院基础医学专业，文学与新闻学院汉语言文学基地班、新闻传播3班本科学生班开展。关工委老同志深入学生班级参加各种活动，帮助学生尽快适应大学生活，协助和指导学生制定生涯规划，提高学生的学习能力和综合素质；关心他们的政治思想进步，帮助思想和学习困难的学生"解困"，助力学生树立正确的择业观，到祖国最需要的地方去，等等，使青年学生能在本科期间一直在老同志的指导、关心下健康成长，目前两届学生均已顺利毕业，"跟班关爱学生实践"活动也于2017年被教育部关工委评为优秀创新案例。

第五是设立和评定关心奖学金。从1999年开始，校关工委在学生工作部的配合下，设立了旨在关心支持来自革命老区、少数民族地区、边疆地区、贫穷地区的经济困难且学习成绩较优秀的学生的"关心优秀学生奖学金"，每年评定一次，最开始主要在本科生中评选，后来逐渐扩大到部分研究生。关工委利用评定和颁奖活动的机会，把党的温暖传递给青年学生，教育和鼓励家庭经济困难学生艰苦奋斗、自强不息、不忘感恩、努力成才。20多年来，有1387名学生获奖，奖金金额达199.1万元。

六、建好6个骨干工作团队

我校除建有40个二级关工委积极发挥作用外，在校关工委设立了6个骨干工作团队，这6个骨干工作团队在关工委建设发展和工作实施上发挥了重要作用。在三校合并、关工委创建时成立了8个工作小组，通过以后的实践，逐步调整充实成为6个工作指导部，形成了强有力的学校关工委骨干工作团队。6个工作指导部分别是：

党建工作指导部。与特邀党建组织员一道协助组织部抓学生党的建设，包括参与上党课、入党前谈话、对新党员的教育、指导学生党支部的建设等。

思想政治教育指导部。协助马克思主义学院做好马克思主义理论课的改革，促进中国特色社会主义理论、习近平新时代中国特色社会主义思想"三进"，指导学生课外马克思主义理论学习。

素质教育活动指导部。利用各种纪念日和时间节点，协助开展对青年学生的思想教育主题活动，促进和引导学生树立正确的世界观、人生观、价值观。

教学与青年教师指导部。协助做好对青年教师的"传、帮、带"，促进青年教师特别是思政课程教师，尽快适应教学的高要求，协助对教学过程的督导。

心理健康教育及社团活动指导部。关心学生的心理健康，做好学生心理咨询，指导学生社团的建设和开展健康有益的社团活动。

社区教育活动指导部。关心社区青年，协助社区组织青年学生开展社区社会实践活动，让学生在社区实践活动中了解社会，锻炼能力，增强才干。

在三十年的历程中，由于党委的领导、行政的支持、部门的协同配合、"五老"的无私奉献，关工委工作逐步走向制度化、规范化、常态化的运行轨道。我深信，在习近平新时代中国特色社会主义思想指引和对关工委工作的指示引导下，学校关工委工作一定会坚持以立德树人为根本任务，不断创新，主动作为，努力建设一个高水平的学习型、服务型、创新型关工委，为培养全面建设现代化的社会主义强国、实现中华民族伟大复兴中国梦所需的合格人才，贡献智慧和力量，作出新的贡献。

（唐登学，四川大学关工委常务副主任）

以理想信念引领助力青年学生成长成才

四川大学关工委党建工作指导部

高校的青年大学生要成为担当民族复兴大任的时代新人，成为社会主义建设者和接班人。可以说，树立坚定的理想信念，是青年大学生奋斗目标和终生追求的精神支柱，也决定了他们的思想和行为奋斗的动力和方向。三十年来，校关工委党建工作指导部在学校党委和关工委的领导下，紧紧围绕"立德树人"的根本任务，始终坚持以理想信念教育为核心，开展多种形式的教育活动，助力青年学生的成长成才，全面推动关工委党建指导工作的开展，取得了可喜的成效。我部曾多次被评为"全省教育系统关心下一代工作先进集体"和校关工委工作先进集体。

一、坚持理想信念，是大学生使命担当的重要思想根基

坚持理想信念，坚持共产党人的精神追求，始终是共产党人安身立命之本。习近平总书记多次强调理想信念的重要性，指出没有理想信念，理想信念不坚定，精神上就会"缺钙"。理想指引人生的方向，信念决定事业的成败，没有树立坚定的理想信念就会导致精神上"缺钙"，就会失去人生的方向和前进的动力。理想信念是青年大学生成长成才的灵魂、风向标和主心骨，是支撑大学生成长成才的精神支柱和重要的思想基础，也关系到青年大学生的价值取向。为此，关工委党建工作指导部自 2002 年建立之日起，就把教育大学生树立坚定理想信念作为初心使命，根据时代要求不断丰富拓展理想信念教育的内涵，并将如何配合主渠道帮助青年大学生树立坚定的理想信念，成为担当民族复兴大任时代新人和社会主义建设者和接班人，看作新时代对关工委老同志的要求，是历史赋予的使命和责任。在教育中始终把坚定理想信念教育，做好对青年大学生的党建指导工作与实现中华民族伟大复兴使命紧密地联系起来，与高校"立德树人"的根本任务，助力青年大学生成长成才紧密地联系起来，与充分发挥离退休老同志"老有所为"作用紧密地结合起来。站在战略和全局的

高度，讲政治、讲大局、讲责任，积极主动做好关工委党建指导工作，不断增强做好工作自觉性、实效性和主动性，为坚定理想信念，促进青年学生健康成长，实现中华民族伟大复兴和学校"两个伟大"目标作出积极贡献。指导部成员先后有4位同志被评为全国、全省教育系统关心下一代工作先进个人，有10位同志多次被评为校关心下一代工作或"老有所为"先进个人，受到表彰。

二、坚持理想信念教育，是铸魂育人的根本

学生时代是树立马克思主义信仰，坚定理想信念的关键时期，教育具有铸魂育人的重大使命。因此，在实践中，遵照青年大学生成长的规律和特点，积极开展了多种形式的教育活动。

一是针对新生入校，引导青年大学生确定好奋发进取的航向。每年新生进校，关工委党建工作指导部的同志们抓住这个时机，结合所在学院，配合学校党委从新生入学典礼和入学教育开始，长期坚持利用参加入学教育、专题讲座、交流座谈、上党课等多种形式，与青年大学生进行面对面的交流座谈，以老同志几十年在党的培养教育下的成长经历和真实感悟，引导青年大学生确定好人生规划，奋发进取精神和坚定理想信念。吴玉章学院成立以来，配合机关党委，多次召开大学生积极分子座谈会，进一步激发他们的奋发进取精神。党建工作指导部成员、华西公共卫生学院关工委副主任吴先培同志，从退休至2011年离开关工委工作岗位，坚持对进校新生进行党课教育，引导青年学生进一步认识中国共产党，坚定理想信念，听党话，跟党走。党建工作指导部副部长罗丽君同志利用担任华西临床医学院学生教导员，坚持对新生进行教育，与学生进行面对面的交流座谈，引导启发大家奋发进取。党建工作指导部副部长李清朗、肖友发同志积极参加数学学院、化学学院新生入学教育。党建工作指导部成员杨传云同志经常与化学工程学院、机械工程学院新生进行面对面的深入交流。

二是利用发展学生新党员的过程，帮助青年大学生进一步深化对党的认识，端正入党动机，树立理想信念。在发展学生新党员过程中，注重把握好入党前、入党时和入党后三个环节，协助基层党委做好发展学生新党员工作。入党前着重加强对入党积极分子和发展对象的培养教育，党建工作指导部每位老同志分工联系所在学院和相应学院，切实加强对学生入党积极分子学习党的基本理论和党的基本知识的指导。党建工作指导部14位同志担任我校特邀党建工作组织员和党校的兼职教授，为学校和学院党校的发展对象进行入党前的集中培训，进一步帮助发展对象系统掌握党的基本理论和党的基本知识。2010

年前的十多年间，上党课和作专题报告 500 余场，听讲学员达 10 多万人次。2010 年以来党建工作指导部部长汪朝清同志上党课 99 次，参加党校培训人数达 21438 人。发展学生党员时，注重协助把好发展新党员质量关，特别是 2000 年至 2010 年发展学生新党员人数逐年增多，从 2000 年培训入党积极分子 2900 人，发展学生新党员 1220 人，到 2009 年全校培训入党积极分子 15035 人，发展学生新党员 7827 人。因此，学校党组织审批发展新党员入党前的谈话考察成了当时党组织发展学生党员的"瓶颈"问题，尤其是学生临近毕业时更为突出。党建工作指导部的同志们，本着高度的政治责任感和认真负责的精神，积极主动地帮助党组织承担了大量的入党前的谈话考察工作，大大缓解了主渠道人手不足的燃眉之急，解决了"瓶颈"问题，发挥了老同志不可替代的作用。如党建工作指导部成员王玉华同志，退休后到 2010 年给发展对象进行入党前的谈话达 650 人。2010 年至今，由于更加注重发展学生新党员质量，发展学生党员人数有所减少，仅党建工作指导部 11 位同志与学生发展对象谈话考察达 970 人。大学生入党后，更加注重新党员的教育，引导大学生新党员发挥党员的先锋模范作用。近几年来，党建工作指导部同志深入学生党支部参加学生党员的组织生活，与学生党员一起学习理论，不断丰富组织生活的内容和活动形式，提高组织生活质量。王玉华同志坚持深入学院每个学生党支部过组织生活，与他们谈思想、谈学习、谈工作，引导鼓励他们成长成才。同时加强与学生党员的联系，建立忘年之交，引导学生做品学兼优的党员，做担当民族复兴大任的时代新人。党建工作指导部部长曾治玉同志，坚持与商学院学生党员经常性的联系沟通，逐个了解他们在学习工作中发挥党员作用的情况，鼓励和督促青年大学生党员，充分发挥好先锋模范作用。

三是坚持不懈地协助基层党组织，对大学生进行经常性的思想教育。长期以来，抓住与大学生有关的节日、纪念日及特殊意义的日子，配合有关部门或单独组织，通过召开纪念会、座谈会、报告会、个别谈心、参观考察等多种形式对青年大学生、入党积极分子、发展对象和学生党员进行马克思主义、毛泽东思想、中国特色社会主义理论体系，特别是习近平新时代中国特色社会主义思想的教育，进行爱国主义、社会主义、革命传统、社会主义核心价值观、抗战精神、抗疫精神的教育，进行党史、新中国史、社会主义发展史、改革开放史的教育，进一步坚定理想信念和做中国特色社会主义建设者和接班人的信心。比如中国共产党成立八十周年时，在党建工作指导部的策划下，关工委与组织部联合召开庆祝中国共产党成立八十周年座谈会。会上，离休老党员黄桂芳同志回忆了新中国成立初期参加共青团第三次全国代表大会受到毛主席接见的情景和一辈子为党的奋斗经历，进一步坚定了青年学生的"四个自信"。纪念红军长征胜利六十周年时，请马列部原主任张迪明老教授为学生党员和入党积极分子作了一场革命传统教育的专题报告，他结合"八荣八耻"社会主义荣辱观的讲演，使同学们深受教育。甚至他当时突发急性阑尾炎，他忍着剧痛演讲两个小时的感人事迹，使同学们深受感动。开展科学发展观教育活动时，党建工作指导部老同志会同校关工委派出的 20 多位老同志一道，担任学院学生党员、入党积极分子学习科学发展观的指导教师，帮助他们学习理论，开展社会实践。党建工作指导部成员孙金城、辜忠兴同志为华西基础医学与法医学院和临床医学院大学生开设了"中华民族自强不息，厚德载物""中华民族的传统美德情操和坚定信念，爱我中华"等专题讲座。近几年来针对毕业生党员，关工委成员杨传云、赵北君同志策划组织，为化学工程学院和机械工程学院毕业生党员开展了毕业生党员的特殊党课和活动。汪朝清同志为毕业生党员上了"不忘初心，牢记使命，建功立业新时代"特殊党课。

四是协助基层党委以集中举办学习班等形式进一步坚定青年大学生理想信念。从 2009 年 10 月至今，党建工作指导部会同素质教育活动指导部、思想政治教育指导部协助华西公共卫生学院党委连续 12 年，利用休息日，组织学生党员、发展对象、入党积极分子集中举办了 12 期中国特色社会主义理论和习近平新时代中国特色社会主义思想学习班。每期围绕一个主题，分五个专题，集中进行中国特色社会主义理论体系特别是习近平新时代中国特色社会主义思想的学习，开展创建学习型学生党支部活动。12 期已有 982 人参加培训学习，撰写心得 2908 篇，230 人进行中心发言。学习过程中关工委老同志有 560 人次参加学习指导。特别是吴先培、孙金城等同志为学习班创办和每期的策划做了大量工作。关工委指导部老同志们积极参加学习指导，党建工作指导部副部长罗丽君积极参加点评，关工委成员周新同志积极参加学习指导，并在学习班结业时赋诗给予鼓励。学习班培训学习取得较好的成效，有 332 人被评为优秀学员，有 349 人加入中国共产党，有 68 名预备党员转正，2013 年 4 月该学习班被评为四川大学第三届校园文化建设精品项目。

三、切实加强指导，为理想信念教育的深入开展提供保障

习近平总书记指出，打铁还需自身硬，提高管党治党的能力和水平，靠"自身硬"凝聚起不可战胜的磅礴力量，创造无愧于历史的光辉业绩。习近平总书记还指出，让有信仰的人讲信仰。要使理想信念教育深入开展下去，首先组织开展教育的党组织要有凝聚力、战斗力，教育别人的人首先受到教育，才能

不断对青年学生开展教育，使广大青年学生树立坚定的理想信念。

一是坚持不断开展调查研究，使理想信念教育具有针对性和实效性。党建工作指导部建立之初，配合学校党委组织部拟定了《关于开展青年教师、学生党建情况调查研究的参考提纲》，并于 2000 年 11 月至 2001 年 1 月在学校水利水电学院、经济学院等 4 个学院开展调查，汇总编印了《关于对四个学院党建工作初步调查情况》简报。2001 年下半年深入历史学院、化学工程学院等 4 个学院进行了入党积极分子培养和学生党员情况的调研，形成了《学生党建工作汇报及建议》简报。2002 年上半年为了解掌握青年党员的思想状况，在生命科学学院、水利水电学院、数学学院等 9 个学院 360 名 35 岁以下青年党员中开展了问卷调查分析。在调查分析的基础上，撰写了《关于我校青年共产党员思想状况的调查报告》。2007 年调研总结了华西临床医学院党支部建在班上的经验，提交了《学生党支部建在班上的初见成效的调研报告》。2008 年 5 月，协助华西公共卫生学院党委针对如何加强建设本科高年级/专业党支部的调研，总结撰写了题为《认真学习和实践科学发展观，以创新精神做好大学生党建工作》的调研文章。2012 年下学期至 2013 年上学期配合党委组织部，采取问卷调查、走访座谈、会议研讨等相结合的方式，对全校学生党支部建设状况进行了较为深入的调研，撰写了《加强高校大学生党支部建设的探索和思考调研报告》，校关工委以简报形式印发分送给相关领导和有关职能部门。2014 年配合校关工委课题组，对学校二级关工委工作长效机制建设情况开展研究，撰写形成了《普通高校二级关工委工作长效机制研究》课题报告，等等。这些调研报告，在加强学校学生党建工作，开展以理想信念为核心的思想政治教育中发挥了重要参考作用。2002 年 4 月党建工作指导部撰写的《党建指导工作的实践与探索》一文获得校一等奖；《普通高校二级关工委工作长效机制研究》被教育部关工委收入《关心下一代论文集粹》一书，由广西师范大学出版社出版发行。

二是切实加强学生党建工作的指导，为理想信念教育的深入开展提供支撑和保障。长期以来，党建工作指导部同志联系所在学院，不断加强对学生党建工作指导，不断增强学生党支部的凝聚力，充分发挥学生党支部的战斗堡垒作用。近几年来，关工委成员、文学与新闻学院关工委副主任吴茂楠同志，平时十分注重了解收集和思考学生党建工作的情况，连续几年来协助学院党委坚持开展对学生党支部书记和政治辅导员培训，注重提高他们的思想政治水平，增强工作能力。曾治玉同志积极引导协助商学院党委，加强对学生党支部书记能力的培训。党建工作指导部成员杨传云同志，加强了对联系的机械工程学院、化学工程学院特别是化学工程学院学生党建工作的指导，在学院选聘兼职组织员和研究生担任本科生党建工作指导员等方面，做了大量协调联络工作，取得了很好的成效，校关工委以简报的形式对化学工程学院设立兼职组织员的成功实践进行表彰和转发。

（执笔人：汪朝清，四川大学关工委办公室主任；曾治玉，四川大学关工委党建工作指导部部长；杨传云，四川大学关工委党建工作指导部成员）

关爱倾心血　精准促笃学

——校关工委教学与青年教师指导部跟班关爱纪实

四川大学关工委教学与青年教师指导部

一、初心与使命

根据全国及教育部关工委精神，我指导部在开展跟班关爱活动过程中，采取师生一对一帮扶，针对学生个体特点，对成绩优良的学生，给予外力补充，让其锦上添花；对成绩较差的学生，摸清情况，制定有针对性的措施，做到雪中送炭，精准帮扶。我们始终以对学生的真诚关爱为主线，把思政工作贯穿到帮扶的全过程中，从而用真情感动学生，激励学生上进。我们的初心是通过帮扶，使学习困难的学生能顺利完成学业，从而成为一名合格的大学生。

在师生一对一帮扶过程中，指导部的老师们把完成此项任务当作使命。为了有组织、有计划地开展工作，并把帮扶责任落实在实处，指导部专门成立了帮扶小组。首先，帮扶小组对化学工程学院安全工程专业 2017 级本科生班进行跟班关爱，对该班 17 名学生进行摸底分析，发现大部分学生对四年的大学生活都有规划、有措施、有目标，他们的课程学习不掉队，成绩优良，而其中个别同学却十分特殊。

有一位张同学，他是 2014 年进入川大预科班的，2015 年转入安全工程专业，他由于惰性大，贪玩，学习不用心，所以考试不及格，因为考试挂了 5 科而被连降两级到了 2017 级。还有一位陈同学，她整日愁眉苦脸，眼含泪花，寡言少语，性格内向，缺乏年轻人的朝气。我部在对调研情况分析的基础上，根据学生个人特点，确定采用点面结合、以点带面、重点突破的方法进行一对一帮扶。对于其他学生，老师们分别采用微信联系、个别访谈、课堂跟进等方式进行指导帮助。

二、措施与践行

对于重点帮扶的学生，我们采用一个依靠、三个沟通、三个结合的方法进行帮扶，在"精、准"二字上下功夫。

（一）一个依靠

一个依靠就是紧紧依靠学生所在的化学工程学院及学生不及格课程所属的数学学院、物理学院、机械工程学院、建筑与环境学院等，争取得到学院领导和相关课程老师的大力支持和帮助，充分发挥学院的平台作用和教师的主导作用。在实践过程中各学院和相关部门做到积极配合、协调跟进，以做好学生的重点帮扶工作为己任，上下一心为帮扶学生出力。实践证明这一依靠是我们做好帮扶工作的有力保证。

（二）三个沟通

一是与学生沟通，充分发挥学生的主体作用。我们通过学院班主任、辅导员进一步了解同学的想法和困难。如张同学，进校时是一个对自我要求较高且性格阳光的小伙子，曾担任学生年级组长，还积极争取加入中国共产党。同时我们了解到，他知道由于放松自己而挂科降级，对自己存在的问题和短板也有所反思、有所打算，但缺乏克服困难的勇气和决心。他想改变现状，但不知从何做起，所以感到十分困惑。我们反复与他交谈，帮助他找准失败的原因，同时也充分肯定他拥有的学习潜力和有改变现状的愿望，鼓励他树立战胜困难的信心和决心。当然我们也明确指出只要严格约束自己，自觉地变被动学习为主动学习，痛下决心，就一定能战胜困难。根据他的实际情况，我们采用跟紧、管严等方式，并常用学校规章制度来要求他，做到既有鼓励又有鞭策，使他改变惰性，逐渐树立克服困难的信心，自觉地按照老师的要求努力学习。

二是与学院沟通。张同学因连降两级，要推迟两年才能毕业，这使他精神压力过大。经过多次交流，我们了解到他的专业课程已经顺利完成结业，他希望能转到2016级学习，在补修未及格基础课程的同时，进入毕业论文（设计）环节。基于这一特殊情况，我们帮助他和有关职能部门沟通，化学工程学院经慎重审查同意他提前一年到2016级补修学习，这给了他极大的鼓励，解除了他的思想负担，强化了他克服惰性求上进的决心。

三是与家长沟通，形成家校、师生共同推进的氛围。我们常和家长通过电话、微信交流学生的情况，及时发布动向，互相帮扶学生。例如，我们于2019年10月7日与张同学的父亲通话长达两个多小时，从家庭环境、学生学习态度、学习方法、家长的期望等多方面深入详谈，进一步了解到该生的基本情况。由于他是由预科班转入本科专业班，本身的课程基础较差，而父母因工作繁忙，疏于对孩子的教育，该生逐渐产生了惰性。通过深入交流，大家取得了共识，家长乐意主动配合，学生表态愿意努力，老师尽力帮扶。

陈同学又是另一种情况。她家住阆中，考上川大本是一件很光荣之事，然而乡亲、家长对她期待很高，使其思想压力过大，加之来校后她发现其他同学实力都很强，而她在学习中，又碰上机械制图课程这一难关，故而挂科。由于情绪的不稳定影响到微积分、大学物理等课程相继挂科，陈同学思想消沉，且走进了压力过大而难以行动的怪圈不能自拔。她的家长十分着急，多次来校和我们交流，对此，我们立足于先解决家长和学生的思想压力，使他们卸下包袱、轻装上阵后，再解决学生的学习方法和思维能力方面的问题，让她能振奋精神、攻克难关。

（三）三个结合

一是总目标和阶段目标相结合。对学生所挂科目采取分阶段补修、突破，使学生做到不急不躁、不盲目，有计划地进行复习补修。张同学按此办法，顺利地完成了挂科补修并取得了良好成绩；陈同学也逐一突破。

二是课内与课外相结合。课内，对学生所挂每一科，我们都深入课堂听一两次课，这样能让我们面对面地与任课老师了解学生情况，从而及时对如何重点帮扶学生提出建议，同时对学生也起到检查和督促作用。课外，我们指导部内的退休老教授们对学生进行了有针对性地一对一辅导。如帮扶组的张慎悟、杨光群两位老教授分别专门辅导微积分、物理课程。杨老师因腿脚摔伤拄着拐杖依然准时来校辅导，有时实在不能来校就把学生请到家里去补习。张老师为让学生多练习题型，用自己的退休金给学生印制各类参考资料，然后针对学生出现的问题进行讲解。老师们不管严寒酷暑，都不耽误与学生相约的辅导时间，有计划地指导学生。

三是督促与鼓励相结合。帮扶老师督促学生上课，完成老师所布置的作业，关注学生阶段考试等学习情况，针对出现的问题及时与学生沟通。当学生在学业上有一点进步时，及时给予肯定和鼓励，让他们看到希望。

三、效果与感悟

通过各学院、相关机关部门共同的关心与支持，在师生的共同努力下，精准帮扶工作初见成效。

张同学重修5门课程全部考试合格，并于2020年秋季顺利毕业，取得了本科毕业证书和学位证书。2021年7月通过成都某电子研究所招聘，正式参加工作。在他即将离校之际，2020年7月17日校关工委教学与青年教师指导部专门为他举行了一次别开生面的师生交心会，其实也是一场学生的感恩谢师会。校关工委办公室主任汪朝清、校关工委专职委员李存厚、班主任陈瑜、化学工程学院关工委副主任梁明征、校关工委教学与青年教师指导部老师共10人参加了这次交流会。会上，老师们语重心长地帮张同学总结大学生活的体会和教训，并对他提出了殷切希望。张同学满怀感恩之情，感谢老师们的辛勤教育和帮助，并表示出校后一定不辜负老师们的殷切期望，在工作中多做实事、好事，努力使自己成为祖国的有用之才。最后张同学向老师们一一行鞠躬礼，同时献上鲜花致谢老师。会上还宣读了家长从戈壁滩发来的感谢信（信件原文附后）。

陈同学也在老师帮助下，慢慢放下思想包袱，逐渐走出了阴影，脸上开始绽放出美丽的笑容。她未及格的微积分、大学物理课程已经通过重修取得合格成绩，除剩下的机械课程还需再次重修外，她就开始准备进入毕业环节了。

2021年3月2日下午，陈同学和家长一起来校和我们见面，共同讨论学生本期的学习计划。陈同学首先向老师和家长汇报她这学期的打算：立志准备转考文科研究生、毕业环节、补修机械制图课三关齐上，一起抓。参加见面的两位老师根据她的情况，语重心长地、耐心地帮她仔细分析，从她的知识面、学习能力和精力、考研、不及格课程、毕业环节的轻重缓急以及时间安排等进行全面衡量，在肯定她考研深造的意愿的基础上，帮助她修订出切实可行的过关实施计划，让她在认真参加毕业环节、做好毕业设计论文的前提下，过好机械制图的重修关和体能测评关。同时也希望她重视可能出现的困难，正确估量自己的潜力，一步一步地走踏实。陈同学听了连连点头，家长听了也表示赞同。然而，陈同学在做毕业设计期间，由于不能很好地运用所学知识，遇到了困难，又出现了焦躁情绪，影响了毕业设计进度。为了解决她情绪不稳定的问题，我们请了校心理咨询中心主任王英梅教授对她进行心理疏导。在王教授耐心细致地开导下，她逐渐走出了阴影，全力以赴地进行毕业设计。在学院各级领导、指导老师、班主任、辅导员老师的关爱下，以及同学、家长的帮助、支持下，陈同学终于完成了重修课程考试以及毕业设计，获得了本科毕业证书和学位证书。

通过对困难学生的关爱与精准帮扶，我们深切体会到学习成绩不是一成不变的，只要我们有一颗慈母般的爱心，并把爱心落到实处，不让每一个后进学生掉队，措施得力、方法得当，是会改变学习特别困难的学生的面貌的。所以，对学习特困生决不能放弃！我部针对材料科学与工程学院、电子信息学院学习特别困难的两位学生的迫切要求，又成立了一个精准帮扶小组，老师们也在帮扶的路上继续前行。

按照习近平总书记对关工委工作的讲话精神，青少年是祖国的未来和民族的希望，"五老"是党和国家的宝贵财富，是加强青少年思想政治工作的重要力量，我们将继续充分发挥"五老"在帮扶学生上的作用，让爱的阳光温暖每位学生的心，用真情打动学生，为实现中华民族伟大复兴中国梦奋发图强，为国家多培养德智体美劳全面发展的合格人才，贡献出我们微薄力量。

（执笔人：傅运清，教学与青年教师指导部副部长；李存厚，校关工委专职委员）

附：张同学父亲感谢信原文

尊敬的李老师、傅老师、辅导员及各位老师，你们好！

我是张××的父亲，非常感谢你们对儿子的帮助，使他完成了学业，让他走向社会有个好的起点，这是他人生中最重要、最值得纪念的时刻，我们深表感谢。

我长期工作在戈壁大漠，对孩子疏于照看，在我们心急如焚无能为力时，是你们老师、学院、关工委伸出了热情的手，关心、关怀他的学习和生活，让他克服了一些积累的陋习，也让他学会了学习、工作和生活，让他懂得了要想成功必须努力，这些全得益于你们的帮助，你们是他生命中的贵人，我们的恩人。你们不仅有渊博的知识，更有远大的、博爱的情怀，相信有你们，川大更美好，祖国更强大，中国更辉煌。千言万语汇成一句话，感谢、感谢、再感谢，衷心祝愿你们工作顺利、身体健康、万事如意！

张××父

2020 年 7 月 17 日

坚持立德树人根本任务，
积极推动关工委工作的创新发展

向丹

四川大学关工委 30 年的实践经验证明，学校离退休工作处职能部门作为关工委的秘书长单位，将关工委工作的主导和主体作用有机地结合起来，充分发挥"五老"作用和优势，大力弘扬"五老"精神，推动关工委工作的创新发展，是取得成效之根本所在。30 年来，我们支持、配合关工委，坚持"立德树人"的根本任务，牢记为党育人、为国育才使命，着力青年学生社会主义核心价值观教育，在不断探索关工委工作特点和规律中逐步发展。特别是党的十八大以来，学校校院两级关工委坚持以习近平新时代中国特色社会主义思想为指导，在学校党政领导和上级关工委关怀指导下，认真贯彻落实习近平总书记对关心下一代工作的重要指示，切实加强关工委基层组织建设，不断拓宽工作思路，创新工作品牌，为青年学生的健康成长作出特殊的贡献。

一、始终坚持关工委工作的正确导向

习近平总书记多次对关心下一代工作作出重要指示，为关心下一代工作指明了方向，提供了根本遵循。学校党政高度重视关心下一代工作，认真贯彻落实《中共教育部党组关于加强新时代全国教育系统关心下一代工作委员会工作的意见》，结合本校实际制定并印发《中共四川大学委员会关于加强新时代学校关心下一代工作委员会工作的实施意见》。充分发挥二级关工委主体作用和"五老"作用，组织广大"五老"深入学习习近平新时代中国特色社会主义思想，特别是关于教育重要论述和对关心下一代工作的重要指示精神，用党的创新理论武装头脑，始终心怀"国之大者"，进一步增强做到"两个维护"的思想自觉、政治自觉、行动自觉。

二、建立健全关工委组织基础

学校高度重视校院两级关工委建设，建立健全了党委统一领导，党政齐抓共管，有关部门积极配合，关工委主动作为，全校师生广泛参与的领导体制和工作机制。2000 年学校建立二级关工委，二级关工委主任由学院党政领导担任，副主任中至少有一位退休老同志。现有 40 个二级关工委，有二级关工委成员 472 人，参与关工委工作队伍有 2400 余人。每个学院配备了一名兼职关工委工作联络员。学校加强骨干培训和工作部署，定期进行关工委工作专题培训，并在年初和年末进行专题工作部署和总结，把二级关工委工作纳入单位年终工作目标考核内容，校院两级党委在经费上对关工委予以大力支持，关工委经费列入学校经费预算，部分学院设立了关工委工作专项经费，为关工委组织进一步健全、队伍不断充实、工作进一步推进、影响度逐步扩大提供了有力保障。

三、推进落实立德树人根本任务

校院两级关工委把习近平新时代中国特色社会主义思想和理想信念的教育作为首要任务，切实加强青年大学生思想道德建设。

（一）成才教育贯穿始终

一是把理想信念教育、"四史"教育、革命传统教育与入学教育紧密结合起来，注重从新生进校时抓起，利用多种形式，引导青年学生坚定理想信念，帮助他们明确制定学生成长规划，尽快适应大学生活。二是利用参加学生日常管理中开展的各种征文、实践评选活动，加强对青年学生好习惯的养成，引导青年学生增强自我管理能力。三是利用青年学生毕业这一时间节点，通过多种形式对毕业生进行择业观教育，引导青年学生在新征程中，把实现自己梦想与党和国家建功立业结合起来。

（二）以主题教育活动引导人

利用重要传统、重大节庆和纪念日，对青年大学生进行政治思想教育和主题实践活动，如举行"纪念抗美援朝胜利 60 周年""纪念抗日战争胜利 70 周年""纪念新中国成立 70 周年""纪念中国共产党成立 100 周年"等系列座谈会，开展系列爱国主义教育活动，二级关工委组织"五老"开展专题报告、专题讲座等教育活动，引导青年大学生爱党爱国爱校，永远听党话、跟党走。

（三）以亲身经历感悟教育人

连续 4 年开展"读懂中国"活动，以"五老"的亲身经历和感悟教育广大青年学生坚定四个自信。全校各二级关工委组织访谈"五老"264人，参与学生人数21645人，组织学生创作团队人数859人，撰写征文267篇，录制微视频95个、短视频5个。将优秀作品上报教育部关工委，获得教育部关工委最佳征文6篇、优秀征文6篇，获得最佳视频1个、优秀视频2个。2019年至2021年学校关工委连续获得优秀组织奖，有7个二级关工委荣获学校"读懂中国"活动优秀组织奖。校关工委高度重视、部门密切合作、"五老"无私奉献、师生共同参与，活动成效明显。

（四）以榜样作用激励人

近年来，学校不断丰富思想政治教育的形式和内容，利用新生入学典礼，积极开展"院士回母校"活动，如请杰出校友回母校为学生作报告，激励学生学有所成，报效祖国，有效发挥了杰出校友在鼓励引导青年学生成长成才中的榜样和示范作用。

四、搭建育人平台开展品牌活动

（一）特邀党建组织员

校院两级党委先后特邀了42位老同志担任特邀党建组织员，协助学院加强对学生党建工作的指导，对学生党支部书记的培训，参加学生组织生活和活动，加强对入党积极分子的培养教育，做好发展学生新党员的工作。关工委老同志为入党积极分子及发展对象上党课和专题报告600多次，听讲人数达13万余人，对发展学生、新党员入党前谈话考察近7000人。

（二）聘请教学督导员

各学院聘请老同志担任教学督导员，发挥老教师在教书育人、师德师风方面的优势，对青年教师进行"传、帮、带"，帮助他们增强教书育人的责任感和使命感，与青年教师交流，提出改进教学方法、提高课堂教学质量的建议，帮助青年教师提高教学水平。

（三）开展"跟班关爱"实践活动

校院两级关工委从2013年起，选择4个学院和8个班级的学生，开展"跟班关爱"实践活动，从新生进入大学直到毕业，跟进关爱学生的全面发展成长，特别注重对个别学习困难学生进行精准帮扶，取得了明显成效。该项目2017年被教育部关工委评为"优秀创新"案例。

（四）举办"中国特色社会主义理论学习班"

校院两级关工委配合华西公共卫生学院党委，从2009年起连续举办12期中国特色社会主义理论学习班，有982名学生参加学习，写心得体会2908篇，老同志有 560 人次参加学习指导，该项目 2013 年被评为四川大学校园文化建设精品项目。

五、助力教育脱贫攻坚

（一）帮扶支教

从 2019 年起，教育部连续 3 年组织"银铃讲学计划"，学校积极参与，遴选优秀退休教师，援助塔里木大学、西昌学院等高校，提升受援高校教育教学和管理水平。

（二）扶弱助困

20 世纪 90 年代末，在社会对贫困学生关注度还不高的情况下，学校为激励来自老少边穷地区困难学生勤奋学习、奋发向上、努力成才，从 1999 年开始，设立四川大学关工委"关心优秀学生奖学金"，每年评选一次，至今已连续开展 22 年，已有 1387 名学生获得关爱奖学金，奖金共计 199.1 万元。

30 年来，学校关工委老同志心系党和国家关心下一代崇高事业，情系青年教职工和学生健康成长，怀着对党和国家教育事业的忠诚，不顾年迈，不辞辛劳，奔走在校园，深入到课堂、宿舍，协助院系，积极开展形式多样、内容丰富的关心下一代活动，在坚定青年大学生的理想信念，加强思想政治教育、铸魂育人、帮困助学、心理辅导等工作中发挥了重要作用，为培养担当民族复兴大任的时代新人，培养德智体美劳全面发展的社会主义建设者和接班人，为实现学校"两个伟大"和"双一流"建设作出了突出贡献。

（向丹，四川大学离退休工作处综合科科长）

制度建设

谈关工委制度建设

杨静波　曾学锋

　　培养教育好下一代，是关系到党和国家前途命运、关系到社会主义现代化建设兴衰成败的关键问题，是建设中国特色社会主义的一项意义重大的基础性工程。做好关心下一代工作，关系到中华民族伟大复兴，是老一辈义不容辞的历史使命。

　　关心下一代的健康成长，是一项系统的育人工程。科学、规范的制度，是做好关心下一代工作的重要保证。经过 30 年来的实践与探索，我们认为，加强关工委制度建设，建立可操作的长效机制，使关工委工作科学化、制度化、规范化，做到有章可循，才能使关工委工作保持与时俱进，开拓创新，取得预期的工作成效。

一、加强组织制度建设是关工委工作的坚强保证

　　加强组织制度建设，首先要建立完善关工委组织并使这个组织和工作能按照青年学生成长成才的规律，遵循关心下一代工作特点，开展有效工作，这成为关工委工作坚强的组织保证。为此，要按照这个组织的性质和特点，建立、健全各级关心下一代工作委员会。关心下一代工作委员会，是在上级关工委指导和学校党委领导下，围绕中心，服务大局，以立德树人为根本任务，着力加强青年学生理想信念教育、思想道德建设，引导学生树立和践行社会主义核心价值观，以关心、教育、帮助、支持青年成长成才为主要任务的群众性工作组织。它以现任党委领导为主导提出工作任务，以离退休老同志为主体开展工作。在新时代里，关工委要按照政治性、先进性、群众性的要求，着力建设成学习型、创新型、服务型关工委，努力把关工委建设成为开展关心下一代工作的坚强堡垒。

　　根据四川大学的实际，按照关工委组织性质，需要建立健全关工委各级组织。我们按照四川大学关工委工作条例和工作规程，建立了校关心下一代工作

委员会，建立领导班子和工作队伍，由在职的校级党政领导和相关职能部门的负责人，离退休的老干部、老专家、老教师参加的校关心下一代工作委员会。委员会在党委的直接领导下，由在职主管离退休工作党委副书记担任校关工委主任；由分管思想政治工作、意识形态工作的党委副书记，分管学校人事工作和教学工作的副校长担任校关工委副主任；选配政治素质高，具有丰富工作经验的离退休校级干部担任校关工委副主任。根据工作需要，设立关工委秘书处，由在职离退休处处长担任校关工委副主任兼秘书长；秘书处挂靠在离退休工作处；建立关工委工作办公室。

为全面推进校院两级关工委工作的开展，各项工作的有效衔接和紧密结合与配合，全校30个学科型学院和校直属机构建立了40个二级关工委。根据以在职领导为主导，离退休老同志为主体的原则，二级关工委主任由所在学院（单位）党委主要领导同志担任，副主任规定至少有一位离退休老同志担任，其他成员按规定选定配齐。

为落实学校关心下一代工作目标和任务，针对不同性质和工作特点，学校组建了以老同志为主体的校关工委工作团队即关工委工作指导部，建立了关工委工作运行机制，关工委成为有效的组织载体。工作团队的组建与工作，是在实践中不断总结和不断完善的，校关工委也由开始时的8个工作指导组，调整组建为现在的6个工作指导部，即思想政治教育指导部、党建工作指导部、素质教育活动指导部、教学与青年教师指导部、心理健康教育及社团活动指导部、社区教育活动指导部。6个指导部工作的开展，创造性地解决了校关工委与学校机关各职能部门、二级关工委工作的配合与对接问题，很好地发挥了配合补充作用。如思想政治教育指导部与马克思主义学院配合，参加思政课的教育、指导与建设；党建工作指导部与党委组织部配合，参与学生党建工作及活动；素质教育活动指导部与党委学生工作部配合，参与理想信念教育、思想道德教育、素质教育活动；教学与青年教师指导部配合教务处，参与教育教学改革和"青蓝工程"建设，以及对青年教师的培养和传、帮、带；心理健康教育及社团活动指导部配合学校心理健康教育中心和校团委开展心理健康教育活动、第二课堂科技及社会实践活动；社区教育活动指导部配合学校社区办公室，围绕社区建设的内容，开展文明社区、和谐校园的创建活动。这样有针对性地配合，使工作结合紧密，提高了相关工作的实效性。同时，六个指导部加强了与学校二级关工委工作的配合与指导，通过联合开展相关主题教育活动、专题调研、"跟班关爱学生成长"的实践与探索等，推动了全校关工委工作的深入开展。在工作的实践中，形成了学校关工委工作的骨干队伍。通过二级关工委和 6 个工作指导部这个组织载体，吸收了一大批老年志愿者参与关工委工作和活动，现已形成了人数达 2000 多名的参与队伍。

二、加强工作制度建设是落实关工委长效机制的根本措施

为落实关工委立德树人的工作任务，配合主渠道、主阵地共同培养担当民族复兴大任的时代新人，培养社会主义建设者和接班人，必须建立科学、规范、可操作的工作制度，确保各项工作的顺利开展与落实。

关工委成立后，我们在实践中不断总结与探索，建立了适应高校关工委工作需要的相关制度。从 1998 年底开始，先后拟定了《四川大学关工委工作暂行条例》《四川大学关工委工作条例》。为了适应新时代关工委开展工作的需要，按照围绕中心、服务大局、统筹谋划、规范实施的要求，以习近平新时代中国特色社会主义思想为指导，2018 年 6 月又对《四川大学关工委工作条例》进行了第五次修改，增加了新的思想与内容，制定了新时代《四川大学关工委工作规程》共五章十九条，经校党委批准，并以四川大学党委名义印发各学院（单位）二级关工委贯彻执行，使学校二级关工委组织建设和工作有新的遵循，做到了有章可依，充分发挥了制度在工作中的指导、推动和保证作用。

为推动工作有序有效开展和落实，健全完善了关工委工作相应的执行制度。

（1）建立"四纳入"制度。这是学校党委和行政加强对关工委工作领导的根本体现。"四纳入"就是党委和行政把关工委工作纳入学校工作议事日程，纳入工作部署，纳入同检查、同考核，经费及条件纳入学校预算。"四纳入"制度为学校关工委开展工作奠定了坚实的基础，也是做好关工委工作的关键措施。

（2）建立学习制度。关工委要建成学习型关工委，必须加强学习，适应新时代、新形势、新任务的新要求，用新思想、新理论武装头脑，坚持与时俱进，开拓创新。学习内容主要是马克思列宁主义、毛泽东思想、中国特色社会主义理论体系，特别是习近平新时代中国特色社会主义思想，立德树人，培养教育社会主义建设者和接班人的论述与要求，加强关工委自身建设的理论与实践，国际国内重要时事，党的方针、政策，上级关工委文件及有关指示精神，以及工作需要的新知识、新经验等。学习采取自主学习与定期培训相结合的方式；坚持自学与集体学习相结合；理论与实际相结合，注重用理论指导实践；学习与调查研究相结合，注意研究解决关工委工作中的难点、重点、热点问题，坚持思想常新，与时俱进，不断提高工作能力和水平。

（3）建立工作例会制度。为保证工作的全面开展，统筹协调各方力量，取得预期工作实效，建立了例会制度。

（4）建立关工委全委会制度。校关工委全委会全体委员参加，一般每学年召开一至两次。主要内容是总结上一年关工委的工作，研究决定下一年工作计划，研究部署关工委的其他重要工作。

（5）建立关工委常务会议制度。关工委主任，常务副主任，副主任，关工委正、副秘书长，关工委办公室正、副主任参加。原则上两个月召开一次。主要是研究、检查、统筹及处理关工委日常工作中的重要问题。

（6）建立关工委工作会议制度。关工委主任，常务副主任，副主任，正、副秘书长，办公室正、副主任，关工委各指导部正、副部长，校内各片区关工委工作联络员参加。每学年原则上召开不少于四次。会议主要内容是传达学习上级关工委及学校有关的工作文件和会议精神，检查、总结交流工作开展的情况及问题，讨论、研究开展工作的措施，部署相关工作。

（7）建立关工委办公会议制度。关工委常务副主任，离退休的副主任，关工委办公室正、副主任以及涉及工作有关的同志参加。根据工作需要不定期的召开，研究处理关工委日常工作中急需研办和解决的问题。

（8）建立总结表彰制度。关工委工作需要建立表彰激励机制，表彰那些忠诚教育、关爱后代、务实创新、无私奉献、为青年学生健康成长、培养教育社会主义建设者和接班人的"五老"志愿者，树立新时代关工委工作的榜样，激励更多的老同志参与关心、关爱、关注青年学生成长成才的工作。学校关工委在学校党委和行政的领导和支持下，建立了两年一次的表彰制度。为了有序做好这项工作，关工委与离退休工作处共同拟订方案，以党委和行政的名义制定了工作文件，提出评选条件和评选程序，在总结工作的基础上，评选出关工委工作的先进集体和先进个人。经校党委批准后，以党委和行政的名义，召开全校表彰大会，校党政领导出席大会并讲话，向获奖者颁奖。这项奖励制度的建立与实施，已经十余年了，取得了良好效果，得到在职同志和离退休老同志的肯定和赞扬，激励和调动了老同志的工作积极性。他们纷纷表示要在立德树人的工作中，为青年学生健康成长成才，继续发扬乐于奉献的精神，在时代的舞台上，老有所为，发光发热。

（9）建立工作总结检查制度。学校关工委每年根据学校工作中心和重点，以及上级关工委的指示要求，制订出年度工作计划或工作要点，报经学校党委审批后，转发各单位和各级关工委，作为年度工作的具体安排与要求，做到年初工作有要求，年终有总结。同时，每学期对二级关工委和各指导部进行一次检查或抽查，年终时通过调查研究、座谈交流、撰写年终总结报告等方式进行工作检查，并将检查的情况向党委和上级关工委汇报，听取党委和上级关工委的意见，以推动和改进关工委的工作。

（10）建立工作补贴制度。关工委工作能顺利开展，重要的原因之一，是有一支具有"五老"精神的骨干队伍。我们深刻地认识到，在关工委工作中，在大力倡导关爱后代、无私奉献的同时，也需要给从事关工委工作的老同志创造更好的条件，搭建好需要的工作平台，调动和保护他们的积极性和创造性。2009年后，学校根据《中共教育部党组关于加强全国教育系统关心下一代工作委员会建设的意见》和2016年中共中央办公厅、国务院办公厅印发的《关于进一步加强和改进离退休老干部工作的意见》，学校党委和行政制定的《四川大学关于进一步加强离退休老干部工作的实施办法》（〔2017〕46号文），按照文件精神进一步完善了工作绩效奖励制度，建立了专项资金，列入学校预算，定向使用，解决校关工委骨干队伍的交通费、信息费、误餐工作补贴等。虽然补贴金额不高，但充分体现了学校党政领导对这支队伍的关心、关爱和工作上的有力支持，在一定程度上解决了他们遇到的困难，调动了他们的积极性、主动性和创造性，收到了良好效果。

上述制度的制定与实施，为关工委工作的开展提供了制度保证，推进了30年来学校关工委工作不断进步与发展，取得了显著成绩。学校关心下一代工作委员会曾多次被中国关工委、中央精神文明建设指导委员会办公室、教育部关工委、四川省关工委、四川省教育厅关工委评为关工委工作先进集体，被授予"五好基层关工委"称号。在新的历史起点上，在新的征程中，我们要以习近平新时代中国特色社会主义思想为指导，深入学习贯彻习近平总书记对关心下一代工作的重要指示精神，在学校党委领导下，不忘初心，牢记使命，以立德树人为根本，在实践中不断总结经验、发扬精神，制度再创新，迎接新挑战，再创关工委工作新局面，谱写时代新篇章。

（杨静波，四川大学离退休工作处处长、校关工委副主任兼秘书长；曾学锋，四川大学关工委副主任）

特色品牌

跟班关爱学生成长显成效

四川大学关工委素质教育活动指导部

习近平总书记指出，关工委要坚持服务青少年的正确方向，着力加强青少年思想道德建设，引导青少年树立和践行社会主义核心价值观，支持和帮助青少年成长成才，团结教育广大青少年听党话、跟党走。我们开展的"跟班关爱学生成长"活动，既是落实习近平总书记指示精神的具体举措，也是对关工委工作方法的一种探索和创新。

自2013年起，我们和教学与青年教师指导部选定2013级化工学院制药工程2班、物理学院微电子3班，2017级化学工程学院安全工程班、物理学院核工程1班、华西基础医学与法医学院基础医学班等5个本科生小班为工作对象，并与上述小班所在学院的二级关工委、辅导员、班主任、教导员等有关人员共同组成"跟班关爱学生成长"工作团队，在校关工委的领导和关工委办公室的指导下，从一年级开始深入班级，全程跟踪，根据学生从一年级到毕业不同阶段的思想、学习、生活等诸多方面的变化、特点和需求，开展了一系列有针对性、实效性的教育活动，提高大学生的综合素质，已取得了明显成效。

一、以立德树人为根本，根据学生成长过程不同阶段的需求，开展主题鲜明、形式多样的教育活动

1. 大一年级：新生入学，我们及时开展了"新生座谈交流"活动。会上同学们畅谈人生理想，展望祖国未来。老师们则希望同学们要尽快适应新环境，养成独立生活、自觉学习的习惯，勉励同学们牢记青年学生的历史使命和责任担当，对自己的未来作科学规划，为民族复兴练就本领。活动中还初步建立起关工委老师与学生的联系，以利于今后点面结合推进关爱活动的开展。

第一、二学期之后，我们陆续举办了"暖日伴我踏春校园行""我的大学梦""梦想与时代齐飞""舞动青春　梦想起航""参观专业实验室""五四精神薪火相传"等系列活动。这些活动的开展使学生受益匪浅,他们说:"关爱活动收获很多,在与老师的面对面交流时,我们也被老师们的浓浓温情所感染,增强了学习动力""在关工委老师的指导和帮助下,我们不仅逐渐适应了新的生活和学习环境,还有了明确的人生目标和规划,明白要树立正确的人生观,学好专业知识,努力成为国家有用之才"。

为了强化专业思想,我们组织学生"参观专业实验室"。如组织核工1班同学参观720原子核研究所,聘请老师作专题讲座。活动后同学们纷纷表示受益良多。他们说,通过参观,认知了相关研究的前景,既增长了知识,又增强了专业学习的动力,从内心深处产生了对核工专业的浓厚兴趣。

在基础医学班开展的"传承五四精神,激扬青春梦想"的五四精神薪火相传会上,关工委老师们用一个个感人至深的生动故事诠释了属于他们那个时代的五四精神。学生代表在发言中表示,身为青年学子要使五四精神薪火相传,立鸿鹄志,做奋斗者,求真学问,练真本领,为民族复兴奉献自己的青春力量。

2. 大二年级:我们的工作重点是积极引导学生树立正确的人生观、世界观、价值观,增强爱国情怀。我们在制药工程2班举办了"聆听老党员感人事迹,端正入党动机"交流会,并开展了以"传承红色文化·践行核心价值观"为主题的文艺活动,加深学生对社会主义核心价值观的认识,提高践行社会主义核心价值观的自觉性。针对"大二迷茫"的问题开展了"关心学生成长路上的烦恼"沙龙活动,组织高年级学生、研究生与制药工程2班的同学就思想、学习、知识拓展、考研、就业等方面的问题进行交流。在微电子3班则举办了"交流经验,分享成功"的主题班会,由同专业高年级学习成绩优秀或已获得保研资格的学长学姐传经送宝。学生们听后有茅塞顿开之感,对微电子专业的前景充满信心,极大地鼓舞了他们专业学习的积极性。

为了进行革命传统教育,我们组织安全工程班团员参观校内的"江姐纪念馆"和川大67名英烈事迹展,聆听锦江红梅傲雪开的革命故事。开展了"青春心向党·建功新时代"的主题团日活动。在江姐雕像前,团员们重温入团誓词,激发了爱国热情。同学们深有感触地说:"作为当代青年,要继承革命先烈无私无畏的奉献精神,肩负起历史的重任,化爱国之情为报国之行,努力学习,锤炼自己,提升自我,以继承先辈们用生命和鲜血换来的伟大事业。"

鉴于大二学生已在逐步思考和规划自己毕业后的去向,我们的工作方法以"点对点"的方式进行个别指导,以期适应学生的个性化发展需求。对具有考研愿望的学生进行分类指导,力求目标明确,方法得当,取得实效。

我们在核工班开展了以"挖掘学习潜力，激发学习热情，增强学习动力，改善学习方法，提高学习成绩"为主题的师生交流活动。座谈中，老师们就同学们在学习目标、自我约束能力、学习方法等方面遇到的困难进行引导和解惑。同学们纷纷表示，此次交流活动让自己受益匪浅，老师们让自己提高了眼界，开阔了视野，增强了学习的激情与信心，起到了学习征途"加油站"的作用。

3. 大三年级：为了给大三学生注入专业学习的新动力，结合"纪念反法西斯及抗战胜利 70 周年"重大事件，我们举办了纪念反法西斯及抗战胜利 70 周年观影和主题演讲比赛活动。观看了三个短片：从顽强奋斗的战争时代讲述至和平安康，发展快速的现代中国。观看短片后，几位同学抨击了法西斯的侵略罪行，热情洋溢地歌颂了爱国精神。同学们表示，要珍惜先辈们用鲜血和生命换来的美好时光，努力学好专业知识，报效祖国。我们还举办了"畅想未来——考研以及求职经验分享会"。会上，既有关工委老师对考研、就业的指导以及语重心长的期望，也有学生就如何应对职场面试的精彩演讲。在微电子 3 班，我们还举办了"交流经验，促进发展"主题班会：以同学赴京参加中科院"黄昆班"秋令营为主线，分享同学们的见闻和感想。同学们说："黄昆先生年过八旬，但仍然奋斗在科研一线，这让我十分感动""正确认识'仰望星空和脚踏实地'的关系是这次主题班会的最大收获"。关工委还与物理学院共同举办了"三十年创业经历聊天会"。主讲人是该院 1983 级毕业生周全才，他讲述了在创业路上不畏艰辛，成功面前不骄傲、失败环境不气馁的创业经历。他的拼搏精神深深打动了每位学子。会后同学们在"感想"中写道："创业道路很艰辛，我们要学习学长的坚韧精神，努力完善自己，脚踏实地、朴实无华。"

在新中国成立 70 周年之际，我们在安全工程班举办了"美丽中国——新中国成立 70 周年纪念"的主题团日活动。活动以唱响共产党好、社会主义好、改革开放好、伟大祖国好、各族人民团结好为主旋律。活动中四位同学分别以"衣""食""住""行"为主题，从不同视角展示了新中国成立 70 年来，国家全方位发生翻天覆地变化的典型事例，从而激发了同学们的爱国情怀。关工委两位老师分别讲述了让他们记忆深刻的生动经历，同学们受到了深刻的感染和激励。

针对三年级不少同学有准备考研继续深造的意向，我们与物理学院关工委一起举办了一场"备战考研、保研经验分享交流会"。会上两名保研、两名考研的大四优秀学生结合自身经历和实践，就考研、保研的心理准备，专业学习，学校、导师的遴选，相关信息的收集与政策的了解，复习功课的安排和技巧等作了精彩而生动的阐述，同学们受益匪浅。

4. 大四年级：大四学生面临就业、考研等具体问题。我们的工作多采取与学生面对面交流，或以电话、微信方式联系，有针对性地给予指导：对已保研的学生，促使其尽快进入导师课题研究；对选定工作的学生，给他们介绍职场规则，并邀请参加工作多年的学长介绍经验；对准备考研及暂未落实工作的学生给予精神上支持，使之沿着既定目标努力，争取好结果。

在注重个别指导的同时，还开展一些有针对性的集体活动：为了鼓励就业学生的创业信心，我们邀请在创业路上取得成功的校友奉明忠为制药工程2班学生作了一次"坚定人生路，梦想水云间"的讲座。奉明忠用具体而生动的事例讲述了他艰辛奋斗的经历和所取得的成就，诠释了没有目标的人生是盲目的人生，没有梦想的人生是苍白的人生。他鼓激励青年学生成长成才，创业成功。在基础医学班举办了一场新冠肺炎抗疫精神大讨论。在讨论会上关工委老师和学生从不同视角和生动事例阐发了中国人民在党的领导下铸就的生命至上、举国同心、尊重科学、命运与共的伟大抗疫精神和所取得的决定性胜利。老师们勉励即将走上医务工作岗位的同学要学好专业知识，练就过硬本领，以参加抗疫奋斗的医护人员为榜样，服务人民健康。在这次活动中，老师们还就同学们提出的考研、择业、就业等问题进行了有益的交流。在安全工程班举行了"路在脚下延伸"的关爱座谈会。老师们以自身经历和体验为同学们解惑释疑，给同学们以耐心、细致、专业性的精准指导。

二、深入课堂，走进寝室，真诚关爱，精准帮扶

跟班关爱学生成长，既重视以班为单位开展集体活动，还深入课堂，走进寝室，关注学生的学习和生活情况，有针对性地做耐心细致的关爱工作。如微电子3班一位学生是院学生会主席，社会工作出色，但学习成绩欠佳，出现补考情况。为此我们多次与该生交流，得知成绩下降的主要原因是该生对微电子专业兴趣不浓，一心想转专业。于是我们及时与相关部门联系，帮助她实现了转专业的愿望。该生到新的学院（法学院）发展良好，获学校单项一等奖。

微电子3班一名学生患淋巴癌，需要巨额治疗费，关工委谢茂浓老师与学院一起商议为患病学生募捐，还贡献出上千副眼镜架交由学生组织义卖，义卖和募捐为患病学生筹款7万余元。该生通过治疗后病情稳定，返校学习。

又如安全工程班一位学生，由于多种原因多门课程不及格，由2015级连降两级到了该班。我们得知后决定对他进行重点帮扶：对他的每个学习环节进行全程跟踪，详细了解其学习情况和成绩不佳的主要原因，并与家长保持联系，紧密配合，共同督促该生增强自觉性，提高自信心，克服不良习惯，改进学习方法，奋发学习。还请专业课老师对他进行专门辅导。通过一系列具体而有针对性的帮扶措施，该生的学习成绩明显提升，逐步将所落下学分全部补上，并于 2020 年 7 月提前一年毕业。

另外对一些家庭贫困的学生，关工委老师还帮助他们联系兼职家教，以贴补部分生活费用等。老师们的真诚关爱、精准帮扶使一些有具体困难的学生能及时得到相应帮助，健康成长。

三、"跟班关爱学生成长"工作显成效

跟班关爱的 5 个班中已有 4 个班先后毕业，这里仅以一些具体事例和所产生的影响说明"跟班关爱学生成长"工作已显成效。

1. 随着跟班关爱系列活动的开展，班风向好，学习向上，成效显著。

例如，制药工程 2 班，通过一系列关爱活动的开展和有针对性的指导，凝聚力增强，班风向好，学生的思想、学习、生活积极向上，分别于 2015、2016 年度获四川大学优秀班级奖；全班 19 人中有 18 人参加大学生创新训练；有 3 名学生入选制药工程卓越工程师；有 5 名学生保送本校研究生。该班有17 名同学分别获得国家励志奖学金、同心奖学金、圣华曦奖、四川大学优秀学生奖、综合一等奖等。该班在毕业时举行了"四年点滴情，感恩在我心"的师生联谊联欢会，展现了师生情谊深、跟班关爱显成效的动人情景。

微电子 3 班多数学生是非第一志愿录取，因此流露出专业思想不稳定的倾向，对微电子专业前景迷茫者较多。针对这种情况，我们在该班开展了"学习是大学生的天职，努力掌握现代科学技术知识，将来才能更好地为祖国人民服务"为主题的系列活动，这不仅促进了和谐、团结、积极向上的班风建设，而且对帮助学生巩固专业思想、热爱专业、激发学习热情、调动学习潜力起到了很好的催化作用。该班的 14 名同学中，获各类奖励 15 人次，有 5 名同学分别保送到清华大学、上海交通大学、浙江大学、东南大学就读硕士。

安全工程班 15 名同学中，有 10 名分别被中国科技大学、四川大学、兰州大学、香港理工大学、英国爱丁堡大学录取，4 名签约就业。核工 1 班 19 名同学中有 5 名分别被保送到清华大学、中国科技大学、中国科学院、中国工程物理研究院，有 7 名考研到中国科技大学、中国科学院高能物理研究所、四川大学、日本东京大学、荷兰莱顿大学，有 6 名就业。这既是学校教育及同学们勤奋刻苦学习的结果，也是关工委老师们倾情关爱学生健康成长效果的彰显。

2. 跟班关爱活动在学生中产生积极影响。

我们在 5 个班开展"跟班关爱"活动，有时还邀请其他班的学生参加，有的是不请自来，如微电子 3 班召开的"发扬成绩，找出差距，调动潜能，提高效率"主题班会，就吸引了物理学院其他班的 5 位同学参加。他们非常羡慕 3 班的同学，说道："你们通过关工委老师可以学到很多社会知识和专业知识，眼界更开阔，我们很想转到 3 班来。"他们还希望将"跟班关爱"推广到其他班级。当我们与制药 2 班的同学在校园草坪上举行联谊活动时，师生共舞的场面吸引了很多惊奇的目光，一位计算机专业的学生对我们说："你们这些老专家、老教授也该到我们班来看看，做点指导。"

由此可见，跟班关爱学生成长的活动已在学生中产生积极影响。

四、党委重视、团队合作、方法对路是工作取得成效的有力保证

1. 学校各级党委对"跟班关爱"工作十分重视和支持，特别是相关学院党委不仅为我们提供了"关爱班"学生的基本情况，还共同制定了《关于深入学生小班开展跟班关爱活动的实施意见》。同时工作团队"多管齐下，协同配合"的工作机制确保了关爱活动的持续开展，是我们做好关爱工作的有力保障。

2. 从实际出发，找准切入点，确保工作有成效。比如当我们知道有不少同学关心入党问题时，我们就及时举办了老党员分享入党经历的交流座谈会。会上，老同志们讲述了自己如何争取入党、端正入党动机和在党的培养教育下健康成长、敬业工作的经历，使同学们深受感动，为他们争取入党注入了动力。

3. 我们的工作做到了瞄准对象精准、聚焦问题精准、采取措施精准；做到了全过程育人、全方位育人、全心全意育人；做到了深入班级、深入人心、深入问题；做到了人员跟进，问题跟进，措施跟进。

4. 团队成员经常互通情况，总结经验，改进工作。8 年来，两个指导部的成员坚持与三个学院的领导沟通、交流，召开跟班关爱学生成长教育实践工作会议十多次，既有专题研究会，又有学生代表、学生干部参加的信息反馈会，使工作内容、活动方式能及时调整，取得更好成效。

5. 教导员是"跟班关爱"工作的天然桥梁。在我们关工委成员中有几位是学生教导员。他们经常深入学生，与学生亲密接触，对学生的思想、学习和生活情况了解最深，最知道学生在成长过程中不同阶段的需求和愿望。因此教导员成为关工委开展跟班关爱工作的天然桥梁。许多活动的开展就是由他们提出

方案，并具体策划的，不仅针对性强，而且内容丰富，形式活泼，收效很好。

"跟班关爱学生成长"是我们对关工委工作的一种探索和创新，已显成效。我们将继续总结经验，使开展活动的主题、内容、方法、形式更贴近学生成长过程中的需求和愿望。

（执笔人：秦自明，四川大学关工委素质教育活动指导部副部长）

用"四心"关爱助力大学生成长成才

李珍珍

习近平总书记强调指出,广大"五老"是党和国家的宝贵财富,是加强青少年思想政治工作的重要力量。要支持更多老同志参加关心下一代工作,使广大"五老"在关心下一代的广阔舞台上老有所为、发光发热,为培养社会主义建设者和接班人作出新的更大贡献。

自 2017 年以来,化学工程学院在 2017 级安全工程 1 班持续开展了"跟班关爱"活动。本人作为本科社区支部书记以及思想政治辅导员,在学院党委的领导下,充分发挥关工委老同志"五老"优势,为活动开展搭建平台。在对全员学生实行全方位全过程的教育、管理、服务、引导的过程中,发挥"五老"作用,跟进关爱青年大学生,助力他们成长成才,坚定理想信念,努力成为堪当民族复兴大任的时代新人。在"跟班关爱"的实践中,总结探索出了用"四心"关爱学生的有效教育方法,呈现出了可喜成绩。

一、用"四心"关爱的具体内涵

第一,用"心"教育。

在"跟班关爱活动"中,充分发挥关工委老同志"懂教育"的优势。积极配合学校和学院党委有关部门,以立德树人为根本任务,以思想政治为引领,以社会主义核心价值体系教育为重点,结合个人的阅历和体会,在安全工程 1 班的班团一体化建设中,开展特色教育活动弘扬主旋律,帮助青年学生树立正确的世界观、人生观和价值观。

第二,热"心"管理。

在"跟班关爱活动"中,充分发挥关工委老同志"能管理"的本领,是配合学校和学院有关部门进行学生日常管理教育的有益补充。老同志在安全工程 1 班对学生实行"一对一"精准关爱,尤其是在做好家校联系方面发挥了重要作用。

第三，贴"心"引导。

在"跟班关爱活动"中，充分发挥关工委老同志"善引导"的能力。贴近时事需要和学生成长特点，对大学生在校期间的学习、生活、心理实施全程引导和跟踪反馈教育的一种工作模式，对于安全工程1班学生在关键的十字路口作出正确的抉择起到了促进作用。

第四，暖"心"服务。

在"跟班关爱活动"中，充分发挥关工委老同志"爱奉献"的精神，从学生身边的小事入手，做到"急学生之所急，想学生之所想"，在帮助学生强化思想教育、化解心理矛盾和顺利完成学业等方面发挥了积极作用。

二、用"四心"关爱的具体做法

关工委同志们在"跟班关爱活动"中，实行全员全过程全方位精准关爱，不断探索常态化的工作方法，做到优势互补、实质融合、合作共赢，为关工委老同志深入班团一体化建设主动搭建好平台，树立了一系列品牌活动，走出了一条可行发展之路。在持续四年的活动开展中，关工委老同志坚持用习近平新时代中国特色社会主义思想铸魂育人，落实立德树人根本任务，帮助学生扣好第一粒扣子；助力困难学生顺利毕业，真情关爱经济困难学生，精准帮扶学业困难学生，切实关心心理困难学生疾苦，为困境大学生排忧解难取得新成效；认真组织好各类主题活动，抓好线上、线下两个平台建设，着力打造品牌提高质量，拓展实践教育功能；坚持党建带关建、关工带安工，把准时代要求，完善自身建设。

第一，开展帮困助学活动。

关工委老同志高度重视对学生的精细化关爱服务，对前期工作反馈的情况进行深入总结后，创新开展"一对一"帮困助学精准帮扶活动——对精准结对的被帮扶学生，在准确的时间里采用正确的工作方法，将帮困助学做到优质化、精细化和专业化。在这个持续推进的特色活动中，根据学生个体的实际情况开展励志教育、择业教育、心理教育和学业教育等，帮助经济、就业、心理、学业四大类困难学生群体，排除万难顺利毕业，并激发他们坦然面对崭新生活的昂扬斗志。

第二，开展主题教育活动。

关工委老同志全员参与积极协助开展特色鲜明、内容丰富、形式多样的主题教育活动，进行中华传统文化教育、革命传统教育、理想信念教育、法治教育、校园文化传承教育等，已经成为特色主题教育活动的重要抓手。

第三，开展老少共话活动。

关工委老同志通过面对面和心连心的沟通，准确掌握安全工程专业 1 班学生的思想脉搏，围绕他们在成长成才中遇到的难点热点和迫切需要解决的问题，浸润式细微处开展教育并提供有效建议，使大学生们受益匪浅。

第四，开展"青蓝工程"活动。

关工委老同志对于安全工程 1 班的年轻辅导员和班主任，在师德建设、语言沟通、日常工作等方面进行了有力指导，在促进辅导员和班主任队伍建设，提升教育、服务和管理水平等方面发挥了传、帮、带的积极作用。每次活动结束后，关工委老同志都会和辅导员就活动开展情况进行总结和反馈，形成了"以老带新，以新促老，师徒结对，共同提高"的新局面。

三、用"四心"关爱取得的成效

第一，"锤炼品格"，坚定理想信念。

班级政治建设优良。递交入党申请书人员超过班级总人数的 50%，入党人数占 33.4%。通过线上"青年大学习"进行思想政治理论的提升，参学率位于学院所有班团组织的前列。通过线下开展形式多样的实践活动，达到团结友爱知行合一的目的，该班在 2019 被评为四川大学"五四红旗团支部"。

第二，"力学笃行"，营造良好班风。

学风建设成绩突出。在"跟班关爱活动"的教育下，班级学习氛围浓厚，保研率达 26.7%，深造率达 66.7%。尤其是在关工委老教师一对一帮扶下，学业稳步提升，科研成果显著；在"跟班关爱活动"的关心下，班级工作成效良好，集体活动能够充分调动同学们参与的积极性，培养同学们的集体荣誉感，获得"四川大学优秀班级""四川大学模范学生班集体""化学工程学院优秀集体"等荣誉称号。

第三，"百舸争流"，谋求全面发展。

学生工作尽职尽责。在"跟班关爱活动"的鼓励下，学生工作参与度高，担任学生干部的学生比率高达 66.7%；志愿实践奉献自我，在"跟班关爱活动"的引导下，志愿者服务队伍不断壮大，加入化学工程学院团委青年志愿者服务队人数占班级总人数的 100%，积极参与志愿服务活动且获得多项荣誉。

第四，"厚积薄发"，点燃希望之火。

在"跟班关爱活动"中，对一些个别学习困难的学生实行重点帮扶。比如有一位学生，入学时为 2015 级，来自新疆偏远地区，知识基础薄弱、学习动力不足、多次学业预警，连续两次降级至 2017 级。关工委老教师和辅导员及任课老师对其开展心理支持和学业帮扶，督促上课、作业反馈、课后辅导、考前总结、家长沟通、谈心谈话，助力该生升回 2016 级。通过全方位一站式帮扶措施，这位学生重拾信心、奋发图强，在一年的时间内通过所有科目、完成学业升级一次，最终顺利毕业。

四、用"四心"关爱的实践体会

及时总结梳理已经取得的成熟模式和特色亮点，加以系统提炼、积极推广应用，定能助力大学生成长成才发展。以"立德树人"为目标，以党建带关建、关工携安工、"五老"育新人为抓手，绘制"跟班关爱"同心圆。

第一，统筹发展，让老同志与学校"肩并肩"，共同谱写共荣发展的新篇章。老同志在教育思想和学生管理等方面实现共享、互通、合作、共生，为新时代高校建立大思政格局添砖加瓦。

第二，通力合作，让老同志与学生"面对面"，共同打造双向互动的新样板。充分发挥"五老"优势，支持老同志继续发光发热，打造多位一体教育网络，对学生实行全覆盖，促进其全面发展。

第三，拓宽渠道，让老同志与学工"手拉手"，共同构建相互促进的新典范。学院辅导员、班主任，汇聚多方力量整合有效资源努力搭建活动平台，充分调动老同志和学生们的积极性，让老少共话"零距离"。

第四，共情共赢，让老同志与学生"心连心"，共同创设良师益友的新天地。老同志扎实推进"四心"关爱落地生根开枝散叶，学生幸福感提升的同时也增强了认同感和责任感。

四年的时间虽不长，但是关工委的老同志主动积极采用"四心"关爱——"用心教育、热心管理、贴心引导、暖心服务"，拓展关工委"三全育人"政治功能，满怀激情、充满热忱的圆满完成各项工作任务，既产生了积极良好的反响，又向学校、学院和学生交上了一份满意的答卷。现正值中国关工委成立30 周年之际，化学工程学院对于一直持续开展的"跟班关爱活动"进行总结回顾，对可推广的工作方法进行梳理归纳，有利于关工委的后续工作再迈上新的台阶，真正做到"总结回顾明方向，凝心聚力再出发"！

（李珍珍，四川大学化学工程学院本科社区党支部书记、思想政治辅导员）

用党的创新理论　培育时代新人

张琦、黄倩、黎晨、李双、张娜

为培养有理想、有本领、能担当民族复兴重任的时代新人，在学校党委的领导下，学院党委会同校院两级关工委，从 2009 年 11 月开始举办"中国特色社会主义理论学习班"，2017 年更名为"习近平新时代中国特色社会主义思想学习班"，经过十多年的不断努力，逐步形成特色，取得较好的成效，被评为校园文化精品项目。

一、起源与发展

学习班于 2009 年 11 月由四川大学华西公共卫生学院原党委书记、学院关工委副主任吴先培同志与学院学生党支部共同发起，在学院党政领导下，由学生党支部和院关工委具体组织，学校关工委党建工作、素质教育活动、思想政治教育三个指导部积极配合参与，利用周六、周日，举办由该院学生党员和入党积极分子参加的"中国特色社会主义理论体系学习班"。

每期学习内容结合时政确定主题，并通过 4~5 个专题，开展对中国特色社会主义理论体系的学习。党的十九大以后，学习班更名为"习近平新时代中国特色社会主义思想学习班"，学习内容紧扣习近平新时代中国特色社会主义思想，密切联系学生思想实际，创新学习方式，培训学习不断取得新的成效。

从 2009 年 11 月举办第 1 期到 2021 年已举办了 12 期。从本科 2007 级至 2018 级，共有 982 人参加该班学习，学员们共撰写学习心得体会 2908 篇，230 人作过大会发言，评选表彰优秀学员 332 人，学习期间有 349 名学员加入中国共产党，有 68 名预备党员转为正式党员。在该班学习过程中，学院党政相关领导、学生辅导员、校院关工委老同志，参加学习指导 560 人次。对引导学生党员和入党积极分子进一步认识理解习近平新时代中国特色社会主义思想，用党的创新理论武装头脑，指导实践，推动学习、工作起了重要作用。

二、思路与创新

学习班在培训思路上，采取了"四结合、三深入、二引导、一自主"的培育模式。

一是"四结合"，培育形式多样化。学习班学习方式方法重点把握自学、集体学习和总结提高三个环节，具体采取在自学基础上"主题发言和分组讨论相结合、中心发言和专家点评相结合、理论学习和实践研讨相结合"等多种形式，使习近平新时代中国特色社会主义思想入脑入心，使学员获得真实感悟和体会。其一，主题发言和分组讨论相结合。培训学习围绕习近平新时代中国特色社会主义思想、时代使命、党史教育、不忘初心牢记使命等时代主题，结合党的路线、方针、政策和时政热点，事前让学生党员和入党积极分子进行深入学习准备，然后在分组讨论会上让每位参加学习的学员围绕主题发言，深刻领会习近平新时代中国特色社会主义思想的精神实质和深刻内涵，把握重点。其二，中心发言和专家点评、领导归纳总结相结合。在分组学习讨论基础上，集中重点问题进行中心发言，然后由关工委老同志、领导和辅导员针对中心发言进行重点点评，最后由主持人进行归纳总结，使理论认识得到深化提高。其三，理论学习和实践研讨相结合。在结合时政热点进行理论学习的基础上，结合专业特色和学科背景进行实地考察，并邀请关工委的老同志进行专题讲座。其四，老少支部共建结对，培训和结对交流相结合。学生党支部与退休党支部结对共建，通过共同过组织生活，深入老同志家中，老少共话，面对面的交流，引导学生进一步坚定理想信念，树立大局意识和责任担当精神。同时建立学生志愿者服务队，把对老同志的关心结合起来，使老同志获得成就感、荣誉感和幸福感。

二是"三深入"，培育路径系统化。其一，以专题学习实现知识体系的深入。按照理论内容内在逻辑，从理论、历史、现实出发，通过分专题重点深入扩展，让学生掌握系统完备的知识体系，领会习近平新时代中国特色社会主义思想的一脉相承和与时俱进。其二，以联系学业实现思政教育的深入。在专题讨论中将习近平关于卫生与健康的重要论述贯穿其中，引导学生深入思考医药卫生体制改革与学业发展规划、就业创业等关系，做到知行合一。其三，以反馈评价实现学习效果的深入。关工委老同志通过学生学习发言讨论对学习成效的评估反馈，并结合学习表现评出优秀学员，激发学生学习的积极性和主观能动性。

三是"二引导"，培育主体科学化。其一，充分发挥关工委老同志在培训中的指导作用，校院两级关工委老同志全方位、多角度，从学习思路、内容、方法等方面对学生加强引导。自学过程进行理论辅导，集中学习指导点评，总结学习凝练提升。其二，学生党支部书记和辅导员引导学员将理论学习和社会实践、专业学习、志愿者服务等第二课堂活动进行有机结合，达到以理论学习指导实践活动的目的。

四是"一自主"，培育客体精准化。以学生党员带动入党积极分子，由学生专题承办组织学习班的模式，形成学习型组织，充分发挥学生主观能动性，学思结合、师生互动，激发调动学员的自主性、实践性和创造性，让学习的内容、形式和载体更具有生命力，学习成效显著。

三、成效和意义

一是固本培元，政治信仰进一步坚定。通过对习近平新时代中国特色社会主义思想的深入学习，学生党员和入党积极分子进一步加深对中国特色社会主义理论体系的理解，增强"四个意识"，坚定"四个自信"，做到"两个维护"，进一步增强了用先进创新理论武装头脑、指导实践、推动工作的自觉性。学院党委将学生参加学习培训的表现作为发展新党员和对党员考察的重要依据，学习班学员、2012级马继炎同学被评为"四川省优秀共产党员"。

二是培根铸魂，形成立德树人的育人环境。每期学习党员们真正获得了感悟和收获。比如2008级预防医学专业李琪同学在学习心得中谈道，要充分利用学院所提供的平台，尽可能地不断磨炼和打造全新的自己，时刻严格要求自己，深入思考和分析问题，探索和追寻解决问题的方法和途径，真正将专业知识运用到将来实际工作中去；2018级预防医学专业周鑫茹同学结合自身专业谈道，在疫情面前，大学生应该尽己所能，既要学好本领，扎实专业基础，充实能力素质，更要强体魄，保持健康身心，为公共卫生事业尽责担当，努力成为凝聚力高、忠诚度强的公共卫生人才队伍中的中坚力量。

三是育人育才，培育勇担使命的时代精神。全学院的学生就业响应国家号召，深入一线、服务基层，60％的学生到各级疾病预防控制中心、社区卫生服务中心、卫生执法监督部门、卫生行政机构、医院、第三方检测等单位从事医疗卫生服务工作，服务于公众健康。近三年，在学校"双一流"建设中，学生追求卓越，近60％的学生继续深造，90％的学生在大学期间获校级及以上奖学金，100％的学生参加了志愿者服务。

四是启智增慧，充分发挥学生党员的表率作用。涌现了一批优秀学生并获得佳绩，比如2013级闫翔宇同学在首届"全国大学生公共卫生综合知识技能大赛"中夺得特等奖；2014 级许彬同学参加新冠肺炎疫情防控学生志愿服务队；2015 级陈玲慰同学获得第十五届"挑战杯"四川省大学生课外学术科技作品竞赛一等奖以及第十六届"挑战杯"全国大学生课外学术科技作品竞赛二等奖，四川省大学生医学卫生检验与检疫知识和技能竞赛特等奖；2016 级陈钧涵同学、2017 级邵子伦同学参加的学生团队获 2020 年"挑战杯"全国大学生创业计划竞赛铜奖；2016 级殷韵、李星月、陈钧涵、黄德琴、姚嫔聘学生团队获 2021 年第十届中国大学生医学技术技能大赛预防医学专业赛道国家级铜奖。

（张琦，四川大学华西公共卫生学院/华西第四医院党委副书记；黄倩，四川大学华西公共卫生学院/华西第四医院学工部部长；黎晨、李双、张娜，四川大学华西公共卫生学院/华西第四医院辅导员）

关于少数民族学生
培养教育成长的调研报告

四川大学关工委素质教育活动指导部

一、基本情况概述

素质教育活动指导部在历史文化学院 2014 级新生中召开座谈会，了解到这个年级新生中少数民族学生多，他们分别来自仡佬族、土家族、哈萨克族等 14 个少数民族。我们认为，做好这批学生的关爱、帮扶工作具有十分特殊的意义。经研究，我部确定了调研题目，多年来，通过座谈会、调查问卷、线上交流、采访党政领导和年级辅导员等方式，对这批少数民族学生的成长、成才有了清晰的认识，也了解到毕业后一些发展较好的学生的情况。现将调研情况报告如下。

二、调研结果分析

全程的调研工作，使我们全面了解了这 30 多位少数民族学生的学业、考研、文化生活、择业就业等情况，对学院教育培养等工作的成效有了清晰认识。

1. 思想进步，热爱祖国，懂得感恩，维护民族团结。无论是座谈会上，还是线上线下交流，学生们都对党和党的民族政策以及学校老师的教育培养表达了深深的谢意。

2. 学业情况：33 位少数民族学生分别就读于历史文化学院的 5 个专业，他们多数是文科考生（该学院为文理科兼收），基础较薄弱，在英语、高等数学（微积分）等科目的学习上十分吃力，大一大二挂科的占 40%。经过刻苦学习、勤奋努力，31 位学生顺利毕业，获得学士学位。

3. 获奖、考研、就业情况：33 位少数民族学生中，获国家励志奖学金的有 7 人，学校综合奖一等奖学金 1 人、二等奖学金 1 人、单项一等奖学金 2

人、优秀学生奖3人；攻读硕士学位的有9人（其中2人保送），参加工作的有19人，考公务员的有1人。

4. 家庭经济状况：据不完全统计，家庭经济状况良好的有2人，经济状况一般的有9人，经济状况较差的有4人，来自低保家庭的1人（余下的10多位同学情况不明）。

三、教育培养，关爱帮扶见成效

（一）党委重视，政策落实，制度完善，激励学生

历史文化学院党委自觉把维护民族团结，加强民族融合，提高少数民族科学文化素质纳入人才培养目标，认真贯彻落实民族政策，严格财务制度，严格执行各种学生管理办法。4年来，学院按时发放助学金，生活困难补助到位；学校为哈萨克族、藏族、壮族等少数民族学生举办节日庆祝活动，组织其他少数民族学生参加；中秋节，学院为少数民族学生发放月饼，体现了民族融合的良好氛围。凡是受访学生都激动地说："感谢党和政府，感谢川大，川大在各方面为我们做得太多，满足了我们的需求，帮助我们解决了经济困难，使我们得以安心学习、愉快生活。"一位哈萨克族的女生说："除了感恩还是感恩，感谢川大老师的教育培养，毕业后，我会回到新疆工作，宣传民族大团结，与破坏民族团结的势力作斗争。好好工作，报答党和政府的培养。"

（二）辅导员多角度、全方位教育、关爱，师生互敬互爱

历史文化学院2014级学生的辅导员陈艺老师，4年来恪守高校辅导员职责，做着细致的思想工作。陈艺老师对每个学生的情况了如指掌，针对不同民族学生的个性，为他们解心结，释困惑。一位瑶族学生心理压力大，为考研焦虑。陈艺老师鼓励她，帮助她补习较弱科目。部分学生英语、数学挂科，陈老师深入课堂，主动联系任课老师，同任课老师详细讲述挂科学生的家庭情况、学习基础差等情况，争取到任课老师对这部分学生的辅导、帮助，提高了学生的学习成绩。在大家的共同努力下，大三、大四英语、数学挂科的只有三四人了。学生们非常感谢陈老师和任课老师，他们说："数学老师为我们进行一对一的辅导、帮助，晚上答疑到很晚才离开，太感动了。"陈老师在生活、择业就业等方面更是无微不至地关怀学生。由于家庭困难的学生较多，除了按政策及时发放补贴外，她还专程到民族食堂、学术社团为几位特困生找勤工助学岗位，解决了他们日常用品开支困难的问题。有学生不慎在寝室摔倒了，陈老师第一个到场，立即把学生送到医院，经过治疗，

学生很快康复出院。陈老师多次说："我不会让一个学生因经济困难辍学。"她深入细致、认真负责的工作作风和热爱学生、忠诚党的教育事业的品质，使学生爱戴她、信任她。学生说："特别感谢陈艺老师，她像大姐姐一样，关心爱护帮助我们，增强了我们的自信心。"师生共同努力，形成了团结向上、学习进取、互助互爱的优良班风。

（三）优良班风，催人奋进

在学院党委的领导下，陈艺老师带领学生将"团建活动"搞得生机勃勃、有声有色，促进了各民族学生的团结。他们彼此尊重、和谐相处、相互包容、平等友爱、互帮互学、共同进步。不少学生说："我们都尊重对方的习俗，很理解各民族的禁忌，大家相处得很好、很愉快。"一位哈萨克族的学生，刚进校时她讲的是本民族的语言，不仅听课难，与同学交流也较困难，她说："汉语对我来说也很难，是同寝室的汉族室友，一字一句教我。现在我的普通话考级拿到了证书，普通话讲得很流畅了。"她还说："感谢指导老师一个字一个字地修改我的论文，帮助我制作 ppt，还让我上讲台。""感谢老师，感谢同学！"有的学生说："我都忘记了自己是少数民族了，我与汉族同学在很多方面都没有距离了，与汉族兄弟姐妹并无多大区别。"历史文化学院 2014 级各班级已形成少数民族学生之间、少数民族与汉族同学之间大团结、大融合的班集体，为育人环境增光添彩。

（四）关工委主动作为，配合、关爱帮扶重实效，令学生感动

在整个调研活动中，我们始终保持主动作为、主动配合的高度责任感，发现问题，及时解决问题，给学生一个圆满的回答。第一次座谈会后，我们了解到旅游管理专业部分学生数学课学习十分困难，有畏难情绪。我们主动与历史文化学院的马轩老师联系，并提出建议：关工委几位老师到该班听课，与任课老师交流；让老师了解文科学生数学基础较差和听课吃力的情况，建议主讲老师安排助教开设辅导课，帮助学生掌握这门必修基础课。关工委老师听课后，及时将意见反馈给学院，并面对面指导学生改进学习的方法和应对考试的"战略战术"。进入大三后，学生的挂科情况有所缓解，但还有几位学生的英语、数学不及格，我们立即采取了一对一帮扶措施。我部几位老师主动联系外语学院老师，帮助维吾尔族、仡佬族、藏族学生提高外语成绩，顺利过关。在学生的考研、就业、择业问题上献计献策。在一次座谈会上，老师提到毕业证书和学位证书的问题时，学生们信心百倍地回答："没问题，我们一定会顺利毕业！"他们做到了。无论是在座谈会上，还是线上交流，学生们一致说道："谢谢各位爷爷、奶奶！感谢川大老师的教育、培养、关心和帮助！"由此看来，

我部紧紧围绕"立德树人"这一根本任务，主动作为，主动配合，在历史文化学院少数民族学生教育、培养、成长成才的工作方面，关爱帮扶工作收到了实效。

四、调研创新的体会

我部开展少数民族学生教育培养成长的调研活动，说明了在建设创新型、服务型、调研型、和谐型关工委方面又大大地前进了一步，并见证了这一批少数民族学生在党的民族政策的感召下，在学校党政领导、老师的教育培养下取得的成绩。我们感到无比欣慰，并收获了成就感，深深体会到：

1. 思想引领，指明方向，在树立正确的世界观、人生观、价值观方面下功夫。

从调研得知，这批少数民族学生大多数都来自偏远的经济不发达的地区，相对汉族学生而言，他们的成长经历单一，进入大学后，心理落差大，当学习遇到困难，与家人产生矛盾时，他们会感到迷茫、困惑。4 年来，我们以习近平新时代中国特色社会主义思想为指导，坚持不懈地从培育和弘扬社会主义核心价值观教育学生，提高他们对树立正确"三观"重要性的认识。事实证明，他们努力上进、思想进步、刻苦学习、顺利完成学业，为社会主义建设作出贡献打下了坚实基础。原旅游 1 班班长给我部老师的来信说："谢谢你一直关心着我和 2014 级少数民族毕业生的情况，我目前工作顺利，工作之余也会考虑其他更好的机会，往后也准备在职读 MBA 以提升自己。工作后最大的感受是自身能力的不断提高很重要，包含工作技能以及情商的成长。我工作属于勤奋型，累点没关系，只希望可以实现自己的梦想！"少数民族学生卢林明即将获得硕士学位，走上工作岗位。他们中的佼佼者在新时代中大有作为，这是我们四川大学的骄傲。

2. 政策落实、制度保障，在构建教育、关爱、帮扶机制上下功夫。

调研发现，这批少数民族学生除学习压力较大外，心理健康也欠佳。他们在本民族学生中应该是出色的，但进入川大这所名校后，意识到各方面不如别人，加之较强的自尊、个性，使他们的心理落差加大。学院党政领导贯彻落实中央民族政策，严格财务制度，完善奖励制度、学生管理制度及职场培训制度，保证了少数民族学生教育公平，提高了他们的学习能力和职场竞争能力，形成了民族和谐相处的集体。我们认为充分发挥团队精神的引领作用十分重要。党政工团、关工委多管齐下，做到坚持党对学生工作的绝对领导，提高行政执行力，依靠工会资助，共青团做好团结教育青年的工作，关工委主动作为、主动配合，构成卓有成效的教育、培养、关心、帮扶的机制，确保学生健康成长。

3. 开展团日活动、主题班会，传承校园文化，发挥育人功能。

调研得知，这批学生还有一个特点，他们待人热情、性格开朗，非常希望同其他民族学生交流，他们说："座谈会也请汉族同学参加，节日庆祝活动，除了传统佳节外，少数民族的节日庆祝活动面还能扩大点。"可见，这批学生喜欢各种生动活泼、有利身心健康的校园文化活动。开展团日活动、主题班会、法定节日及传统佳节等活动，以启迪、感化学生的思想行为，养成良好的道德品质和文明作风。利用法定节日、传统佳节等活动，对学生进行爱国主义教育，激发爱国热情，增进民族团结，充分发挥校园文化的育人功能，促进学生健康成长、全面发展。

五、结束语

在历史文化学院党委的领导和支持下，在陈艺老师的帮助下，我部较好地完成了课题调研任务，对少数民族学生教育、培养、关爱、管理模式、成效作了探索，为今后进一步做好这批学生的教育工作提供了依据。我们将继续调研该课题新的问题，诸如构建专门负责管理少数民族学生的机构、师资保障、制度完善等，为提高少数民族科学文化素质，维护民族团结，使少数民族学生成为担当民族复兴大任的时代新人而尽微薄之力。

（执笔人：赵雪琴，四川大学关工委素质教育活动指导部副部长）

充分发挥"五老"优势，
推进关工委工作深入开展

马绍琼

习近平总书记在治国理政实践中，高度重视教育在建设中国特色社会主义事业中的地位和作用。十八大以来，习近平总书记对教育工作作出了很多重要指示，发表了一系列重要讲话，深刻论述了新时期我国教育的重大理论问题和实践问题。

习近平总书记明确指出，教育的任务就是立德树人，培养造就中国特色社会主义事业建设者和接班人。立德树人就是要坚持以人为本、德育为先，培育和践行社会主义核心价值观，引导学生打好人生的基础；还指出，十年树木，百年树人，祖国的未来属于下一代，青年兴则国家兴，青年强则国家强。他要求全国上下一起联动做好关心下一代工作。他希望全国关工委的同志们坚持服务青少年的正确方向，着力加强青少年思想道德建设，引导青少年树立和践行社会主义核心价值观，支持和帮助青少年成长成才，团结教育广大青少年听党话、跟党走。

习近平总书记说，广大老干部、老战士、老专家、老教师、老模范等离退休老同志是党和人民的宝贵财富。他要求在推动关心下一代事业发展的时候要尊重"五老"，重视发挥"五老"作用。我们作为在离退休战线工作的同志要响应习近平总书记的号召，积极发挥"五老"作用，用红色资源教育引导青年学生，传承红色基因，继承革命传统，努力成长成才。

四川大学红色革命历史源远流长，是恽代英、杨闇公、江竹筠等多位革命烈士学习和工作过的地方。四川大学红色基因突出体现在党领导的进步学生运动上面。民主革命时期四川的进步学生运动集中在抗战末期到解放战争末期这段时间，而四川大学在成都地区起领导作用。当时学生运动的公开领导是进步学者李相符（时任四川大学农学院林学系教授，20世纪20年代末期加入中共的老党员，新中国成立后任林业部副部长）、彭迪先（著名马克思主义经济学家，川大教授，民盟领导人，20 世纪 50 年代四川大学校长）。在党的领导下和李相符、彭迪先等进步教授的努力下，川大进步师生创造了国统区学生运动的诸多奇迹，震动了国民党反动派的统治，有力地配合了人民解放军解放全国的军事行动。特别是 1947 年"反饥饿、反内战、反迫害"运动和 1948 年"四九"运动，川大进步学生的表现可歌可泣，至今都为成都老市民所称道。当时的积极参与者有黄桂芳（地下党员，50 年代任川大校团委书记）、游训天（地下党员，新中国成立后长期担任川大工会主席）、饶用虞（地下党员，80 年代长期担任四川大学党委书记）等。这些参与者中还有一位毛英才烈士。毛英才烈士的相关档案在四川大学档案馆里有比较齐全的收藏。我们常请当年参加过进步学生运动的老同志以及毛英才烈士的亲朋与同学们座谈。他们讲述的亲身经历，以及毛英才烈士的事迹深深地打动了同学们，起到了很好的教育效果。学校顺应时代和人民的愿望修建了"江姐纪念馆"。我们积极协助学校完成这一红色教育壮举。2021 年我们积极协助学校有关部门和学院排演了舞台剧《江姐颂》和《江姐在川大》。

我们除了挖掘四川大学自身的红色文化资源外，也非常重视新中国成立后汇聚到四川大学的红色资源的开发。离退休工作处直接服务的离休老同志中有一个红色社团——新四军研究会川大分会。我们长期协助这个平台举办有纪念意义的活动，如庆祝新中国成立 70 周年、纪念抗战胜利 70 周年、纪念抗美援朝 70 周年等活动。在活动中，老同志们弘扬红色文化，是生动的爱国主义教材，使与会同学们受到爱党爱国的教育，对他们确立正确世界观有着积极作用。

我们四川大学的离休老同志中还有一个特殊的群体——前西南服务团成员。西南服务团是刘邓二野大军在进军解放西南的前夕，由征召的来自上海、南京等地大中学生所组成的干部部队。组建西南服务团的目的是为解放、接管和建设西南（云、贵、川、藏）服务。西南服务团到西南后的历程证明了西南服务团的同志们为西南的解放和建设作出了巨大贡献。西南服务团的一部分同志因当时社会主义建设需要留在四川大学继续工作。这些留在四川大学工作的同志为四川大学的教学、科研、管理作出了毕生贡献。比如，考古界翘楚林向教授，在教学和管理上都作出很大成绩的双肩挑干部陈贤华教授，特别热爱三尺讲台的优秀教师胡稼教授，川大人口研究所前领导田雁同志，离休以后仍然继续从事关心下一代工作。这些来自西南服务团的老同志普遍对关心下一代工作很热心，积极参与各项活动。他们用自己在参加革命的过程中不断改造自我主观世界、确立正确世界观的亲身经历启发年轻一代大学生要听党的话，做无产阶级革命事业的接班人，做中国特色社会主义的合格建设者。他们参加革命前都是大城市的知识青年，与现在大学生的经历类似，所以他们与现在大学生的心理距离近，其现身说法易为大学生们接受。因此，有他们的加入，活动进行得有声有色，效果非常好，同学们普遍反映获益良多。这也是我们关心下一代工作中的一个亮点。我们在关心下一代工作中的重要特点就是把四川大学拥有的宝贵的红色资源和不断汇聚到四川大学的新的红色资源融汇起来，做好关工委工作。

当前全国人民正在深入学习贯彻党的十九届六中全会精神，以进一步增强"四个意识"，更深刻地领会习近平新时代中国特色社会主义思想，勇担历史责任，推进中国的和平崛起。中国崛起的关键在未来，未来的关键在人才，所以关心下一代工作就肩负着历史的使命。我们作为关心下一代工作战线的同志要有使命感，要继续认真学习和贯彻习近平关心下一代工作的思想。在关心下一代工作中要进一步依托信息化建设，挖掘四川大学自身及相关的红色文化资源，并利用好新媒体，整合四川大学丰富的"五老"资源，拓展工作平台和方式，开展各种活动，把红色文化资源变成丝丝入扣的"活教材"落到实处，教育和启迪广大同学增强政治觉悟和爱国情怀，努力成长为中国特色社会主义建设者和接班人。总之，我们要在四川大学党委的领导下，脚踏实地做好我校关工委工作，兢兢业业推进关心下一代事业，为全校营造充满红色主旋律的教育环境作出贡献！

（马绍琼，四川大学离退休工作处副处长）

老有所为，聚力融合，助力新时代青少年成长成才

焦婧宇 刘 欣 周 萌

纪念中国关心下一代工作委员会成立 30 周年暨全国关心下一代工作表彰大会 2020 年 11 月 17 日至 18 日在北京召开，习近平总书记指出：中国关工委成立 30 年来，特别是党的十八大以来，团结带领广大老干部、老战士、老专家、老教师、老模范等离退休老同志，不忘初心、牢记使命，为促进青少年健康成长发挥了重要作用。四川大学关心下一代工作委员会成立至今，在学校党委领导下，校内各二级关工委及相关部门、单位、学院联动，以学校老教授、老专家、老教师、老干部等离退休老同志为主体，广泛吸纳在职同志和志愿者参加，同时发挥学校多专业、多部门、多学科优势，开展一系列关心下一代工作。

随着人口老龄化问题加剧，社区治理现代化不断深入，如何建立共建共治共享的社会治理模式成为重要的课题。四川大学关工委社区教育活动指导部将关工委工作与社区治理相结合，不仅能实现"老有所为"，还能探索和创新关心下一代工作在社区教育领域的路径，为我国社区治理提供多样化的补充，搭建起社区教育渠道。一方面，发挥"五老"优势，参与基层社区治理；另一方面，校地联动，形成关心下一代工作合力，为高校青年学子搭建了参与社会的实践平台，助力新时代青年成长成才。

一、老有所为，紧密结合社区资源，搭建参与基层社区治理平台

（一）发挥"五老"优势，助力社区治理

高校离退休的"五老"有着丰富的知识和阅历，对社会治理体系有比较全面和长远的规划和理解。他们作为所在小区和所属社区中的本土精英，具有强大的号召力，能带领和动员身边人关注小区和社区公共事务，参与社区治理工作，如小区自治管理工作、公共事务监督工作等；他们发挥自身优势，参与宣传和开展形式多样的社区文化活动，组建各类居民小组，如老年合唱队、老年

舞蹈队、诗歌兴趣班等；他们也是广大居民群众与基层政府的桥梁，更理解社会政策，了解居民需求，能及时化解矛盾，促进和谐，成为社区和谐治理的有力助手，为我国国家治理现代化体系奠定基础。

（二）深入社区，助力青少年健康成长

从高校离退休的"五老"长期在教育系统工作，有丰富的教育经验和与青少年沟通的技巧，基层政府也经常邀请他们参加社区各类青少年课外或志愿者活动。除此之外，老同志也主动深入社区周围的幼儿园、小学等，开展各类主题宣讲活动，讲故事、讲历史、讲自己的亲身经历和感受，开展思想道德教育、公民意识教育等，将立德树人贯穿关心下一代工作；从实践上，为青少年提供专业支持和指导，利用自己的专业背景和知识，拓宽青少年的眼界，助力他们健康成长，形成家庭教育、学校教育和社区教育的完整体，助力青少年健康成长。

二、校地联动，形成关心下一代工作合力，助力新时代青年成长成才

四川大学积极与地方政府形成了资源共享、事务共办、共驻共建的工作机制。在此基础上，关心下一代工作过程中，立足社区建设的需求，学校多部门联动，与地方政府搭建社区教育平台，并针对青年学子的特点，开展有特色的社区活动，增强学生社会责任感，发挥学生专业优势，拓宽社会实践路径，助力新时代青年成长成才。

（一）校地联动，搭建社区教育平台

高校与地方政府合力推进社区教育既是高校的一种社会责任，也是高校培育大学生社会责任感和社会实践与创新能力的重要方法。在四川大学关工委的指导下，社区教育活动指导部及时掌握学校和社区的资源并积极进行整合，挖掘社区建设的需求，引导学生设计并参与丰富多样的社区志愿服务活动，如义诊、法律宣传、减灾宣传、公民意识宣传、社区文化建设等，使四川大学关工委社区教育工作形成特有资源网络，并将老少共话融汇于活动中，为青年学生与退休老干部、老专家、老教师搭建互动与交流的平台，为关工委开展不同类型的青年学生社区教育活动提供了重要保障。

（二）引导青年学生参与社区治理，彰显青年学子担当

在社区教育工作中，社区教育活动指导部把思想教育与实践活动有机结合起来，创造并优化健康成长成才环境，坚持立德树人，发掘与青年学生优势匹配的社区需求，引导和培养青年学生有意识地策划并主动参与社区文化建设、社区自治管理、社区安全建设等与社区发展与建设息息相关的社区教

育活动，调动学生自主能动性、创造性开展志愿服务。通过社区活动实践，学生达到了锻炼自我、提升自我的目的，既在实践中检验了自己的专业素质水平，也有更多的机会了解社会、参与社会，提高社会责任感，彰显青年学子的时代担当。

（焦婧宇，四川大学社区建设办公室社区建设指导科副科长；刘欣，四川大学社区建设办公室社区综合科副科长；周萌，四川大学社区建设办公室社区建设指导科科长）

大学生心理健康必修课的教学实践探索与研究

——四川大学心理健康教育 10 年课程建设历程与思考

王英梅　格桑泽仁　冯佳　杨万贵

近年来，学生心理健康问题越来越受到广泛重视，党和国家颁布各项政策，要求从心理疏导拓展到心理健康教育和服务。十九大报告明确提出了"加强社会心理服务体系建设"。2011 年以来，教育部先后颁发了《普通高等学校学生心理健康教育工作基本建设标准（试行）》等多个指导性文件，强调了"大学生心理健康教育"和"大学生心理健康教育课堂教学实践"的重要性。

大学生心理健康教育工作是贯彻学校人才培养思路，培育全面发展高素质创新人才，维护学校和谐稳定的重要基础性工作。心理健康教育中心自成立以来，以"创建一流高校心理健康教育工作，为学生心理健康提供优质高效的服务"为奋斗目标，逐步形成必修课和选修课相结合的课程体系，在学生中大力普及心理健康知识，从而为学生的心理健康提供了保障和支持。在十年来进行课程建设的过程中，为了贴合当代大学生的心理需求，更好地开展大学生心理健康教育工作，四川大学进行了积极的探索和实践。

一、课程体系建设

课程教学能帮助大学生更好地了解自己，懂得自己对他人、对社会的责任，把个人发展融入社会体系，从而让学生树立远大目标，保持对知识的好奇心和探索力，培养可持续发展的思维和判断能力，提高处理情绪和应对挫折的能力。为此，应在课程体系的建设上进行精心的设计。

（一）明确教学目标

作为一门公共必修课程，"大学生心理健康"在知识讲授的基础上，更加注重体验式活动，学生能在参与活动的过程中明白心理健康的标准、意义，提高人际沟通、自我调节等社会适应的能力，学会运用心理健康知识来提高心理素质、促进自身全面发展。

在目标分层上，主要涉及知识层面、技能层面与自我认知层面。知识层面是吸收营养的过程，技能层面属于体验或消化的过程，自我认知层面是接纳自己，探索适合自己的生活模式、学习模式与成长模式的过程。

（二）制定课程实施相关文件制度

"大学生心理健康"必修课涉及学校发展和人才培养规划，得到了学校领导的大力支持和关工委心理健康教育及社团活动指导部（青年教师培养）、教务（教学管理）、人事（课酬发放）和学工系统（教学实施）的协调配合。以学校主管校领导牵头，由教务、心理健康中心、学工部门、人事共同协调制定课程实施办法和教学大纲，明确课程性质、教学内容、实施过程等，从而使该课程体系更加合理与规范化。

（三）确定教学内容

按照国家指导意见，心理健康必修课为 2 学分 32~36 课时。根据我校实际情况，我们将课程设置为理论与实践两个模块，理论模块主要是 16 个学时的课堂教学，实践模块包括慕课（MOOC）网络学习、入学教育的心理健康教育讲座、心理健康数据采集、班级心理健康教育班会、"5·25"大学生心理健康月、团体心理辅导等心理健康教育宣传、实践活动等。

理论教学的内容既有和个人成长密切相关的"自我""情绪""生命教育"章节，也有和在校生活紧密联系的"学习""沟通""恋爱"章节，为了让学生在面对突发事件时可以更科学、更有效地应对，还专门设计了"危机干预"和"急救"章节。教学中结合学生实际需求，分析难点，对情绪管理、恋爱、人际交往、挫折应对、生命教育等专题进行重点讲授。

（四）组织实施教学

教务处和心理健康教育中心根据全校课程安排以及心理健康任课教师情况统筹排课，优先安排各学院心理工作联系的思政干部讲授所负责学院的课程，以便于沟通协调以及后续工作的开展。

在教学中，充分利用多媒体教学工具，如大学生慕课网、爱课堂、学习通等，逐渐完善并形成了线上线下相结合的方式。在教学内容的安排上，具有一定应用性与实际性，以学生熟悉的案例导入，融入生活，关注朋辈鼓励和分享，做到既有专业知识，又有实际体验。同时，利用视频观看、案例分析、游戏分享、现场参与等形式，将学生分成小组进行讨论和分享。讲授与互动结合的课堂教学深受学生喜欢，学生既对自己喜欢或感兴趣的主题进行了探索，又利用课堂机会进行了自我展示，还结合一些课外活动比赛，做了一些探索性的准备工作，比如参加微电影赏析赛、心理情景剧大赛、心理健康知识比赛等。

二、教师团队建设

为高质量完成教学任务，组建了专兼职结合的授课教师团队，专职教师是心理健康教育中心的教师，兼职教师主要来自学生工作队伍中既了解学生特点，又有较强的教学能力、课堂教学效果好的骨干教师，由专职教师为骨干，专兼结合形成多个教学研讨小组。采用自编的统一教材，统一制定课程教学课件，定期开展教学观摩、教学研讨活动，确保不断提升教学质量，力求让学生真正通过心理教育课获得知识的输入，获得自身心理素质的提高，也获得技能的输出，善于给别人以心理关怀。

十年来，四川大学关工委心理健康教育及社团活动指导部老师对心理健康教学团队持续给予了关心和指导，从最初的课程建设、教学条件保障、年轻教师选拔培养、学生课外活动实践、学生社团培训等开始，都积极参与，经常深入课堂认真细致地研讨，并及时给予指导和帮助。在学校关工委心理健康教育及社团活动指导部和教学督导组专家的关心和支持下，从教师选拔、培训、集体备课到试讲，严格完成教学团队每一个教师的教学质量把控，并将学生评教、督导评价、教师自我评价相结合。特别重视学生评教结果和关工委心理健康教育及社团活动指导部、督导委专家听课反馈，及时将学生评教结果反馈给各位老师，并定期邀请关工委心理健康教育及社团活动指导部、督导委专家和任课教师进行座谈研讨，这对于把握课程重点及难点，提升教学质量起到了很好的帮助作用。得益于这些帮助，也得益于关工委心理健康教育及社团活动指导部老师的热情，心理健康专兼职教师团队健康、持续地发展壮大，能力得到提升。

三、特色与亮点

（一）着力发挥心理健康教育必修课的龙头作用，打造一个核心课程

心理健康教育中心在教务处、学生工作部、研究生工作部、校团委和学生工作指导委员会等相关部门的关心和支持下，确定并保障课程性质、授课方式和教师队伍建设，响应高校发挥第二课堂灵活性、实用性、补充性的号召，积极建设大学生慕课等网络课堂，并结合大学生心理健康宣传实践活动，将线上线下相结合、第一课堂和第二课堂紧密结合。如今，大学生心理健康教育作为大一新生全覆盖的必修课已经在四川大学开设了10年。

心理健康教育中心深入研讨学生的实际需求，进行了教学大纲和教学内容

的课程建设的不断改革创新和完善。大学生心理健康教育必修课程突出的是对大一新生的适应指导作用，因此，在设定教学大纲和教学内容时，紧紧围绕"适应"这一中心，选择切合学生实际生活的主题，如学业适应、健全人格、人际交往、亲密关系、情绪管理、生涯规划、生命教育等；同时，为激发学生对心理健康教育的关注和兴趣，采取灵活多样的授课方式，如在授课中加入相关音像短片播放，将学生分为不同的小组进行集体讨论，并注意及时关注学生的需求和反馈，进行授课内容的调整。

（二）针对不同群体提供三个维度的心理健康教育选修课程体系，形成心理辅导全覆盖的实践体系

以学生培养目标为第一要素。适应新时代背景下综合型创新型人才培养的目标，作为四川大学首批通识核心课程之一，重点打磨一门通识选修课"内在宇宙——探索心灵的奥秘"，以此拓宽学生的视野，启迪学生的创新思维，这门课的授课老师和课程内容都深受学生欢迎。

以兴趣为基础。全面推进心理健康全校公共选修课建设。在整合全校心理教育资源的基础上，开出菜单式选修课程，如"人际交往心理学""积极心理学""团体心理学""学习心理学"和"得觉智慧课"，逐渐形成了心理健康教育选修课群。

以发展为导向。形成"学校为主导，学院为主体"的团体心理辅导实践体系。把"关注学生发展性需求，解决学生发展性问题"作为团体心理辅导的主要导向，不断探索团体心理辅导的主题和模式，在学校心理健康教育中心的指导下，逐渐推行学院二级心理辅导站的建设，逐步形成了"以发展性心理问题为基础，以解决共性心理问题为特色，以学院学生工作为资源"团体辅导在院级二级心理辅导站实施的实践体系。

四、成效研究

为了配合教学课程质量的提升，把教学与研究相结合，心理课老师积极参与各项教改项目研究。为了更加贴合当代大学生的心理需求，更好地进行大学生心理健康教育，进行了积极的研究和探索，总结了近十年来从事心理健康教育教学的经验以及大学生心理咨询和辅导的心得，同时在学生中进行广泛调研，选取学生最为关注的 8 个方面设计教材，以专题的形式进行课堂教学。2016 年 8 月正式出版的四川大学精品立项教材《大学生心理健康》，于 2016 年秋季学期正式投入课堂教学，经过教学实践学生课堂评价，反响良好。由格桑泽仁教授主持的四川大学新世纪高等教育教学改革工程（第 7 期）研究项目

"大学生心理健康课程质量监督与把控"结题，等级为"良好"。由王英梅老师主持的研究项目"关注学生实际的大学生心理健康教育"曾获得 2016 年四川大学教学成果奖二等奖。

　　教学所取得的成效，包括教师教的过程和学生学的过程。学生通过学习心理健康教育必修课所获得的心理素质改善结果也是我们考量教学成效的重要因素。为此我们设置专门的教学课题研究和问卷调研，以 SCL−90、自尊和总体幸福感总分的客观评价和主观评价相结合。研究发现大学生参加心理健康课程学习后，SCL−90 焦虑、恐怖、偏执这三项因子得分呈显著下降，总体幸福感水平明显升高。大学生心理健康教育课对学生人际关系、自信、坚韧、抗挫等人格因素有显著改善，课程有助于提升大学生心理健康水平。

　　学生对教学效果的评价主要集中在以下几个方面：（1）老师亲切随和，讲课风趣幽默；（2）授课内容充实，形式新颖，清晰易懂，深受欢迎；（3）授课中常应用多种相关例证、提出引发思考的问题，组织课堂讨论，把学生带入自发学习状态；（4）尊重并且公平公正对待每一个学生在课堂上的发言；（5）多媒体教学内容制作优秀，老师还在课堂外通过多种方式对学生进行心理辅导。

五、面临的挑战和问题

（一）部分学生在课堂上的参与度不高

　　随着智能手机的普及，课堂上的"低头族"日渐增多，加之部分学生对课程的认识存在偏差，造成他们在课堂上的参与度不高。

（二）心理健康教育课程亟待覆盖研究生群体

　　随着我国研究生录取和培训数量的急剧增加，学校里研究生与本科生的数量比例逐渐持平。研究生面临的学业冲突、人际冲突、家庭问题、经济和就业压力也呈上升趋势，因此亟须在研究生群体普及心理健康教育。这需要在研究生的教学设置中统一思考。

（三）教师团队综合素质有待提高

　　兼职教师多是学生思政工作教师经过选拔和培训后任职的，他们多年从事学生工作，对学生的思想变化、心理脉络以及学习生活等方面较为了解，也有一定的理论基础，但存在课堂生动有趣却理论分析不够深刻的短板；专职青年教师多是心理学相关专业毕业留任的博士，虽然有深厚的理论素养，但将理论知识与学生学习生活相结合的实践经验不足，亦存在课程深刻有余却生动不足的短板。两者都需要进一步改进教学方法，提高教学水平。

（四）课程评价体系还需进一步科学化

心理健康课程不同于数学、英语等课程，前者强调学生的课堂体验，以及对相关知识的应用能力，后者则关注对知识本身的理解和把握。因此，在考核方法上，前者应与后者有所区别，要符合课程的特点。从考核形式来看，心理健康必修课程的考核形式为"平时成绩＋期末成绩"的传统模式，并以课后作业和开卷考试为主要考核方法。然而，这种考核方式并不能全面准确地反映大学生行为态度的变化、技能迁移等能力。

随着现代教育技术的应用，借助信息化手段，以心理健康必修课程为龙头，不能单单依靠出勤率、考试成绩来评价课程的效果，心理健康课程的实施与效果评价必须统一起来。因此，要借助于学生心理健康状况的动态变化，在未来的教育实践中进一步总结经验，建立一套客观、科学、公正的评价方式，为心理健康课程体系建立长效反馈机制，形成更加科学的评价体系。

（王英梅，四川大学心理健康中心主任；格桑泽仁，四川大学心理健康教育中心副主任；冯佳，四川大学心理健康教育中心讲师；杨万贵，四川大学关工委心理健康教育及社团活动指导部部长）

二级关工委建设

着重发挥二级关工委作用
努力谱写新时代关工委新篇章

四川大学关工委

　　四川大学关工委于 1991 年 11 月成立，至今已经走过 30 年的历程。30 年来，在学校党委领导和上级关工委的关怀指导下，我们在努力发挥校关工委及其工作团队作用的同时，注重发挥二级关工委作用和"五老"优势，不断拓宽工作思路，创新工作品牌，关工委工作取得了较好的成绩。校关工委先后多次被中国关工委、中央精神文明建设指导委员会办公室、教育部关工委、四川省关工委、四川省教育厅关工委和学校党政评为关工委工作先进集体。

一、抓好二级关工委组织建设，让关工委工作充满生机和活力

　　关工委工作的基础在基层。长期以来，学校高度重视校院两级关工委建设，建立健全关工委工作的领导体制和工作机制。一是建立健全二级关工委组织机构。学校从 2000 年并校后建立二级关工委，随着校院党政班子的调整换届，学院二级关工委进行了相应的补充调整，并在充实调整中特别注重二级关工委主任由学院党政领导担任，明确规定关工委副主任中至少要有一位退休老同志，并注重吸收更多的老同志参与关工委工作。目前二级关工委机构健全完善，现有 40 个二级关工委，其中除 1 个刚调整新成立学院未建立关工委外，全校有 31 个学科型学院加哲学系宗教所关工委，有二级关工委成员 472 人，参与关工委工作队伍有 2400 多人。二是加强骨干培训和分区调研，推动二级关工委工作的开展。二级关工委每一届补充调整后，学校关工委都要组织二级关工委骨干进行关工委工作的专题培训，各二级关工委每年年初、年末对关工委工作进行专题部署和总结，学校把关工委工作纳入年终目标考核内容。特别是近几年来，校关工委会同离退休工作处分区开展调研，对二级关工委开展工作情况、大学生思想状况以及学生党建工作情况进行专题调研，不断总结发现问题，及时加强对二级关工委工作的针对性指导。三是加强理论研究，为二级

关工委工作开展提供借鉴和指导。近几年来，校关工委先后多次承担教育部关工委专题理论研究，特别是 2014 年承担的教育部关工委重点课题"普通高校二级关工委工作长效机制研究"成果已收入《教育部关心下一代论文集萃》，为高校二级关工委工作的开展提供了很好的借鉴和参考。四是校院两级党委从人、财、物等方面给予大力支持，学校单列关工委工作预算经费，有的学院设立了关工委工作专项经费，每个学院配备了兼职关工委工作联络员。

二、坚持开展政治思想教育，引导青年学生成长成才

校院两级关工委特别是二级关工委，配合主渠道，遵循学生成长规律，积极开展对青年大学生的政治思想教育。一是始终坚持开展理想信念教育，促进青年学生树立奋发进取精神。校院两级关工委把坚定理想信念作为重要的政治任务，配合校内各基层党组织，把理想信念教育、"四史"教育、革命传统教育、入学教育等方面教育紧密结合起来，利用专题报告会，演讲比赛，座谈会，面对面交流，党课教育，专题学习，参观江姐纪念馆、邓小平故居、校史馆等多种形式，注重从新生进校时抓起，引导青年学生坚定理想信念，制定成长和学术生涯规划，进一步激发青年学生的奋发进取精神。二是利用重要传统节日、重大节庆日和纪念日开展主题实践活动，对青年大学生进行政治思想教育，以不同方式对青年学生进行中国特色社会主义和法制道德等方面教育，引导青年大学生爱党爱国爱校，永远听党话、跟党走。三是利用参加学生日常管理中的"百佳"学生个人及集体，"自强之星""助学筑梦铸人""助爱回家"主题征文，"明远启航——大学生能力提升计划实施总结展示活动"等评选活动，加强对青年学生进行教育，引导青年大学生增强自我管理能力。四是利用青年学生毕业这个契机，举办各种专题讲座、特殊党课、交流座谈等形式对青年毕业生进行择业观教育，引导青年学生在新征程中为党和国家建功立业。

三、以二级关工委为主体，推进关工委工作的创新发展

在开展关工委工作的过程中，始终以二级关工委为主体，充分发挥二级关工委工作的作用，不断推进关工委工作的创新发展。

一是在教育部关工委推荐开展的品牌活动中，推进关工委活动的开展。例如，二级关工委根据学生需求，组织"五老"开展专题报告、专题讲座等教育活动；校院两级党委先后特邀了 42 位老同志担任特邀党建组织员，协助学院党委切实加强对学生党建的指导，助力研究生党员做本科生党支部的党建工作，协助加强对学生党支部书记的培训，有的经常参加学生组织生活和学生党

支部活动，积极协助加强对入党积极分子的培养教育，做好发展学生新党员工作。据不完全统计，关工委老同志为发展对象上党课和作专题报告 600 多次，听讲人数达 13 万余人，与发展学生、新党员进行入党前谈话考察近 7000 人，进一步保证发展学生党员的质量和数量；各学院聘请老同志担任教学督导员，深入课堂听课，对青年教师实行"传、帮、带"，着重帮助青年教师提高师德师风、教学技能和教学质量。特别是 2018 年以来，连续四年开展的"读懂中国"活动中，30 个学科型学院关工委紧紧围绕每年主题，联系学院的特点和优势，组织青年学生与"五老"结对，以老同志的亲身经历和感悟，教育激发学生树立爱国情怀。全校各二级关工委组织访谈"五老"264 人，参与学生人数 21645 人，组织学生创作团队人数 859 人，撰写征文 267 篇，录制微视频 95 个、短视频 5 个。上报教育部关工委征文 20 篇，获得最佳征文 6 篇，优秀征文 6 篇；上报微视频 12 个，获得最佳视频 1 个，优秀视频 2 个。2019 年至 2021 年学校关工委连续获得优秀组织奖，有 7 个二级关工委荣获学校"读懂中国"活动优秀组织奖。

二是根据各自特点自创工作品牌。物理学院、化学工程学院、华西基础医学与法医学院、文学与新闻学院关工委会同校关工委素质教育活动指导部和教学与青年教师指导部，从 2013 年以来，选择 4 个学院 8 个班级，开展"跟班关爱学生成长"实践活动，现已跟完两届，启动了第三届，从新生进校开始直至大学四年结束，跟进关爱学生的全面发展和成长，特别注重对个别学习困难学生进行精准帮扶。化学工程学院安全工程班有一位来自新疆的学生，因多种原因挂科 5 科，通过关工委老同志耐心细致的重点帮扶，这位学生现已顺利毕业。"跟班关爱学生成长"实践项目 2017 年被教育部关工委评为优秀创新案例。华西公共卫生学院关工委会同校关工委党建工作指导部、素质教育活动指导部、思想政治教育指导部，从 2009 年至今连续 13 年举办 12 期中国特色社会主义理论学习班，利用周六、周日休息时间，组织青年学生党员和入党积极分子学习习近平新时代中国特色社会主义思想和党的路线、方针、政策。十多年来，有 982 名学生参加学习，写心得体会 2908 篇，老同志有 560 人次参加学习指导，帮助青年学生进一步坚定党的理想信念，树立国家情怀。该项目 2013 年被评为校园文化建设精品项目。从 1999 年至今每年一次，各二级关工委配合校关工委从老少边穷地区来校的困难学生中开展了"关心优秀学生奖学金"评选活动，通过评选活动让党的温暖激励学生自强不息，感恩成才。20 多年来有 1387 名学生获得关爱奖学金，奖金共计 199.1 万元。

我们在二级关工委建设方面虽然取得了一定成绩，但发展不平衡，如何动员更多老同志参与关工委工作的问题尚未根本解决，工作的深度和广度还不够。今后我们要进一步深入贯彻习近平总书记对关工委工作的重要指示精神，认真学习贯彻党的十九届六中全会精神，为实现第二个百年奋斗目标，培养第二个百年建设的生力军，继续做好关注、关爱、关心青年一代的工作，继续发光发热。

（执笔人：汪朝清，四川大学关工委办公室主任）

积极发挥关工委在立德树人中的重要作用

杨谨瑗　李天友　高　敏

四川大学化学工程学院关心下一代工作委员会（以下简称"关工委"）在学校关工委的指导和关怀下，在学院党政的大力支持下，认真学习贯彻习近平总书记对关心下一代工作重要指示精神，不忘初心，牢记使命。根据"急党政所急，想青少年所需，尽关工委所能"的要求，按照"二十四字"工作方针，紧紧围绕立德树人根本任务，以离退休老同志为主体，以理想信念教育为核心，打造了"有政治引领，有过硬队伍，有独特品牌"工作新模式，取得了突出成效、可喜成绩。

一、落实党委主体责任，加强政治引领

（一）高度重视，充分认识"五老"积极作用

"五老"是高等教育人才培养的重要力量，他们具有丰富的人生阅历、坚定的政治信念、扎实的专业知识等重要优势和专长。他们身体健康、精力充沛，对奋斗了几十年的教育事业充满了感情，乐于将多年积累的经验投入到关心下一代工作之中，继续发光发热。他们以培养教育青少年健康成长为己任，怀着对党的无限忠诚，怀着对教育事业的满腔热情，怀着对青年学生的真心关爱，在加强青年学生理想信念教育、培养社会主义建设者和接班人方面发挥着重要的积极作用。

（二）落实党委领导责任

化学工程学院党委统一思想，深刻认识"五老"的重要作用和做好新时代关工委工作的重要性和必要性，加强政治引领、落实党委主体责任，不断增强做好关工委工作的使命感和责任感。积极领导、支持关工委"围绕中心、配合补充，主动作为、协同创新，立足基层、注意实效"的工作方针，切实加强基层工作，不断创新工作方式方法。

（三）健全组织机构，完善人员配置

学院成立二级关工委由学院主管离退休工作的党委副书记任主任，主管学生工作的党委副书记、主管教学工作的副院长、离退休老同志任副主任，团委书记、学生科科长、党政办主任、综合科科长和多名离退休老同志任委员。健全组织机构，完善人员配置，为工作的开展提供了坚实的组织保证。

（四）强化条件保障

学院党委从政治上、思想上、生活上关心老同志，为老同志发挥作用创造机会、搭建平台提供条件。在工作经费、服务成效上抓落实，保障了关工委成员中离退休老同志的队伍稳定。先后有近百位老同志参与关工委及教学督导等工作，常年活跃在一线达到十余人，保证了日常工作的顺利开展。

二、打造品牌活动、突显立德树人

（一）发挥老党员积极作用，开展党建"兼职组织员"工作

青年学生是祖国未来的建设者和接班人，党中央高度重视在青年学生特别是高校学生中发展党员，把它作为当前高校党的组织建设的一项重要工作。离退休老同志是党的宝贵财富，他们受党教育多年，有着丰富的党建工作经验，是高校学生思想政治教育和党建工作的有力补充。近20年，学院邀请了52位离退休老同志担任学生党支部兼职组织员，在推进学生党建工作、促进学生全面成长成才方面发挥了独特作用。

关工委老同志在兼职组织员的岗位上发挥余热，他们与大学生中的党员和入党积极分子有力互动，提高了学院党建工作的整体水平。在他们的关心和指导下，我院先后制定了《学生党员必须掌握的基本理论知识》《学生党员基本理论知识考试试题》《四川大学化工学院学生党员考核条例》《四川大学化工学院学生党支部考核表》等一系列知识手册和规章制度，加强了党建工作的规范化、科学化管理。

从2013年起，在学校关工委的指导下，校院两级关工委与学院学工组共同开展"优秀研究生担任本科生班级党建指导员"工作，同志们指导学生开展党建工作、讲党课，与学生党员交流思想，举办"毕业前的一堂特殊党课"等专题活动，取得了良好效果。

（二）聚焦学生成长，深入实施"跟班关爱学生成长"活动

2013年9月起，校院两级关工委在"精""准"两字上下功夫，相继在2013级制药工程2班和2017级安全工程班开展了"跟班关爱学生成长"教育实践活动。先后有梁明征、傅运清、夏代宽、郭明秀、李维俊、秦自明、万国

荣、谢茂浓、杨传云、张卫红、曾志源、赵雪琴、侯筑等20余位老同志为此倾注了大量心血。我们以培育践行社会主义核心价值观为工作导向，以切实解决大学生实际困惑困难为目的，以整个本科阶段为工作周期，在大学生发展的各个重要阶段给予他们帮助和关爱，得到了师生的广泛支持和认可，受到所关爱学生的欢迎。

关工委老师坚持每学期与学生开展交流座谈，开展了"辞旧迎新联欢会""老党员事迹交流会""纪念抗战胜利70周年演讲比赛""毕业联欢会""入学交流会""十九大学习交流会""专业学习茶话会"等主题活动近20场。多年来，校院两级关工委老同志通过面对面、电话、QQ、微信等方式，对学生开展思想辅导、学习指导、人生规划、困难帮扶等活动。在校院两级关工委的帮助和关爱下，2013级制药工程2班班风优良，连续两年被评为"四川大学优秀班级"，19名学生全部顺利毕业，5名学生光荣入党，5名学生获得保送攻读研究生。2017年，该项目获得"全国教育关工委优秀创新案例奖"（全国仅20项），并在全校推广实施。

（三）积极开展"读懂中国"活动，取得可喜成绩

2018年以来，教育部关工委为更好地学习贯彻十九大精神，落实立德树人根本任务，在高校大学生中推出了"读懂中国"活动。作为第一批试点单位，学院党委按照文件要求，把活动纳入学生思想政治工作体系，与爱国主义教育、人才培养体系有机结合。多次召开专题会，精心挑选"五老"访谈对象，组织青年学生与"五老"交流访谈，进行征文撰写和微视频录制。在活动实施过程中，充分发挥关工委老同志作用，梁明征、傅运清、夏代宽、黄文辉、李维俊、朱立嘉、罗光华、刘钟海、赵红卫、方为茂、闫康平、徐卡秋、付晓蓉、施光明等多位老同志不辞辛劳，全身心投入活动的策划、组织、实施全过程，为活动付出了大量心血，作出了重要贡献。

2018年，学院结合国家发展进程和学院学科特色，以王励生、钟本和、陈文梅、朱家骅四位我国现代磷化工产业领军人物为采访对象，全面展示改革开放以来磷化工科技创新带来的磷化工产业发展，在青年学子中产生了强烈共鸣，《立足基础，面向工业，服务社会》微视频获得了教育部优秀微视频奖、四川大学一等奖，以此为素材撰写的征文获得了四川大学二等奖。2019年"读懂中国"活动，学院以杰出教授钟本和的学术成就和立德树人事迹为主线，将钟老师的奋斗历程融入祖国发展的伟大事业，一个个生动的故事和亲身经历，让同学们看到了新中国成立70年普通科技工作者与共和国息息相关的感人故事。撰写的征文《风雨兼程六十载》获得教育部关工委最佳征文奖和四川

大学一等奖；以离休干部王创业老师为素材拍摄的微视频《平凡之路》获得四川大学三等奖，学院关工委获得四川大学"优秀组织奖"。2020年，我院以著名化工专家朱家骅教授事迹为代表，带领青年学子深入了解现代化工产业的发展历程，尤其是改革开放40年以来化工领域重大科研项目由小到大、由弱到强的奋斗历程。经过精心准备，撰写和录制的《打造绿色化工，促进全面小康》征文和微视频获四川大学"读懂中国"活动一等奖，被推荐上报教育部关工委参评。

（四）抓住新生入学重要节点，开展"九月关'新'"品牌活动

2011年以来，关工委坚持在各年级新生入学后，举行入学教育专题报告会和座谈会，与新生交流学习生活、指导发展规划。10年来，参加"九月关'新'"活动的校院两级关工委老同志接近140人次，受益学生近4000人。

经过多年的实践，我们充分感受到校院两级关工委在学生工作中的独特优势，这是一支宝贵的、不可替代的育人力量。我们将继续按照学校党委部署，深入学习贯彻习近平新时代中国特色社会主义思想、习近平总书记关于做好关心下一代工作的重要指示精神、教育部党组关于加强新时代全国教育系统关心下一代工作委员会工作的意见，充分发挥学院关工委积极作用，牢记立德树人的使命，真抓实干，开拓创新，不断把工作引向深入，取得新的成效。

（杨谨瑗，四川大学化学工程学院综合管理科科长；李天友，四川大学化学工程学院党委书记；高敏，四川大学化学工程学院党建管理科科长）

二级学院教学督导的育人模式探索与实践

木肖玉　冉　蓉

　　关心下一代工作委员会（简称关工委）在高校关心、培养和教育学生和青年教师的过程中发挥着重要作用，是高校育人工作中不可或缺的组织。教学督导成员多为校院两级关工委的骨干成员，在提高教学质量和人才培养质量方面发挥着重要作用。教学督导是高校教学质量监控体系中的重要组成部分，以提高教学质量为出发点和落脚点，兼具监督、评估、指导和咨询等职能。高校教育教学改革的不断深入，对教学督导工作也提出了更高的要求，高校迫切需要形成一支顺应新形势发展需要的高水平督导队伍，真正发挥教学督导的作用。在校院两级管理的推行下，二级学院作为高校教学的基本单位，其教学督导工作的有效开展是提高教学质量、培养合格人才的必要保证。

　　四川大学高分子科学与工程学院高度重视教学质量和人才培养质量，注重人才培养工作的组织体系建设。通过从学院退休专任教师中遴选责任心强、教学经验丰富、德高望重的老教师，学院成立了教学督导组，对学院本科教学秩序、教学工作状态和教学质量进行检查、监督、评估和指导。

一、学院教学督导的职能

　　学院教学督导组负责掌握和监控本学院全部课程教学计划的执行情况，以及全体教师的教学情况。教学督导组全程深入参与学院教学质量监控、教学工作总体情况评价和教师教学工作质量考核评价工作，对教学质量监控工作提出意见和建议，协助建立健全教学质量监控体系，参与学院教学奖励的评定。按照教学督导制度规定，通过听课评课对教师的教学工作状况与质量进行检查、评价与反馈；协助制定、修订教学质量监控方面的各种规范性制度和工作计划；参与起草教学质量监控方面实施性意见和有关文件；对教师教学业务能力的提高实施具体指导。具体职责包括但不限于：

　　1. 了解情况。了解、掌握学院师生执行教学规章制度的状况，并定期作出分析评价，反映本科教学状况。

2. 课程督导。直接参与到教学第一线，重点对专业核心课的教学过程、教学效果进行检查、督导。

3. 教风建设。对教师为人师表、教书育人、教学投入、教学态度、教学效果等在教学过程中的表现和效果等进行评价，着力帮助提高广大教师的荣誉感、使命感和责任感。

4. 研究教学内容与教学方法。注重推动学院教师重视对教学工作和教学方法的研究；重视对教学内容、方法、手段和课程体系的改革；重视在素质教育方面的创新意识和创新性的工作。

5. 青年教师培养。开展对青年教师的"听、评、帮"活动，采取措施促进提高青年教师的教学水平和效果，加速青年教师队伍的成长壮大。

6. 教学评价。针对学院教师的教学情况，在学生中进行深入调查、了解，对调查情况进行综合分析、研究，提出相应的评价结果。

7. 学风和考风建设。注重分析研究学生的学习状况，存在的问题和意见、建议，配合学院加强学风和考风的建设。

8. 经验总结与交流。注意发现教学中的先进典型，协助做好经验总结与交流推广。

9. 参谋和咨询。针对教育教改等方面提供咨询意见和建议，为学院教学工作决策提供依据。

二、学院教学督导的育人模式探索

（一）健全教学督导机制建设

为保证教学督导工作的有序、高效开展，调动教学督导成员的工作积极性，四川大学高分子科学与工程学院高度重视教学督导工作，结合学院的专业发展和学科建设需要，制定了规范的教学督导工作制度《高分子科学与工程学院教学管理督导工作条例（修订）》。

为规范学院教学管理，学院形成了一套科学、完备的教学工作制度，内容涵盖了岗位管理、教师资格、教学运行、课堂教学、理论教学、教学奖励和处罚等方面。教学督导要对学院教学管理工作制度进行监督，对其制度的落实情况进行全面检查，并提出修订意见和建议。

同时，学院设立了专门的本科教学督导组织经费，并建立了督导经费使用制度，保障教学督导工作的顺利开展。

（二）助力青年教师健康成长

新进校的青年教师一般学历高、专业能力强，但是教学经验不足。为保证教学质量，四川大学高分子科学与工程学院要求所有任课教师，在正式上课之前，必须进行听课和试讲，试讲合格后方可上讲台给本科生上课。青年教师授课起步阶段，督导组持续性跟踪听课、认真交流指导，青年教师根据每次督导组反馈的意见不断改进，督导组下次听课时再提出持续改进的措施，不断提升青年教师的教学能力。

为了促进青年教师教学能力的提升，学院还制订了一系列的提升计划。根据督导专家、院系领导和学生评教所提的意见和建议，学院积极组织、设计、开展多形式和多层次的教师教学发展活动，以全体教师为对象，以新入职教师和中青年教师为重点，搭建培训咨询服务平台，提供各种教学支持资源，促进教师重视教学、崇尚师德、更新教学理念、掌握先进的教育技术和教学技能，提高教学能力和水平。通过教学研讨会、教学交流会等多种渠道宣传与讨论，教师能将专业教学理念和培养目标贯彻到教学过程的各个环节中，并持续改进教学方法、考核方法等，达到提高培养目标的目的。学院还组建高水平的教学咨询专家队伍，开展对青年教师的"听、评、帮"活动，有针对性地通过听课、座谈、交流等措施促进教师个人教学发展，提高青年教师的教学水平和效果，加速青年教师队伍的成长壮大。

实践结果表明，学院教学督导组在青年教师的业务水平、思想觉悟、师德规范等方面的健康成长都起到了很好的"传、帮、带"作用。

（三）深入参与人才培养全过程

教学活动是教和学的双边活动，督导专家不仅要重视督教，更要重视督学。听课教学评价的时候不仅要看授课教师的授课情况，还要关注学生的学习效果。

教学督导组成员深入参与学院人才培养全过程，全年对课堂教学、实验教学、毕业论文等各项教学活动进行检查考核，注重学生学习效果的评价，并将检查结果及时反馈给学院，提出具体的整改意见，及时调整和矫正各类教学活动中出现的问题，提升学生学习能力，提高学院教学质量。

同时，为了更好地对教学效果进行评价，建立了科学合理的教学评价体系，结合平时调查、期中反馈、期末评价、督导组评价、学院领导评价、同行评价和学生评教有机结合的方式，注重日常的教学状态和教学质量监测与反馈机制，构建教学质量状态数据库。

（四）建言献策发挥智囊作用

督导组通过积极总结督导工作过程中发现的问题，提出改进意见和建议，每学期形成督导工作报告，为学院教育教学改革提供重要参考。同时，学院教学督导专家积极参加学院教学研讨会、专业认证、教学工作审核评估、学科评估等重要会议和工作，深入参与学院专业和学科建设，发挥参谋和智囊的作用。

三、结语

新形势下，随着"双一流"建设的不断推进，学校对高校教学督导工作提出更高的要求。二级学院要从推动学院专业和学科发展角度出发，加强学院教学督导工作，不断创新教学督导工作模式，加强督导队伍建设，健全督导工作机制，与时俱进，让教学督导为学院和专业教学质量、人才培养质量提升贡献更大的力量！

（木肖玉，四川大学高分子科学与工程学院本科教学、督导秘书；冉蓉，四川大学高分子科学与工程学院副院长）

实践感悟

工作感言

赓续三十年初心使命，谱写时代新篇章

曾学锋

光阴荏苒，岁月如梭。在教育部关工委成立 30 周年之际，我校关工委也走过了 30 年的光辉历程。我从学校党委副书记岗位退下来以后，一直担任校关工委常务副主任和副主任。30 年来，学校关工委在上级关工委的关怀指导和学校党委的领导下，紧紧围绕立德树人的根本任务，按照关工委工作的"二十四字"方针，充分发挥"五老"优势，不断拓宽工作思路，创新品牌特色，谱写了关心下一代的生动篇章，先后多次受到中国关工委、中央精神文明建设指导委员会办公室、教育部关工委、四川省关工委、四川省教育厅关工委和学校党政的表彰。

一是坚持以理想信念为核心，以培育和践行社会主义核心价值观为主线，培养青年学生成为有理想、有本领、有担当的时代新人。校院两级关工委配合主渠道，从新生入学抓起，利用课内课外、重大纪念庆祝日开展各种形式的教育活动，引导青年学生坚定理想信念，努力成为社会主义建设者和接班人。

二是以开展品牌活动为载体，推进关工委工作创新发展。校关工委积极组织开展教育部关工委推出的"10＋3"品牌活动。开展主题教育，紧扣学生的需求，有针对性地开展教育。特邀组织员，重点加强学生党建工作指导，加强对入党积极分子和发展对象的培养教育，做好发展学生党员工作。关工委老同志先后上党课和专题报告 600 多次，听讲人数达 13 万人次，每年与 7000 多名学生党员进行入党前的谈话考察。推动"青蓝工程"建设，注重加强对青年教师"传、帮、带"作用，加强师德师风建设，努力提高他们的教学水平和能力。连续四年开展的"读懂中国"活动，走访"五老"达 264 人，参与学生21645 人，主创团队 859 人，撰写征文 267 篇，拍摄微视频、短视频 100 个，学校连续多年获得优秀组织奖。同时，积极创新工作品牌特色，从 2013 年以来开展的"跟班关爱学生成长"活动，促进学生全面发展成长成才，该项目2017 年获评教育部关工委优秀创新案例；连续 13 年举办的共 12 期"习近平新时代中国特色社会主义思想学习班",已培训982名学生党员和发展对象,学生撰写的学习心得达2908篇,参与学习指导的老同志达560人次,该项目被评为校园文化精品项目;20世纪90年代,在贫困问题还未在社会上引起高度重视的情况下,校关工委与党委学生工作部面向老少边穷地区和革命老区学生,创立了校级"关心优秀学生奖学金",从1999年创立至今已经22年,有1387名学生获得关心奖学金,奖励金额达近200万元。

三是重视关工委自身建设,不断健全完善工作领导体制机制。在党委领导下关工委已经八次补充调整,领导班子坚强有力,组织机构健全,队伍较为稳定。现有校关工委成员53人,6个工作指导部,71名成员,40个二级关工委,472名二级关工委成员,参与队伍达2400多人,关工委已形成常态工作运行机制。

四是重视调查研究,不断提高工作水平和能力。特别近几年来,注重调查研究,针对需求,创新开展工作,学校先后多次承担教育部关工委专项课题研究,"普通高校二级关工委长效机制研究"成果已纳入《教育部关心下一代论文集集萃》,"高校关工委组织建设经验与启示研究"被评为一类课题,获得教育部关工委有关领导和专家的高度评价。

通过30年工作实践,我们深深体会到,坚持党对关工委工作领导,是做好高校关工委工作的根本保证;坚持立德树人根本任务,是关工委工作取得成效的目的所在;不断充实调整健全稳定的关工委"五老"队伍,是做好关工委工作的重要基础;不断健全完善关工委工作保障体制和工作机制,是加强关工委工作的根本途径;坚持创新发展,是关工委工作持续发展的强大动力源泉。

回眸30年,开启新征程,迈入新时代,我们一定要深入学习贯彻党的十九届六中全会精神和习近平总书记对关工委工作的重要指示精神,践行初心使命,贯彻落实好党中央、国务院、教育部党组文件精神,全面推进关工委工作新发展、新实践、新作为,谱写新时代关工委工作新篇章。

(曾学锋,四川大学关工委副主任)

倾情"关工"践初心

周荣丰

我们这代人生在旧社会，长在红旗下，是在新中国的怀抱里，受党的培养教育成长起来的。为回报党和国家培养教育之恩，我们牢记"全心全意为人民服务"的宗旨和"为共产主义奋斗终身"的誓言，青壮年时曾经敬业奉献，没有辜负党和国家的希望，退休后，我们忠诚教育，坚守初心，倾情关心下一代，退而未休，不辱使命。2021年我们有幸迎来了中国共产党成立100周年和教育部关工委成立30周年，倍感亲切和自豪。过去，我们在毛泽东思想指引下，做到了一生交给党安排，践行了入党时的誓言，今天，我们处在新时代、新阶段，在习近平新时代中国特色社会主义思想的指引下，我们仍将无条件地听党话、跟党走，倾情"关工"践初心。30年来，关心下一代的工作实践使我深深体会到关心下一代事关国家的未来、前途与命运，做好关心下一代工作，意在育人、贵在担当、难在坚持。

一、关心下一代重在教育、意在育人

关心下一代是个永恒的主题，自有人类以来，种族繁衍、生产发展、文明传承、社会进步都离不开老一辈人对下一代的关心、爱护、抚养、教育，其中教育是关键，育人是目的。在阶级社会里，不同阶级有不同的教育观和育人目的。无产阶级的革命导师和领袖们把青年看作人类的未来和希望，高度重视对下一代的教育，关心他们的成长，列宁曾讲过："我们是未来的党，而未来是属于青年的。""从某种意义上可以说，真正建立共产主义社会的任务正是要由青年来担负。"我们党的领袖从毛泽东到习近平都对青少年教育高度重视，关心他们的成长。毛主席曾把青年比作早晨八九点钟的太阳，把希望寄托在青年身上。习近平总书记也一贯重视、关心青少年的教育和成长，特别是党的十八大以来，他对学校思想政治教育、共青团和关心下一代工作都有过许多重要讲话和指示。在中国关工委成立30周年之际，习近平总书记指出，青少年是祖国的未来和民族的希望，并且高度评价了"五老"精神，充分肯定了中国关工委带领"五老"所做的关心下一代工作。革命导师和领袖对青少年寄予的希望和对青少年教育、成长的高度重视与关心，对关心下一代事业的重视与支持，使我们对关心下一代工作的意义有了更深刻的认识，信心更足，方向更明。30年来，学校关工委配合学校及相关部门建立的教学督导、特邀党建组织员、学生教导员制度，举办的习近平新时代中国特色社会主义思想学习班，开展的跟班关爱活动，精准帮扶活动，校园文化建设，各种征文、评优等都是紧紧配合立德树人这一中心，突出理想信念教育和思想道德建设这一关键，政治生态浓，充满正能量。当今世界正经历百年未有之大变局，青少年思想道德建设面临着诸多新情况、新挑战，国际人才竞争激烈，从两个百年奋斗目标的第二个目标的历史角度，我们的社会主义现代化和中华民族的伟大复兴需要一代又一代的人去完成。因此，在国际人才竞争中我们必须打赢这一仗，赢得青年，拥有青年。新时期、新阶段，我们关心下一代工作必须找准主线，以习近平新时代中国特色社会主义思想为指导，在中国共产党成立百年之际，我们将结合学校实际，认真开展"四史"教育，特别是党史学习教育，以"讲好入党故事，传承红色基因"为主题，全面深化拓展"读懂中国"活动，引导青年学生弄清楚中国共产党为什么"能"，马克思主义为什么"行"，中国特色社会主义为什么"好"等基本道理，筑牢初心使命，坚定"四个自信"，践行社会主义核心价值观，坚定不移听党话、跟党走，做社会主义事业的建设者和接班人，在全面建设社会主义现代化国家伟大实践中建功立业。关心下一代事业只有紧紧围绕立德树人这一中心，抓住教育这一关键环节，才能达到关心育人的目的。

二、关心下一代贵在担当

20世纪80年代初，西方敌对势力利用我国改革开放、国门大开之机，拼命同我国争夺青少年，以达到他们对我国实行和平演变的图谋。面对如此严峻的形势，河南安阳六位离退休老同志不忘初心，勇担使命，从关心青少年成长，关心国家的前途与命运出发，勇敢地站出来，自发地配合政府有关部门和学校担当起培养教育下一代的任务。这一义举得到当地和中央有关部门的高度重视与支持，于是关工委组织相继从中央到地方，从各级教育部门到大中小学校都建立了起来。教育系统关工委是在同级教育部门和各级各类学校党组织的领导下，组织、指导教育系统广大"五老"，配合教育部门和学校，全面贯彻党的教育方针，落实立德树人根本任务，服务青少年健康成长的群众性工作组织。它以现职领导为主导，提出工作任务，以老同志为主体开展工作。关工委组织的成立是具有中国特色的制度性安排，是我们党加强青少年思想政治工作的创新。自关工委建立以来，教育战线一大批老干部、老战士、老教师、老专家、老模范义无反顾、勇担使命参加到关心下一代的行列中。他们忠诚教育，关爱后代，具有理想信念坚定、经历阅历丰富、专业造诣深厚、师德师风高尚、爱学校亲学生的优势，深得学校重视和学生尊重，在加强青年思想政治教育和思想道德建设方面是一支不可替代的力量。四川大学和华西医科大学并校前就相继成立了校关工委，30年来，校关工委在学校党政的领导下，以立德树人作为根本任务，积极配合学校相关部门开展关心下一代工作。30年来，广大"五老"怀着一颗忠诚教育、关爱后代之心，不顾年事已高、身患疾病，常年奔忙于关心下一代的征途上。只要有关心下一代活动，不管是白天黑夜、天晴下雨，还是酷暑严冬，他们都奔走在各校区之间，无怨无悔，默默地耕耘奉献，为川大青年师生的成长成才作出了不可磨灭的贡献。为此，川大关工委也多次被评为全国、部、省关工委的先进集体，"五老"中也有多人受到全国、教育部、四川省关工委和学校党政的表彰，学校关工委工作取得显著成效，贵在"五老"的担当。

三、关心下一代难在可持续开展

教育部关工委成立30年来，教育战线的"五老"在关心下一代工作中发挥了积极作用，关心下一代工作取得了显著成效，但是进入新时期、新阶段以来，关心下一代工作持续开展面临着一系列问题，其中尤其是队伍建设问题。首先，现有关工队伍年龄偏大，早期参加关工队伍的"五老"大都年逾古稀或已八旬，甚至个别的已九十高龄，他们虽激情仍在，但已力不从心。其次，"五老"想做事，但常遭冷遇，做事难，挫伤了他们的积极性。最后，"年轻"老人由于各种原因，缺乏参加关心下一代工作的积极性，关工队伍难以为继，持续开展关心下一代工作面临困境，好在教育关工委成立30周年之际，教育部党组出台了《关于加强新时代全国教育系统关心下一代工作委员会工作的意见》，该意见特别提出党的十八大以来，习近平总书记多次对关心下一代工作作出重要指示，强调要支持更多的老同志参加关心下一代工作，为培养社会主义建设者和接班人作出新的更大贡献。意见还进一步明确了新时代关工委的工作定位、工作方针和主要任务以及全面推进新时代关工委建设，切实加强对新时代关工委工作的领导等具体要求。习近平总书记的指示和教育部党组的意见为新时代关心下一代工作指明了方向，提供了根本遵循，注入了活力，对"五老"是个巨大的鼓舞。只要认真贯彻落实，关心下一代工作就一定会走出困境，迎来新的机遇，持续开展关心下一代工作就不再难。

庆祝中国共产党成立 100 周年和教育部关工委成立 30 周年，我们将认真学习、深刻领会习近平总书记多次对关心下一代工作指示精神和教育部党组"关于加强新时代全国系统关心下一代工作委员会工作的意见"要求，忠诚教育，倾情"关工"，高质量把关心下一代工作做好，为加强青少年思想政治教育，支持和帮助青少年全面发展等方面作出新的更大贡献！

（周荣丰，四川大学关工委副主任）

往事如潮

——关工委工作 30 年感悟

陈秉元

在纪念四川大学关心下一代工作委员会成立 30 周年之际，往事如潮，我心情澎湃，激动不已。30 年艰难而光辉的历程，让我记忆犹新，往事历历在目。原四川大学关心下一代工作委员会成立于 1992 年 5 月 14 日，关工委主任由时任党委书记赵铎同志担任，彭炳忠和我任四川大学关工委副主任。同年 8 月 4 日我代表四川大学关工委出席在中国大连召开的首届全国高等学校关心下一代工作座谈会，在分组会上交流了我校已建立关工委并开展起步工作的情况，大会上有不少的高等学校和省市介绍了他们关工委工作的先进经验，值得学习。

我担任川大关工委副主任计 20 年，在 2011 年川大关工委换届时，考虑到年事渐高，我主动提出辞去副主任职务，继续担任专职委员，直到现在。可以说我是川大关工委的初创者之一，是关工委工作的亲历者和见证者。关工委初创阶段，困难重重，不仅没有固定的经费，连开会办公的地方都没有。还记得合校初期，学校关工委的开会和办公地方是一座临时工棚，当时我和校关工委其他同志一起努力解决办公地址、人员配备、经费筹集等问题，使工作条件得到了一定改善。我们还主动与学生工作部联系，争取经费建立了"关心优秀学生奖学金"，从 1999 年开始一直坚持到现在，获奖学生人数达 1300 多人，奖学金额近 200 万元。这项工作不仅解决了老少边区、革命老区以及少数民族优秀学生的经济困难，更加激发了青年学生爱校、爱党、爱国的情怀，激励了广大青年学生奋发图强的精神。

2011 年以后，我虽然没有担任关工委副主任，但作为川大关工委专职委员，继续配合离退休处和关工委同志深入各学院，对二级关工委的工作进行调研，帮助解决一些实际问题。比如，有一位来自新疆的学生考入了川大物理学院微电子专业，她平时表现很好，还担任物理学院学生会主席，但她的专业学习非常困难，虽然再三努力，仍有挂科，以致她精神状态非常差。我配合物理学院关工委谢茂浓同志，经过多方面协调帮她转入法学院学习。在法学院学习期间，她的精神状态变好，学习很努力，最后还考上法学院刑法学研究生。

我根据 30 年从事关工委工作的体会，曾撰写过一篇《如何做好青年教师传、帮、带工作的体会》文章，在文章结尾处我写道："深秋叶更红，人老志更坚，关工委老同志们到了晚年还能发挥余热，继续为培养社会主义建设者和接班人作贡献，我们为此感到无比自豪和光荣。"

往事如潮，30 年工作经历使我深深体会到：

一是川大关工委工作必须坚持党的领导。我校关工委自立以来，经历了初建，并校整合，开拓创新发展，至今已走过了 30 年的光辉历程，所取得的成绩离不开川大历届党委的领导。党委非常重视关工委的工作，关工委的工作计划、重要规章都作为党委文件发文，传达到有关部门，上下统一配合、贯彻执行、步调一致才能得胜利。习近平总书记指出，祖国的未来属于下一代，做好关心下一代工作，关系中华民族伟大复兴。习近平总书记的讲话是我们工作的指路明灯，是对我们的工作提出严格要求，是时代赋予我们的历史使命。

二是川大关工委组织机构落实，是做好关工委工作的重要基础。校关工委设有直属指导部（先为 8 个部，后调整为 6 个部），如党建工作指导部、素质教育活动指导部、教学与青年教师指导部等。每个指导部的工作都有各自的重点，校关工委的老同志可根据各指导部的研究部署深入全校各学院，甚至可以深入各班级、课堂和宿舍开展工作，使得很多活动开展得有声有色，取得很好的效果。

三是川大关工委工作队伍的不断补充完善，是关工委保持生机和活力的重要途径。学校关工委自成立以来，选拔了一批又一批热爱青年学生，长期从事过学生政治思想教育工作的离退休老专家、老教师、老干部来充实关工委工作队伍。这些老同志不忘初心，忠于党的教育事业，思想政治素质过硬，是我校宝贵的财富。正如习近平总书记强调，我们要弘扬"五老"精神，尊重"五老"，爱护"五老"，学习"五老"，重视发挥"五老"作用，我们正是按照习近平总书记的指示做的。

时代在前进，形势在变化，任重道远，为进一步加强对青年学生的思想政治教育工作，根据川大关工委干部队伍年龄结构逐渐老化这一不可逆转的客观现实，急需选拔培养补充新鲜血液，这是我的肺腑之言。

（陈秉元，四川大学关工委专职委员）

努力培养时代新人

汪朝清

　　2021 年是教育部关工委成立 30 周年，也是四川大学关工委成立 30 周年。回顾 30 年来关工委工作的光辉历程和我的亲身经历，我无比感慨，思绪万千。从 1993 年 3 月起，我作为关工委成员单位的负责人开始参加关工委工作，2010 年 11 月退休以来，主要从事关工委工作，从担任校关工委党建工作指导部部长，到 2018 年 1 月 4 日担任校关工委办公室主任。20 多年来，我始终将铸魂育人融入退休生活之中，充分体现了个人的人生价值，2020 年 5 月被评为"四川省关工委工作先进个人"，这给予我极大的鼓舞和鞭策。

　　为培养时代新人，以坚持理想信念教育为己任。自参加关工委工作以来，我把理想信念教育作为激发青年大学生奋发进取精神的首要任务，积极协助基层党委加强对入党积极分子和发展对象的教育培养以及发展学生党员工作。从 2011 年以来，先后为各学院党校培训发展对象上党课 110 次，有 23068 人参加培训学习。特别是近几年来，专门为毕业生党员上特殊党课，引导毕业生党员不忘初心使命，在新的工作、学习岗位上为党的事业建功立业。2011 年以来为发展吴玉章学院学生党员 109 人进行了入党前的谈话考察，进一步协助党组织把好发展新党员质量关。

　　为培养时代新人，积极推进学校关工委工作的开展。担任关工委党建工作指导部部长期间，我带领指导部全体老同志，配合基层党组织，积极开展主题教育活动，先后多次参加华西公共卫生学院党委和关工委举办的习近平新时代中国特色社会主义思想学习班，积极组织开展对学生党支部建设状况的调研，针对学生党建工作的需求，积极参与对学生党支部书记培训，协助对学生入党积极分子的教育培养，做好发展大学生党员工作，切实加强对学生党建工作的指导，取得较好的成效。2014 年党建工作指导部被评为四川省教育系统关工委工作先进集体。2018 年我担任校关工委办公室主任以来，协助校关工委负责同志积极推进学校关工委工作，特别是关工委品牌特色活动的创新开展，进一步健全完善关工委工作的常态化工作机制，校关工委工作取得显著成效。2020年校关工委再次被中国关工委、中央精神文明建设指导委员会办公室评为全国关工委先进集体。

为培养时代新人，不断加强理论学习和实践调研。我先后主持开展了高校学生党支部建设状况的课题研究，撰写调研报告。作为第一主研，先后承担了教育部关工委重点课题"高校二级关工委建设长效机制研究""教育部直属高校关工委组织建设专项课题研究"，并执笔起草了重点课题报告和专项课题报告。其重点课题报告被《教育部关心下一代论文集萃》收录；专项课题报告获评教育部关工委一类课题，得到教育部关工委有关领导和专家的高度评价，2021年8月，被教育部关工委收入纪念教育部关工委成立30周年系列丛书《教育系统关心下一代课题研究成果集萃》，由北京大学出版社出版发行。

20多年来，我深深体会到，十年树木，百年树人；祖国未来属于下一代，做好关工委工作，培养时代新人，关系到中华民族伟大复兴，是新时代的迫切要求，也是我们应尽的责任和义务。关工委工作使命光荣，责任重大。同时，我们倍感参加关工委工作能使退休生活更加丰富多彩，更能实现人生的价值。

面对新的形势，启航新征程，奋斗正适时。为培养时代新人，我一定要认真学习贯彻党的十九届六中全会精神和习近平总书记对关工委工作的重要指示精神，牢记初心使命，砥砺奋进，为培养堪当民族复兴大任的时代新人发光发热，在实现中国梦的伟大实践中书写精彩人生。

（汪朝清，四川大学关工委办公室主任）

执着关爱工作　收获老有所为

赵雪琴

　　早在 20 世纪 90 年代初，我就加入了学校关心下一代工作的行列，那时叫"华西医科大学关心下一代志愿者协会"。1999 年退休后，我便全身心地投入了关心下一代这一伟大育人工程中。20 多年来，紧紧围绕"立德树人"这一根本任务，我和老同志一道，积极主动组织和参加了多种形式的关心关爱活动，为教育培养堪当民族复兴大任的时代新人而努力工作。同时，我也收获了老有所为、老有所学、老有所乐。

　　首先，积极主动参加"中国特色社会主义理论学习班"学习。2009 年 9 月，华西公共卫生学院党委为了创建学习型党支部，在公共卫生学院 2007 级本科生中，创办了"中国特色社会主义理论学习班"，至今已连续举办了 12 期。十多年来，我会同关工委老同志，协助学生党支部从制订学习计划、各专题学习内容确立到学习班结业全过程参与，为使学生学习能取得较好成效，付出了努力和辛劳。学习班筹备时，我们主动与学生党支部书记共同商讨，了解学生们的需求，确立研讨的问题，组织安排好老同志参加学习；专题学习中，我认真自学，做好笔记，听取专题中心发言后，作出点评；会后注重收集学员的意见和建议，并认真审阅学员们的心得体会文章。每个专题学习结束后，我会及时写出简报，每期学习班结业后写好总结。据不完全统计，共写学习简报50 余篇，结业总结七八篇。可以自豪地说，在学习班，我收获了"师生共建，师生共学，共同提高"的硕果。第一，我亲自见证了学习班开展主题鲜明、学习模式得当的学习活动，在提高党员的政治素质，增强党支部凝聚力、战斗力以及推进建设学习型党支部等方面发挥了重要阵地作用。第二，通过深入系统地学习习近平新时代中国特色社会主义思想，学习践行社会主义核心价值观，增强"四个意识"，坚定"四个自信"，做到"两个维护"，青年学生和大学生党员的马克思主义理论水平极大地提高了，这也是思想政治理论课堂的延伸和提升，是中国特色社会主义理论进课堂、进头脑的真实写照，理论学习充分发挥了党员政治理论教育的作用。第三，10 年的坚持学习，极大地提高了政治理论水平，进一步完善了知识结构，给了我做好思政课督导工作丰厚的资源和能力。

其次，认真参与开展"跟班关爱学生成长"实践活动。2013 年，为了实现对大学生入校后全过程的关心关爱，使培养人才落到实处，素质教育活动指导部研究决定，选择化学工程学院 2013 级制药 2 班和物理学院 2013 级微电子 3 班作为开展"跟班关爱学生成长"实践活动的试点班，从学生进校第一学期开始直到毕业全程跟进，全面关心关爱学生成长成才。我和老同志一道，全力投入，深入课堂，走进教室，积极参加形式多样的教育活动，及时发现问题，实现重点关爱，精准帮扶，取得了较好的成效。2017 年 6 月，由我执笔撰写文章《四川大学关工委"跟班关爱学生成长"实践与探索》上报教育部关工委，经专家评审，"跟班关爱学生成长"被教育部关工委评为优秀创新案例。我清楚地认识到，"跟班关爱学生成长"能取得一定成效，这与化学工程学院党委、物理学院党委重视并主动积极作为，校院两级关工委老同志积极参与是分不开的。我深深体会到"师者，人之楷模也"的内涵和力量，身为关心下一代工作的老同志，我们应该走进学生的心里，做到与他们心与心的交流，做到情与爱的传递，为学生排忧解难，促进他们健康成长。

最后，努力做好少数民族学生关爱工作。我部参加 2014 级新生座谈会后，发现历史文化学院少数民族学生不但人数较多，包括仡佬族、土家族、藏族、维吾尔族等 14 个民族，而且这批学生三分之一是文科生，其数学、外语基础相对薄弱，但他们政治坚定，思想奋进，求知欲强，做好这批学生的关爱帮扶工作，具有十分特殊的意义。为此，我部研究，对这批学生进行重点关注，并确定了"历史文化学院少数民族学生教育培养成长探索"的研究课题。5 年来，在历史文化学院党委和行政领导的大力支持下，我和同志们一道，走进课堂，召开各种座谈会，发现问题，重点帮扶，做细致的思想工作，收到一些成效。比如在帮扶工作上，我们是下了功夫的。我部的梁明征老师与学生结对，在其考研遇到困惑时，帮助他选择专业方向、导师，这位学生考研成功，现在就在川大就读。几位学生学习基础差，外语、数学挂科，情绪低落，压力大。梁明征、侯筑、李存厚几位老师主动联系数学、外语老师给学生们补课，经常与他们交流谈心，化解他们的心结，帮助他们顺利毕业。至今，我们与部分学生仍保持着联系。我执笔的《关于少数民族学生培养教育成长的调研报告》已落笔完稿。看见他们的成长以及在各条战线上勤奋工作、努力奋斗，一份成就感油然而生，这是关工委团队引领作用的结晶。

20多年来，我非常珍惜学校党委和校关工委为我们创建的"老有所为"的平台，我热爱关心下一代工作，认真完成了校关工委交给的一切任务，在关工委这个大家庭里，有一个工作上相互支持和谐共事的团队——素质教育活动指导部；我还结交了知心朋友，我们互帮互学，共同进步，老有所为，努力做好关心下一代工作，我的老年生活更加充实，身心倍感愉悦。我现已是 82 岁高龄的老人，我会站好最后一班岗，为培养勇于担当民族复兴大任的时代新人，为实现学校"两个伟大"建设的一流目标尽自己微薄之力。

（赵雪琴，四川大学关工委素质教育指导部副部长）

一个关工人的辛勤奉献

徐 怡

我从事关工委工作十多年，身边有无数的关工委老同志，他们关爱学生、无私奉献的"五老"精神使我深受教育和感动。比如，校关工委教学与青年教师指导部副部长傅运清。她是一个农村家庭出身的女孩，受重男轻女封建意识的影响，她年幼失学在家，只能坐在门槛上，努着小嘴、含着眼泪看着同龄男孩背着书包去上学。新中国成立后她才开始上学，凭借自身的勤奋刻苦和顽强拼搏的毅力，最终考入成都工学院化工系基本有机合成专业学习。她留着短发，个子不高，精神饱满，平时乐于奉献，喜于助人，从不计得失。她关爱学生，心系教育，在三尺讲台奉献至今，将全部精力奉献给学生，深受学生们的喜爱，学生们亲切地称她为"傅妈妈""傅奶奶"。

傅运清老师 1964 年毕业留校，成为一名光荣的人民教师，之后又光荣加入中国共产党。傅老师内心一直感谢新中国，感谢共产党，她常说："我能有今天，是共产党给的，是社会主义制度的优越性给我带来的，我热爱党、热爱社会主义、热爱今天的工作，我要把自己的一切奉献给教育事业。"她心系教育，关爱学生，除讲授"化工原理"课程，还兼职搞科研，担任本科生、专科生、成人大专生的班主任。在教学上认真负责，严格要求学生，课后又与学生打成一片，做学生的知心朋友。任班主任时，她全身心投入到学生中去，尤其是在 20 世纪 80 年代的专科生班时，除了教学计划是系上安排外，傅老师要照顾学生的学习、思想和生活以及与各科任老师保持联系，每天清晨到学生寝室督促学生按时起床锻炼、准时上课，晚上还要去检查寝室情况，不定期到教室听课，协调教与学之间的关系。学生们说："与傅老师的两个儿子相比，我们更像她的儿女。"几十年后，包括留校工作并担任处级干部的学生和回校看望她的学生都叫傅老师为"傅妈妈"，师生情谊永存。

1998 年傅老师退休了，本该好好休息，颐养天年，她却退而不休，关爱后代，毅然全身心地投入到关心下一代工作中去，用满腔的热情关爱青年教师和学生。傅老师参与组建了教学与青年教师指导部，并担任副部长，积极发挥在教育教学方面的优势和"传、帮、带"作用，给缺乏经验的青年教师提建议、谈体会，帮助他们提高师德水平和教学能力。在听课过程中对讲得好的青年教师给予鼓励，指出精彩之处，希望其继续发扬；对讲得欠佳的青年教师，指出不足之处，提出改进参考意见。傅老师还组织青年教师教学经验交流会，请有经验的老教师与青年教师交流座谈，了解青年教师的困难并向有关部门反应。有一位青年教师向傅老师反应青年教师宿舍噪声扰民，傅老师亲自到现场考察，及时向有关部门反映，最终问题得到圆满解决。2013 年，教学与青年教师指导部与素质教育活动指导部联合开展了"跟班关爱学生成长"实践活动。2013 级化学工程学院制药 2 班有一位来自西藏的藏族学生，她的入校成绩与教育资源发达地区的同学有一定差异，加上她听不懂四川话，很少与同学交流，总是埋头不说话，在学习、生活上也不习惯，缺乏自信心，产生了自卑情绪。傅老师主动与她交流、谈心，鼓励她克服困难，尽快适应大学的生活，并告诉她："过去的成绩不能说明未来，路是人走出来的，成绩是自己创造的，要相信自己，坚持理想信念。"在多次的谈心、鼓励下，这位同学逐渐阳光起来，积极参加班里的各种活动，也适应了四川的生活，顺利完成学业，目前已经回到西藏工作并准备报考公务员，为当地人民服务。在"四年点滴情，感恩在我心"与关工委老师的毕业季联欢会上，她还表演了节目，并且带领大家一起跳锅庄舞，她灿烂的笑容一直留在关工委老师的心间。她与"傅奶奶"约定好了，今后一定要常联系，将自己的工作和生活情况向"傅奶奶"汇报，同时还邀请"傅奶奶"到西藏做客。

傅老师把自己对教育事业的无限热忱化作对学生的关爱，不仅向学生传授做人的道理，还在思想上、生活中关心他们、温暖他们。每年新生入学时，傅老师都积极组织策划举办化学工程学院的迎新入学教育活动，让学生尽快适应大学生活和学习环境，尽快实现从中学生到大学生的角色转变。在迎新会上，傅老师会发表激情洋溢的讲话，以调动学生学习的热情和积极性，还把自己的联系方式告诉新同学，让他们无论遇到什么困难、迷茫或学习问题都可以与她联系。2011 级化学工程专业学生王某，一个来自东北的女孩，到校后担任班长一职，但她面对来自五湖四海、说着家乡口音的同学，以及对校园环境不熟悉，不知从何着手开展工作，在傅老师和辅导员的帮助、指导下，她很快适应了班长工作，并将工作中遇到困难及时向傅老师请教。大学四年来，她的成绩一直名列前茅，班长工作也干得非常出色，特别是在毕业之际，辅导员因临产无法上班，她带领、召集全班同学办理离校手续，起到一个"临时辅导员"的作用。在毕业离校前夕，她专程去看望傅老师，当得知傅老师马上要去参加2013级化工制药2班"跟班关爱学生成长"实践活动时，她陪同傅老师到江安校区参加活动并热情地向学弟学妹们介绍自己的成长经历和成功经验，分享求职经历并告诉学弟学妹们在求职中应注意的事项。如今王同学在大庆油田工作，还时常在微信上与"傅奶奶"交流工作、生活状况，甚至找对象都与"傅奶奶"讲，二人犹如祖孙般的亲密。

傅运清老师对关心下一代的热情，对青年教师的关心，帮助学生成长的无私奉献，赢得了同学们的一致褒赞。作为传道授业的老师，傅老师教学认真，热爱学生，教书育人、学术科研、工会工作、关心下一代工作都取得了丰硕成果，受到学生的广泛赞誉。她在职期间承担的教学研究课题"锐意改革再创特色全面提高'化工原理'课程质量"荣获普通高校教学成果国家二等奖、四川省一等奖；"盐酸猪皮试验研究"六五攻关项目获国家科技进步二等奖、部级攻关表彰奖；她被全国总工会和四川省总工会评为"女职工"先进个人，退休后多次被四川大学评为"关心下一代工作"先进个人。

年过八旬的她总是谦虚地说："我热爱教师这个职业，喜欢学生，主动为学生的成长成才做了一些力所能及的工作，这是因为没有共产党就没有新中国，没有新中国我就不可能上大学，没有新中国就没有我的今天，是党培养了我，给了我无私的教育、帮助和关爱，我要为教育事业奉献一生，将爱心无私传递给学生，秉承'人生一世，奉献为尚'的原则，学习春蚕吐丝为他人，蜡烛吐焰照众人的自我牺牲精神，为祖国的下一代继续贡献力量。"

（徐怡，四川大学关工委办公室专职副主任）

"读懂中国"活动最佳征文

对话泰斗　心向未来

——访四川大学华西临床医学院欧阳钦教授

李旭辉

欧阳钦，内科教授，博士生导师，1963年毕业，1984—1986年赴丹麦、美国进修学习，主攻炎症性肠病的发病机制与诊断治疗，获美国克利夫兰临床医院有卓越贡献的胃肠病医生奖。1992—1996年每年赴美国1月完成临床教学合作研究项目和胃肠专科参观访问。现为四川省干部保健委员会专家组成员，四川省和卫生厅胃肠病学学术带头人。2004年被评为"四川省首届有突出贡献的卫生人才"。主编8年制规划教材《临床诊断学》《消化系统疾病查房释疑》《消化疾病诊疗手册》等供年轻医生阅读参考。2003年获国家级教学名师奖。从事炎症性肠病和胃肠肿瘤的研究，完成科研课题10余项，发表文章200余篇，培养研究生58名，《克罗恩病的基础与临床研究》一文于2000年获四川省科技进步一等奖；曾负责撰写我国和亚太炎症性肠病诊治共识意见，参加IBD全球实践指南的撰写。现任全国炎症性肠病学组荣誉组长、全国诊断学教学咨询委员会委员、四川省医学会理事及10余种专业杂志编委。

何其有幸，能够听得欧阳老师一席话。

初见欧阳老师，是在华西医院的门诊室中。傍晚的余晖洒落房间，此时老师刚刚接诊完最后一位病人，他揉了揉写满倦意的脸，轻舒了一口气。听闻我们的来意，老先生的脸上现出光彩来，他端正坐好，整了整着装。他抬头看着我们，那双依旧清明的眼中似乎泛着光，那么热情，那样兴奋。或许这就是老一辈党员对于改革开放这件历史伟业的特殊情感吧。

　　作为一名老党员，欧阳老师见证了改革开放全过程，每每谈及都感慨万千。

　　他谈道，改革开放前后，整个国家的变化是巨大的，更遑论身处于时代中的人了。改革开放迄今为止刚好 40 年的时光，他成为万千受益者之一。那时，欧阳老师只是众多医学生中的一员，毕业后便要从事医生这份工作，听来似乎不错，但是改革开放之前社会流动性很差，很可能人的一生都只能在原地踏步，这使得欧阳老师对于未来常常感到迷茫。这个情况在改革开放之后发生改变。欧阳老师谈道，当时机会就像是雨后春笋，抓都抓不完。有的同学照例参加了工作，有的同学选择出国进修，得到了走出国门学习的机会。改革开放就像是一座灯塔，它的光突然划破万里海雾，投射到孤舟的身上。欧阳老师向我们说道，当年他觉得外语文献简直像不可攀越的高峰，非常希望可以流利阅读，跟上国外的水平，所以在改革开放后，他选择出国学习进修，这段经历使他受益匪浅。回国以后，他抱着回馈学校的态度，回到了川大和华西，陪着母校度过了几十载春秋。

　　谈到学校，欧阳老师说，学校正是从改革开放后开始正规招生，教学相长。40 年来，学校不断正规化，老师的积极性越来越高，这几年来，情况正在变得越来越好。不管是学校政策还是舆论导向，逐渐回到了学术和创新本身，这是一个正本清源的好现象。十九大以后，整个国家的目标、方向以及阶段计划都越来越好。国家竞争力归根结底是科技水平，是创新能力，是中国制造，这些根本之力正发展得越来越好。

　　随着改革开放一起变化的还有学生对于科研的态度。作为一线教师，学生总是老师心头割不掉的肉，时时萦绕老师心中。欧阳老师说，不同时代的学生性格变化很大。20 世纪五六十年代，国家上下都在宣传"两弹一星"这些功勋科学家，因而在科研环境当中的济济人才都是一心报效祖国，要为了国家啃科研上的硬骨头，在个人条件上没有太多的要求。在老一代的熏陶下，那时候的学生都很单纯。即使是在艰苦的条件下，学生们仍然能坚定自己的想法。如今生活条件越来越好了，有些学生反而形成以自我为中心的性格，缺乏在逆境中奋斗的意志，因此在科研中常常力不从心。欧阳老师曾问过处于二年级的八年制学生是否准备好做一名医生，有人的答案是否定的。这实际存在的情况，让欧阳老师感到十分忧心。但同时，如今学生们的优势也十分明显，他们处于国内外紧密联系中，接触的信息极为丰富，又有自主精神，对自己的发展方向往往能很好地把控，今后的路更是宽广。因而老师常常对学生说道，如今的选择比过去的多得多了，但是不能因为路宽了好走了，就连方向都不看，就连未来都不想了，相反更应该确定目标，完善自我，以期取得成功。

在访谈的最后，欧阳老师也谈起了对当代大学生的寄语。老师提到的第一个词是"不忘初心"，即明确自己的目标和梦想，持之以恒，不忘初心，用坚持做利器，以达成梦想。谈及此，欧阳老师想起了他的一位学生，言语中充满了赞赏。这位学长不见得有多高的天分，但是他的毅力与坚持令人赞叹。他始终铭记医者应有的品质，不断磨炼自己；他深知纸上谈兵的危害，因而常全程跟随老师穿梭在诊室、手术室中。凭借这份赤诚和坚持，这位学长后来成为华西医院的科室主任，而这个故事成为老师鼓励一届又一届医学生不忘初心最好的例子。老师提到的第二个词是"脚踏实地"。从医，不仅需要目标，需要毅力，需要不忘初心的精神，更需要一步一步提高自己的能力。百尺高楼起于累土，没有踏实治学的精神，梦想就会是空想。"不忘初心，明确目标，脚踏实地，持之以恒，终究会有所收获的。"老师的口中说出这句话时，他的眼中似乎泛起明亮的光，我几乎不能直视！

走出欧阳老师诊断室的时候，已是门诊下班后许久了，整层楼只剩下了老师办公室的那盏孤灯。这样一位年近耄耋的老先生在自身患眼疾的情况下，坚持为病人诊断，一天的劳累后又耐心接受我们的采访。虽然我们的接触不过短短的时间，但老先生的每一句话都直击我们的内心，他的言语这样的质朴，其中的情感又如此深沉。而我们作为新时代的接班人，更应该继承和发扬老先生展现给我们的精神。走在路上，我的脑海突然浮现初见的那一幕，老先生含着笑，眼中泛着光。

这光，大概是对于改革开放 40 周年变化的感慨与国家不断进步的欣喜。

这光，大概是回顾自己改革开放之经历中报效国家和社会的履历时的热情。

这光，大概是对于这个社会未来年轻人的期许和嘱托。

这份情感，如今我也能体会到了。

（李旭辉，四川大学吴玉章学院计算机科学专业 2016 级本科生）

不忘初心　与时俱进

——访四川大学文学与新闻学院欧阳宏生教授

李贤秀　姬晓星

欧阳宏生，高级记者、四川大学二级教授、博士生导师，全国首届"十佳"广播电视理论工作者。先后主持2项国家重点课题、1项部级重大课题、15项国家一般及省部级课题。发表论文300余篇，出版著作18部，主编国家重点教材2部，个人著述500多万字，5项成果获国家级奖励、9项成果获四川省人民政府奖励。担任中国广播电影电视社会组织联合会学术委员、中国高校影视学会副会长、中国传媒经济与管理研究会副会长、中国认知传播学会会长等多个学术职务。被聘请为中国广播电视新闻奖、中国广播影视大奖评委和召集人。担任国际纪录片金熊猫奖、中国电视艺术金鹰奖、中国新闻奖、长江韬奋奖评委，担任国家社科基金、教育部课题、四川省课题评委，担任"全国广播电视论文论著评奖""全国十佳百优广播电视理论工作者评选"评委。兼任《中国广播电视学刊》及《新闻与传播》（人大复印资料）等学术期刊编委。

儒雅、谦和，是欧阳宏生教授带给人的第一印象。

欧阳教授出身在知识分子家庭。受父亲影响，他很早便开始读书，从此与文字和教育结下了不解之缘。

夯实基础，突破自我

怀揣对学术研究的热爱，历经多年积淀，欧阳教授实现从业界到学界的成功转型。

20世纪80年代初，我国新闻学科亟待发展，他开创性地将社会学、心理学等学科应用于新闻研究。短短几年，发表 40 多篇学术论文，并出版《新闻学论集》《新闻写作学概论》等著作，开创了新闻学跨学科研究的先河。

90 年代中后期，作为国家"九五"重点课题成果《中国电视论纲》的总撰稿，欧阳教授建立了一套具有中国特色的社会主义电视理论。他承担了多项国家及省部级课题，出版《广播电视学导论》《广播电视概论》《当代广播电视学》《中国广播电视学》《广播电视教程》等专著，成为我国广播电视基础理论的重要开拓者。21 世纪以来，《电视批评论》等一系列成果开拓了一门新的学科——电视批评学。

"祖国的繁荣昌盛与个人的幸福荣誉休戚相关"，欧阳教授写在书本上的这句话亦是其人生经历的写照。

理论创新，硕果累累

"博观而约取，厚积而薄发。"2001 年，欧阳教授作为被引进的特殊人才，成为四川大学的一名教授。同年，获得全国首届"十佳"广播电视理论工作者称号，全国高校获奖者仅有两位。

进入川大后，他主持举办了 20 多次全国性学术研究论坛，扩大了四川大学传媒学科在全国的影响力，也带动了整个西部地区广播电视学科与外界的交流合作。

从地方媒体到中央媒体、从业界到学界、从一般传播到认知传播，欧阳教授不停地在跨越中前进，在跨界中创新。2014 年以来，他将认知科学与传播学融合研究，发表了十余篇关于认知传播学的学术论文，课题"认知传播学理建构及实践意义"获国家立项，出版《认知传播学》，由此建立了一套系统、完整的认知传播科学体系，为我国跨学科研究写下了浓墨重彩的一笔。

春风化雨，桃李芬芳

"欲立人，先立己。"从教以来，欧阳教授从未缺课或迟到。他习惯利用一切可能的时间与学生交流，以便及时给予指导和帮助。即便是学生已经完成学业，他的关注也不曾减少。2003 级硕士唐陟感慨地说："2003 年 6 月，老师推荐我到中央电视台实习，这时的他更像父亲，担心我难以适应'北漂'生活，特地嘱托在央视新闻中心工作的女儿照顾我，让初到北京的我感受到温暖。我能在央视安心实习，后来顺利地留台工作，与老师的帮助密不可分。"

"在川大从教的近二十年是我人生中最充实、最有意义、成果最丰富的美好时光。"这是欧阳教授为之骄傲的一段人生经历。

2001 年至今，欧阳教授培养了 80 多名博士、30 多名硕士、10 多名博士生班学员及访问学者。其弟子数量堪称我国广播电视理论高端人才培养之最。目前，"欧阳门"的毕业生已经遍布全国各大重点科研院校，成为新闻传播领域教学、科研、经营、管理岗位上的骨干力量。他们之中有国家广播电视总局电视艺术委员会主任编辑闫伟，中央广播电视总台创新发展研究中心主任编辑唐陟，北京外国语大学教授、博士生导师魏伟，四川大学研究生院副院长、教授、博士生导师朱天，暨南大学教授、博士生导师晏青，猪八戒网联合创始人刘川郁，上海大学教授、博士生导师张斌，兰州大学教授、博士生导师李曦珍，深圳大学教授彭华新，西安外国语大学教授李鹏，西南大学教授、博士生导师田义贵，西南政法大学教授、博士生导师陈笑春、李林容……群英荟萃，不一而足。

与时俱进是欧阳教授一以贯之的学术理念和学术追求。"踏踏实实做学问，平平淡淡做人"是他的自勉语，这份初心也激励着我辈学子放眼时代、砥砺前行，激励我们与祖国同呼吸、共命运。

老师言传身教的榜样力量在"欧阳门"的学子心中留下了深深的烙印，他们用一份份优秀答卷、一声声祝福、一次次离别后的再相聚表达着感恩之心。在学生当中还传唱着这样一首歌曲：

他有教授的谨严，他有大师的纯良

他有文人的飘逸，他有学者荣光

几十年如一日，开启学子视野

几十年如一日，谱写传媒华章

……

这里牵挂时常在，这里快乐永莫忘

这里师恩深似海，这里情谊绵长

几十年如一日，先生孜孜不倦

几十年如一日，团队茁壮成长

（李贤秀、姬晓星，四川大学文新学院 2018 级新闻学硕士研究生）

风雨兼程六十载

——钟本和教授矢志不渝的征途

佟宇婷　江雨欣　严睿桐　廖绍松　赵　俊

钟本和，四川大学杰出教授，博士生导师，享受国务院政府津贴专家，主攻磷化工方向。其创新研发"料浆浓缩法制磷铵"新工艺获国家科技进步一等奖，被誉为"磷化工行业的袁隆平"。另获何梁何利基金奖、赵永镐创新成就奖、首届"亿利达"科技奖等重大奖项，领导的四川大学化学工程教师团队被评为全国高校"黄大年式教师团队"，兼任中国磷肥工业协会常务理事、中国磷肥专家组副组长等职。

70年的历程，是新中国从满目疮痍走向繁荣昌盛的史章，其间也有钟本和教授矢志不渝，将"料浆浓缩法制磷铵"的工艺设想付诸实践的征途。

心系祖国，确立初心

翻开回忆这本深深浅浅的旧书卷，里面有跳动的热烈，有缜密的考量，有深远的情结，有不变的信念。回望磷化工这一路走来的风雨，记忆停留在了最初钟本和教授选择磷化工方向的时候。

那时还是大学生的钟老师，她的想法纯粹而又热烈——要到祖国最艰苦的地方去，要到祖国最需要的地方去。毕业之后，当时学校里有酸铵和碱盐两个研究方向，大多数人选择了条件更好的酸铵方向。而钟老师认识到，在中国的西南部缺乏发展酸铵研究的有利条件，却有着因技术瓶颈而等待开采利用的中低品位磷矿。因此钟老师毅然决定投入到磷化工行业，以解决国家亟须解决的问题。历史的波澜壮阔在不同的时代总有着不同的样子，但一颗初心所折射照耀的地方，总可以看到许多闪烁在绵远星河之中，同根而生且熠熠生辉的光点，那便是一代代中国人心中伟大复兴的中国梦。

笔者有问："如何看待当今无数年轻人做选择时的迷茫呢？"钟本和教授说："有人总是想要找到一条捷径，但事实上脚踏实地才是最重要的。世上没有平坦的道路可走，不畏艰辛、不畏困难才能走出去。"总有些时候我们面临着选择——既有初心汹涌，又何惧一路惊涛骇浪？既然选择了远方，便只顾风雨兼程。

执着坚守，攻坚克难

"我们学工的，只提出想法是不够的，要去实干。"钟本和教授带着与传统制磷铵截然相反的工艺设想——料浆法，走上了漫漫征途。

虽然有着地理优势条件，当时国内的磷化工发展依旧形势严峻。面对科研中棘手的问题，钟本和教授回忆说："如果一心想把一件事做成，总会想到办法的。"60年前，面对质疑和反对，钟本和教授从学校走进了工厂。她放弃了学校优渥的条件，来工厂挤大通铺，曾连续三年春节不归家，日复一日守在装置前，她号召工人们："我来这里，不是做没有意义的事，是解决国家农业上急迫的问题，大家必须团结起来才能做好。"是她的坚定、执着凝聚起了工人们，让一颗颗炽热的心在同一频率跳动。60年前，中国科研刚刚起步，困难重重。料浆法的研究进入关键阶段，急需资助，工厂却一时无法批下足够的资金。可磷肥的改造刻不容缓，料浆法的研究势在必行。钟本和教授向工厂党委书记求助，书记深思熟虑后，在前景不明的情况下，肯定她选择的方向，顶着压力贷款10万元人民币来支持料浆法的研究。得道多助，既有工人们的众志成城，又有党委领导的鼎力相助，他们与钟本和教授勠力同心，打破桎梏，迈过沟壑，最终找到了适合中国磷矿的新型磷铵制备技术——料浆浓缩法制磷铵。

专注态度，未来可期

从朝气蓬勃的学生到今天潜心科研、教书育人的老者，钟本和教授的一生都在书写磷化工的蓝图。"解决国家亟待解决的问题，是我最开心的事。"料浆浓缩法制磷铵的成功推广冲淡了历经风霜的过往，晚年忆起，也只剩坚守的幸福。

科研道路困难重重，紧缺的资金、漫长的等待，青春、生活全都投进去，钟老师矢志不渝地坚守在磷化工领域60年。我们问钟老师："只专注在一个领域，会不会感到枯燥？"钟老师语重心长地说："真正深入了解这个领域之后，你会发现，这里有你钻研不完的课题。"当下，更开放的环境、更多的机遇和选择，年轻人急于提高自己，往往会广泛涉猎，而无法专精，浮于表面。专心致志，一心一意，才能更深入地获得成果。

专注于科研工作似乎变成了钟本和教授的一种习惯，"学校不强制我工作，家人也都劝我退休，我反而觉得太无聊，就出来散步，走着走着就到实验室来了"。在实验室里，钟老师与学生一起讨论着净化湿法磷酸制食品级磷酸的问题，指引着青年团队深入挖掘，让他们去学习实践。从"六五"科技攻关计划到"十三五"科技攻关计划，钟本和教授用自己的理念培养出了一批又一批优秀的学生。勇敢、坚持、专注，是钟老师立德树人的态度。科研领域广阔浩瀚，三心二意、浮躁焦急，是不利于得出成果的。"认准一个点"，坚定地、勇敢地、专注地去做，紧跟国家的思路和需求，在这一个领域站住了脚，才能以此为原点，慢慢向外拓展。

60年，钟老师诠释了对祖国的责任，也时刻关心着、关注着青年人的成长。回首来路，困难和挫折层出不穷，她却是穷且益坚，"放弃"一词在她的词典里永远缺席。一辈子的科研，路上披荆斩棘，栉风沐雨，融入这一句话里："遇到困难就像在山坡上拉黄包车，拉到浑身是血，也只有两种选择，一个是松手，连人带车一起滚下来；一个是咬牙，拉上去就是胜利。而我只能选择后者。"

（佟宇婷、江雨欣、严睿桐，四川大学化学工程学院化工与制药类 2018 级本科生；廖绍松，四川大学化学工程与工艺专业 2017 级本科生；赵俊，四川大学制药工程专业 2017 级本科生）

你从昌都走来

——访四川大学华西口腔医学院杜传诗教授

迮奕婷

在一座平平无奇的老房中，住着一位经历不凡的老党员、老教授、老医生，新中国第一批援藏医疗人才，四川大学华西口腔医学院口腔修复学教授、主任医师、博士研究生导师——杜传诗。

矢志为国，勇担重任

杜传诗老师出生于 1928 年，面对风雨飘摇的国家和动荡的社会，她早早立下志向：视国家命运为己任，为建设新中国而奋斗。

1953 年，在毕业后的第 3 天，杜老师便义无反顾地踏上刚刚修好却颠簸异常的川藏公路，加入了昌都民族卫生工作大队，开启了一段终生难忘的情缘。在我们现在看来一件需要很大勇气和决心才能做到的事情，那时的青年们却觉得如此理所应当且光荣自豪，我心中既敬佩，又惭愧。杜老师的经历，更是激发了我们一群医学生投身强国伟业的热情与渴望。

筚路蓝缕，以启山林

那时生活和工作条件的艰苦程度是我们无法想象的，只能从老旧的黑白照片和杜老师回忆的片段中略窥一二。偏远的昌都，没有水，没有电，每人每天只够派发两罐头容量的水，一点一滴精打细算地用。冬天没有热水，只能到结冰的河边洗衣服，晾晒时发现衣服和头发都是冰晶。吃不到新鲜蔬菜，每天就吃着干豇豆、干菜叶子……但是杜老师没有对我们抱怨从成都去到昌都后自己是如何不适应落后条件的，反而开心地与我们分享卫生队挑粪种地的故事。当说到卫生队种出了 9 斤萝卜，自给自足吃上了新鲜蔬菜时，杜老师眉宇间的喜悦是那么生动活泼，像个得了糖果的孩子。这样苦中作乐的乐观情怀深深地感染着在座的每一位同学。

援藏之难，不仅难于生活条件，更难于从"0"到"1"建设口腔诊室的道路。在狭小的仅 20 平方米的土房里，杜老师和她的丈夫开辟出了口腔科。他们怀揣着美好的理想：宣传共产党、毛主席和中央人民政府对兄弟民族的关怀，同时在不违背民族宗教政策和风俗习惯的前提下，宣传科学的卫生常识，防病治病。起初，藏族的同胞们并不愿意相信杜传诗夫妇，然而在杜传诗医生第一次用局部麻醉为一位藏民进行无痛拔牙术后，患者觉得治疗效果非常神奇，慢慢地就有越来越多的藏民愿意来到杜传诗夫妇的口腔诊室就诊。后来，他们还逐步开展了对颌面部间隙感染、颌骨骨髓炎和唇裂病人的手术等治疗，都取得了令人满意的效果，获得了藏民们的认可与感谢，就连寺庙的老喇嘛也来到诊室，请杜医生为他做了全口义齿。

"医好了病人，病人就相信你，相信共产党。"已是头发花白、行动迟缓的杜老师在回忆这些片段时声音昂扬、双目炯炯，显示出不似老人的自信和骄傲，仿佛她仍然是当年那个满腔热忱、不畏艰辛的少女。杜老师忘了许多事，却对 70 年前的援藏经历印象深刻，甚至还能记得在生产队种地时走过的桥的名字、藏民为了报恩而保存了半年的鸡蛋、自己难产时藏民在屋外流的眼泪、入党介绍人的姓名……正是无数像杜老师那样的人筚路蓝缕，百折不挠，像火种一样热烈燃烧着自己，努力用党的光辉和医生的仁心仁术照亮当地的口腔医疗之路，让希望之风吹向祖国的边疆，温暖各民族的同胞。

春蚕蜡炬，誉满杏林

1954 年，新建的昌都地区人民医院落成，口腔科迎来了又一批年轻的血液，其中还包括一部分藏族青年，杜传诗夫妇就一边工作，一边带教。他们亲自编写教材、绘制图谱、制作牙齿标本和下颌骨模型，尽心尽力培养当地的口腔医疗人才队伍，为当地留下了更多优秀的医疗卫生人员，让当地医疗资源拥有了更强有力的人才与智力支撑，最后薪火代代相传、赓续红色血脉。

1956 年，因积极向党组织靠拢，表现优异，杜老师被吸收加入了中国共产党。1957 年底，杜老师回到成都，回到华西口腔医院，丈夫胡允诚医生则继续留在西藏昌都。夫妻二人异地 18 年间，几年才能见一面，以至于孩子懂事后都不认识爸爸，直到 1975 年，一家人才在成都再次团聚。1996 年退休后，杜老师仍然继续为中国口腔医疗事业发光发热，指导学生临床和科研工作，成为学生喜爱、同事敬重的好老师、好医生，她用一生践行着共产党员的初心与使命……

建设边疆，赤子之心无怨无悔；传道授业，一生勤恳为国奉献。杜老师的人生轨迹与国家命运紧紧相连，国家造就了无数的杜老师，他们也成就了现在的中国。

以邮递情，家国大爱

杜老师还聊到当年她在日本交流学习的一段难忘经历。那时中日建交不久，杜老师结识了特别喜欢集邮的多和田泰一教授，他展示了自己积攒的一百多个国家的邮票，但唯独没有中国的邮票。杜老师当即表示回国后每年都把中国发行的最新邮票寄给他，而这个承诺一直持续到今天。小小的邮票和杜老师年复一年的坚持，承载了浓厚的中日情谊和拳拳爱国之心。

后来我们又了解到，杜老师家世代都有深厚的家国情怀和大爱传统，她家曾捐出自家土地给政府，修建成了华西人家喻户晓的红军院……

心中触动，久久未平，唯余杜老师的寄语，耳畔回响，余音缭绕。

"你们生长在很好的年代，有很好的前途。希望你们能向老党员学习，要有责任感，也要能任劳任怨。"

（迮奕婷，四川大学华西口腔医学院 2018 级五年制学生）

灯塔照亮人生　薪火代代相传

——访四川大学离休干部黄桂芳老师

莫了了　龙欣怡

1948 年的成都，人民公园鹤鸣茶社。

临河一张不起眼的石桌前，对坐着一男一女。桌旁的垂柳丝绦如幕，桌上的茶盏冒着热气，二人低声嗫嚅着，添水的伙计只当是吃茶的友朋。桌板下，19 岁的黄桂芳攥紧了裙边，满手的汗。她刚刚随着成都市地下党的市委书记念完了入党誓词，把自己的名字光荣地缀在末尾。"你要记住，从今天起，你不是一个普通的黄桂芳，你已经是中国共产党党员黄桂芳了。"男人的话在耳边回荡了 80 余年，这是青年黄桂芳在那个秋日的午后未曾想到的。

此时的成都尚未解放，黄桂芳在国民党的白色恐怖之下，秘密地进行了一年的地下联络工作。低头走路、上课迟到，一切微末琐事在国民党特务的眼里都是暴力打击的把柄，同窗毛英才仅仅是携带了一本新民主主义刊物，就被抓捕入狱。时至今日，黄桂芳回想起当时的情形，仍感叹"幸好解放得快，进一步下去后果可能就不堪设想了"。即便如此，她还是瞒着家人，联络七八个中学的党员、民协成员和进步同学，坚持每周与他们见面，听他们汇报情况，并传达党组织的指示。"我只是完成了党交给我的任务，没做出什么成绩，更谈不上什么贡献。"年逾九十的黄桂芳反复强调，"但我的信念一直坚定，自从相信了马克思主义之后就没有动摇过。"

这样的坚定信念来源于黄桂芳儿时的经历。出身于不愁温饱、思想开明的家庭，黄桂芳自小便被送入教会学校接受教育。但年幼的她并不满足于书本，总是透过花园的矮墙缝隙，观察国民党统治下的成都市井。在这里，她看到过国民党军队里被打得濒死的逃兵，也见过邻居为过世儿子举办的冥婚："那个等死的兵坐在树下的姿势和脸上的白帕子，到现在我还记得。"这些儿时所见的旧社会对待人的残酷深深刻进了黄桂芳幼小的心中，成为她走向马克思主义、走向中国共产党的根柢。

升入省立女子中学后，黄桂芳开始在学校进步老师的引导下阅读苏联作家的革命文学作品，尤爱苏联著名波兰籍女作家万达·瓦西列夫斯卡娅的小说《虹》。"那个女作家不顾政府的阻拦，千辛万苦穿过铁丝网到了莫斯科，找到了她心目中的灯塔。看了这本书之后，我和班上另一个比我大一点的女同学感叹：'人家就有灯塔，我们的灯塔在哪里呢？'她说：'我们有灯塔，在延安。'那时候我也不知道延安是什么地方，但从此心里有了一个印象：延安，是灯塔。"同学的话点亮了黄桂芳的世界。此后，她开始有意识地阅读《八月的乡村》等进步小说，抓住机会学习进步思想，并在老师的引荐下进入了共产党直接领导的进步学团——破晓社，结识了后来的入党介绍人霍大姐。

新中国成立后的50余年里，黄桂芳一直担任党团职务，发展、教育了一批又一批优秀热忱的青年党员。1950年，四川大学成立团总支，年轻的黄桂芳担任第一任团委书记。她曾两次赴北京参加团中央组织的基层干部培训会，聆听周恩来、朱德、邓小平等国家领导人给全国的大学团委书记宣讲如何做好青年团组织工作。1957年，中国新民主主义青年团第三次全国代表大会（后更名为"中国共产主义青年团代表大会"）在北京召开，黄桂芳作为代表受到了毛主席的亲切接见。热闹的休息室里，毛主席被热情的代表们拥来挤去，却无愠色，还同大家打趣道：我也是老共青团员！见了坐在身旁的黄桂芳，毛主席十分亲和地问："你叫什么名字，我怎么想不起来了？"她马上答道："我叫黄桂芳，是四川大学的团委书记。""我是第一次见毛主席，他老人家不认识我，却这么亲切、委婉地问话，让我紧张忐忑的心情一下轻松了许多。"在北京，党在她心中播下青年希望的火种，回到川大，她又成为讲台上的人，以昂扬向上的力量点燃代代后生的热血。

1991年，四川大学成立关心下一代工作委员会，本该离休的黄桂芳又担任起了党建工作指导部部长的职务。任职期间，她和同事们做了许多开创性的尝试。当时想入党的学生很多，辅导员忙不过来，需要加强力量，提高党员的培养质量。发现问题后，黄桂芳提议，让学校的退休党员参加入党积极分子的教育培养、入党前谈话考察，以保证发展的学生的质量。这一创新措施踏实而有效，被沿用至今。她心系下一代，努力发挥余热，启发教育青年学生们听党话、跟党走，80岁才真正离开工作岗位。2020年的新冠肺炎疫情期间，她主动向党组织上交了一万元的特殊党费。学校凡有党史教育的活动发出邀请，满头银发的老人也总是欣然应允，积极传承红色基因。

"我们国家希望在2050年全面建成社会主义现代化强国，还有30年的时间，恰恰是你们这批年轻人给国家出力，当栋梁和骨干的时候。"黄桂芳攥紧椅子扶手，勉力正了正身子，"为了实现人人平等，让每个人都能像人一样活着，人类社会已经经过了千辛万苦。我们国家选择的这条道路很特殊，但也是希望所在，所以一定要坚持下去，走到最后的成功"。

92岁的老人已是须发尽白，手背斑痕纵横，在午后斜照的阳光下，水杯腾腾的热气间，却仍是19岁茶盏前的少年模样。

（莫了了、龙欣怡，四川大学吴玉章学院2018级汉语言文学专业本科生）

秉德无私参天地　先锋破阵贺期颐

——访四川大学华西医院肝脏移植中心严律南教授

陈　楠

悬壶为怀，救民之愿，排戈戟作先锋，冰心一片结党缘；舌耕作辅，育才之冀，虚功名安平易，衷肠三旬庆期颐。

——题记

三十功名路八千，妙手回春誉不绝，他是《国际肝胆胰外科杂志（英文版）》副主编、2018 年"中国医师奖"得主，风华无限羡煞旁人，但他却说："我也是一名普普通通的——在平凡岗位上坚守入党初心、干着本职工作的——共产党员……"

勉己克难辟先路，为民志坚缔党缘

严律南自小勤勤勉励，以忠正信义为志，1967 年大学毕业后，他从事下乡医生、卫校老师、肝脏外科医生等不同工作，为艰苦发展、贫穷落后的中国贡献才学，在医学的道路上探索圣贤语而发明天地心。

一十五载韶华流转，八二埋伏赤子党缘。严律南教授说，他的入党初心始于 1982 年的那一天……

按照排班表，这一天轮到了严律南坐门诊。这天乌云密布、天气阴冷，但医院里面却人潮拥挤、医务工作如火如荼。突然，一对夫妇抱着一个 6 岁左右的小男孩冲出人潮、匆匆忙忙地来到了严律南面前。小男孩脸色蜡黄瘦削，经诊断后，发现他患巨大肝母细胞瘤，只能靠肝移植手术才能重焕新生。当时，中国的医学并不发达，整个中国都没有肝移植先例，日本的肝移植研究也还处于动物实验阶段。严律南教授回忆说："我想拯救这个幼小的生命，但我无能为力。他妈妈那绝望的眼神令我永生难忘，她的眼神，让我萌发了用一生的时间来攻克肝移植难题的念头，也让我立志成为一名为人民群众服务终身的共产党员。"自那以后，严律南以攻坚克难为己任，不舍昼夜以求良方，不辞辛劳以成志向。

1987 年，对 43 岁的严律南来说，是里程碑式的一年。当时正值改革开放前期，国家众业正处于萌芽待兴阶段，亟须大量党员干部引领。为更好地服务群众、促进祖国医疗行稳致远，严律南精诚梦寐志在四方，欲话初心党旗飘扬。经五载之深思熟虑，历多年之修身立德，他积极向党组织提交入党申请，并于 1987 年正式成为一名光荣的中国共产党员。

俯仰天地铭初心，浩然无愧行医路

自 1987 年入党后，严律南昼夜不舍，行初心之勤卓不懈，树桃李之大爱人间。34 年来，他秉持为人民服务的入党初心，攻坚克难、超越自我，带领团队致力于提高手术技巧及手术效果的研究。

2005 年 3 月，19 岁的女孩罗玮，不顾亲朋好友反对，自愿为救一个陌生人——晚期肝硬化病人廖红霞，捐献 55％的肝脏。部分媒体广泛宣传甚至夸大化宣传该事件，严重加大了严律南带领的肝移植小组的压力。万一手术失败，不但会影响整个肝移植小组的社会形象，还会给学校和医院造成难以预料的不利影响。但以严律南为代表的共产党员们坚决表示："我们已经有了 300 多例全肝移植的经验，有医院、学校党委的支持，有良好的手术技术及设备，我们不能计较个人、小集体的得失，一定要勇闯禁区！"奋斗亦良久，力尽乃告捷。在长达 16 小时的手术后，严律南带领的手术小组为受捐者廖红霞缝上了最后一针，手术顺利结束。从手术台上下来的那一刻，时年 61 岁的严律南已经累得无法站立，在助手的搀扶下才走回了科室。

三旬宠辱两无惊，东去扶桑近海瀛，古稀弹指一挥去，西定乾坤照肝心。严律南数年如一日的坚守岗位、攻坚克难，终化为累累硕果——他和他的团队在国际上首创了"格氏鞘外简易半肝血流阻断"技术及"勾扎法断肝技术"，大大促进了中国的肝移植技术从"没有先例到肝移植世界第二大国"的巨大飞跃，而他也因此被称为"肝移植领域的时代先锋"。

哺桃育李传党魂，行比伯夷书华章

悬壶之路，初心难忘；报国之情，浩浩荡荡。

严律南教授在川大先进性教育座谈会上曾谈道："共产党员要有事业心，要不断进取，敢于创新。共产党员在任何岗位上首先应该把本职工作做好。"他时刻铭记为人民服务的入党初心，承诺：除非站不起来了或者拿不稳手术刀，否则永不退休。他献毕生所能，哺桃育李，引领医疗起航；济一方百姓，平易近人，书写大爱华章。他扎根西南，奉所学于众人之精神，岂不置以为像而鉴己哉？

像严教授所说，"我只是一名普普通通的共产党员"。从 1921 年到 2021 年，9191.4 万名普普通通的中国共产党员恪尽职守齐心协力，让中国共产党穿越鲜血与烈火之炎炎灼烧，历经改革与建设之风雨洗礼，凤凰涅槃浴火重生，迎来百年华诞。

百年征程波澜壮阔，中华大地沧桑巨变。严老先锋破阵定党缘之壮举，已有三旬余；但他秉德无私参天地之嘉行，将领吾辈后学共同见证——中国共产党百年红色基因，历经风雨洗涤薪火相传而生生不息！

（陈楠，四川大学华西临床医学院 2020 级八年制学生）

关爱感言

"关心优秀学生奖学金"
获奖学生代表发言（一）

（2017 年）

江 庆

尊敬的各位领导、老师，亲爱的同学们：

大家好！

我是来自建筑与环境学院的江庆，很荣幸获得本次"关心优秀学生奖学金"并作为获奖代表在此发言。首先，请允许我代表全体获奖同学向深切关怀我们的领导以及辛勤培育我们的老师表示衷心的感谢！"饮水思源，心存感恩"，进入川大这三年来，学校和老师对我们家庭经济困难学生在生活和学习各方面提供了各种帮助，让我们深深感受到了来自学校的温暖。正是因为有了你们的辛勤付出，才有了我们今天的收获。对于我们学生来说，这笔奖学金不仅仅是一笔物质资助，更代表了学校党政和老一辈对我们的肯定和关怀，更是一种激励。你们那热爱教育事业、关心下一代的无私奉献精神，将使我们在以后的学习生活中更加努力，让我们受益终身。

我来自云南省威信县，1935 年红军长征时曾在那里召开了著名的扎西会议。习近平总书记曾说："扎西会议"改组党中央的领导特别是军事领导，推动中国革命走向胜利新阶段。那里是革命老区，同时也是边远山区，产业单一，经济落后，而父母为了照顾残疾的叔叔，不能外出打工，只能在家附近的工地上务工和务农。随着哥哥姐姐和我考上大学，父母年迈多病，家庭经济条件变得紧张起来。幸运的是，在学校和老师的帮助下，我顺利开启了我的大学生活，并勤奋学习、刻苦钻研，获得各种奖学金和竞赛证书。在感受学校和老师关怀的同时，我也深深明白"投之以桃，报之以李"的道理，将老师们对我们的关怀传递给身边的每一个人，关心他人，回报社会。于是我加入了学生工作部下属公益社团新长城四川大学自强社并担任干部，传递社会关爱，锻造自强之才，积极组织和参加各种公益活动，如"爱心包裹""爱心宿舍""向阳花""暑期支教""学子母校行""图书馆志愿者队",志愿服务时长累计约 300 小时。在这些活动中我深切体会到了老师们对我们的关怀不易,也让我更加坚定了感恩报恩、薪火相传的奉献精神。

同学们,青春由磨砺而出彩,人生因奋斗而升华,今天我们有幸获得"关心优秀学生奖学金"的荣誉,在喜悦和自豪的同时,更应该感到我们身上肩负的责任与使命。获得了奖项并不意味着就达到了目标而可以停滞不前,在以后的学习生活中,我们只有付出更大的努力,取得更大的进步,才不会辜负这份殊荣。心有所信,方能行远。作为青年一代,在未来的道路中,我们必须牢记学校和老师们的教诲,不辜负老一辈对我们的希望,坚定理想信念,明确奋斗目标,提升精神境界,用实际行动来回报学校和社会,用实际行动为实现中华民族伟大复兴的中国梦贡献青春智慧和青春力量。

最后,我衷心地祝愿各位领导和老师身体健康、工作顺利,各位同学学业进步、生活如意。谢谢大家!

(江庆,四川大学建筑与环境学院 2017 级工程力学专业本科生)

"关心优秀学生奖学金"
获奖学生代表发言（二）

（2021 年）

蔡 燕

尊敬的各位老师、亲爱的同学们：

大家好！

我叫蔡燕，是来自华西公共卫生学院 2019 级的一名硕士研究生。我感到非常荣幸能够获得这项奖学金，并且今天作为学生代表在这里跟大家分享我的故事。我的家乡是四川省泸州市古蔺县，属于乌蒙山区，在 2020 年以前，还是国家级贫困县。我生长在一个不富裕的苗族家庭，家中有四姐妹，都在读书。受重男轻女思想的影响，我的母亲没有上过学，并且因患有严重的腰肌劳损疾病而无法外出务工，家中仅靠初中毕业的父亲在当地做零工以维持我们的生活，属当地城镇低保户。从小我就立志，要通过努力学习改变自己的命运，走出大山。

在校期间，我一直脚踏实地，努力练就过硬本领。在专业学习和科研方面，我认真刻苦学习各门专业课程，研究生期间成绩平均分达到 89 分以上，以第 1 作者身份发表 SCI 英文论文 2 篇、北大核心论文 1 篇，1 篇会议论文被邀请在 2020 年"第七届中国老年学研究生论坛"上做口头汇报与发言，今年还协助导师完成了 1 份 2021 年国家自然科学基金的标书写作并顺利获得资助。我连续三年获得四川大学硕士研究生二等学业奖学金，获得 2021 年四川大学优秀研究生称号和四川省大学生综合素质 A 级证书。

课余时间我也一直常怀感恩，躬行实践，积极服务社会。在学生工作方面，研究生期间我担任研究生团支部宣传委员、研究生分会副部长、学系负责人，积极为身边的老师和同学服务，获得了学院优秀研究生干部称号。在志愿服务方面，在 2020 年新冠肺炎疫情居家防护期间，我主动加入了家乡疫情防控志愿者队伍。在校期间，我还参加 1100 名华西医生大型义诊、研究生入学考试疫情防控、清明节缅怀英烈等志愿者活动。2021 年上半年参加了四川大学党校第 150 期发展对象培训班并顺利结业，在中国共产党成立 100 周年之际成为一名中共预备党员。古人言："穷且益坚，不坠青云之志。"从本科到研究生阶段，我依靠着国家、学校和社会爱心人士的帮助，并在课余时间勤工俭学，才能在求学路上走到今天。我将继续努力，做一名有理想、有本领、有担当的时代青年！

今天站在这里，我心中除了激动，还有挥之不去的感激，这份奖学金象征着学校老前辈们对我们贫困学子的关怀，是对我们的一种极大的激励和鼓舞。这是我第二次获得"关心优秀学生奖学金"，心情与上次一样，坐在下面聆听老前辈们讲解设立这项奖学金的初衷以及对我们年轻学子的殷切希望，我感到心潮澎湃，也红了眼眶。这份奖学金温暖了我们在座学子的心灵。你们给予我们的，不仅是物质上的帮助，更是精神上和思想上的启发与教育。我想，对你们最好的回报就是把自己锻造成对国家、对社会有用的人，并像你们一样力所能及地去帮助需要帮助的人。

最后，我代表获得这项奖学金的全体同学，在这里向各位老前辈们表示深深的感谢！祝你们身体康健、生活愉快！

（蔡燕，四川大学华西公共卫生学院 2019 级硕士研究生）

大会发言

四川大学关工委成立 30 周年暨表彰大会
先进集体代表发言

华西临床医学院　王坤杰

各位领导，同志们：

大家好！

今天，学校在这里隆重召开纪念四川大学关工委成立 30 周年暨表彰大会。表彰先进，总结经验，部署工作，这对于立足新起点，把握新要求，推动我校关心下一代工作再上新台阶，具有十分重要的意义。我代表获奖单位在这里发言。

近年来，华西临床医学院/华西医院关工委在院党委领导下，以习近平总书记关于做好关心下一代工作系列重要指示为指引，以培养担当民族复兴大任的时代新人为己任，主动作为、勇于创新、真抓实干，积极帮助和促进青年教职工、青年学生的全面发展和健康成才，奋力续写新时代关心下一代事业发展新篇章。现就我院关工委工作汇报如下。

一、党政重视，进一步坚守关心下一代工作的政治责任

我院党委历来高度重视关工委工作和关工委老同志的意见建议，对关工委的工作和广大"五老"给予充分肯定和高度评价，对新时期关心下一代工作提出新的更高要求。院关工委建立起由现任医院主要领导和老领导任关工委主任、副主任，各部门共同参与，以老同志为骨干的完整的组织构架，并有明确的分工和明确的工作定位，同时拥有党、政、工、团齐抓共管的良好局面。以"关心关爱"为工作中心，以加强关工委自身组织建设为重点，从思想上、学习上、生活上关心老同志，注意保护老同志工作的积极性和身体健康。邀请老同志到工作现场交流意见，请他们出谋划策，为他们提供开展工作所需的必要条件；定期看望老同志，及时传达、通报有关情况，使他们了解学院/医院的发展情况，能够更有针对性地解决青年教职工和青年学生面临的问题，提高工

作的实效性；充分发挥老同志在铸魂育人、关心青年成长中的作用，弘扬"五老"精神，发挥"五老"作用，不断巩固和提高常态化建设成果，促进关心下一代工作的有序开展，为国家培养优秀的医疗卫生人才作出了积极贡献。

二、落实立德树人，加强青年学生思想道德建设

我院关工委深入学习贯彻党的十九大精神，切实把习近平新时代中国特色社会主义思想转化为推动关心下一代工作创新发展的强大动力，坚持党对关工委工作的领导，坚持服务党和国家工作大局，坚持把立德树人作为根本任务，坚持发挥"五老"优势，坚持与时俱进、改革创新，牢牢把握服务青年学生的正确方向，组织"五老"工作团成员深入到青年中间，向广大青年学生宣讲华西故事、川大情怀和社会主义核心价值观，教育引导他们树立为全面建设社会主义现代化国家，实现中华民族伟大复兴而勤奋学习、艰苦奋斗的远大志向，抓好后继有人的根本大计。老同志们热情高，责任心强，懂得教育规律和学生成长规律，积极参加学校学院的教学督导检查和江安校区学生工作联系会，参与指导学院"临医之风"文艺汇演活动和教育部关工委"读懂中国"活动；走访学生寝室和与青年学生交心谈话，向青年学生介绍学院/医院发展的历史与现状、医学的特点、课程设置、素质要求、学习方法，并指导怎样转换角色、怎样做一个优秀的医学生，将来成为一名受人民欢迎的医务工作者。

三、做实学生党建，为党组织选育新苗

关工委老同志在长期的工作实践中，积累了丰富的党建工作的经验和精湛的业务知识，具有政治优势、威望优势、经验优势。他们爱教育、懂教育，也善于教育；他们德高望重，经验丰富，热情热心。根据学院/医院党委统筹安排，我们邀请关工委老同志发挥优势，组织"缅怀英烈事迹，传承红色基因"纪念毛英才烈士活动，参与对入党积极分子教育培养，参加青年党员发展的入党前谈话考察，为他们讲授党课，并为党员们做党建方面的培训工作，把关工委的工作与青年学生、青年医师思想政治教育相结合，让每个青年感受到老党员对他们的关心与关怀。在院党委领导下，在各支部书记和老同志的共同努力下，规范严格地执行党员发展程序，确保了我院党建工作连续多年受到上级党委的肯定和赞扬。

四、创新工作方式，服务青年成长成才

通过老同志与青年教职工、青年学生之间的沟通交流，创建各类交流途

径，发挥老同志的"传、帮、带"作用，帮助青年教职工和青年学生成长成才。老专家参与义诊活动，从专业技术上给予青年医师指导，言传身教，给青年树立为民服务的榜样，培养青年的社会责任感；参加本科生华西英才特等奖答辩会，组织"成长在华西"主题讲座活动，勉励同学们传承华西文化基因，做新时代的华西人；带领青年参加马边彝族自治县"大手牵小手，共筑青春梦"志愿服务项目和马边县人民医院的学术报告和教学查房；老专家担任学院教学督导员，深入课堂听课，参加新教师面试、试讲、讲课比赛和教学法研讨活动，对青年教师的教学进行督促检查指导，促进了青年教师教学水平的提高。为石渠县长沙干马乡智呷小学和马边彝族自治县荣丁镇中心校捐建图书室，捐赠图书共计 4800 册。打造"华西朗读者"品牌活动，老专家、老同志们积极给青年推荐好书，引导大家多读书，读好书，营造书香满院的读书氛围。

华西临床医学院/华西医院关工委全身心地投入到关心下一代工作中，以创造力激发活力，以辛劳和勤勉攻克难点，努力做好服务工作。经过长期不懈的努力，我院关工委荣获 2021 年"四川省关心下一代工作先进集体"；在 2021 年组织参加教育部关工委"读懂中国"活动中，选送采访严律南教授的征文获得教育部关工委"读懂中国"活动最佳征文奖，并在中国教育电视台录制播放，同时有 11 名青年学生的征文受到教育部关工委及四川大学关工委表彰。

习近平总书记强调，广大"五老"是党和国家的宝贵财富，是加强青少年思想政治工作的重要力量。各级党委和政府要加强对关心下一代工作的领导，支持更多老同志参加关心下一代工作，使广大"五老"在关心下一代的广阔舞台上老有所为、发光发热，为培养社会主义建设者和接班人作出新的更大贡献。

进入新时代，面对新时代青年学生的新变化，面对多元文化相互激荡的新情况，面对新媒体环境下思想政治教育的新特点，我们必须创新思想理念，学习新成果、适应新情况、迎接新挑战。对我院关工委的工作，我们有以下思考：

一是创新工作理念。新时代的青年学生见多识广，思想活跃，容易接受新观点、新思想和新事物，有很强的情感依赖，又有很强的自我意识，我们的关心不能墨守成规，教育不能是老段子，活动不能是老样子，工作不能是老法子，必须用创新的理论、创新精神、创新的方法增强服务青少年的本领。

二是创新工作内容。我们要用习近平新时代中国特色社会主义思想铸魂育人，开展"大手拉小手，坚定跟党走""传承红色基因，争做时代新人"等教育活动，坚持爱党爱国爱社会主义相统一，以政治认同、家国情怀、道德修养、法治意识、文化素养、强身健体为重点，深入开展中国特色社会主义教育、社会主义核心价值观教育、中华优秀传统文化教育、法治教育、劳动教育、心理健康教育、青年人生成长规律教育，因材施教、因人施教、因时施教。青年喜欢听故事，就给他们讲好党的故事、讲好革命的故事。青年富于幻想，酷爱科技，就组织他们到科研基地、实验室去参观学习体验。青年喜欢新媒体带来的便捷和快乐，就可以尝试把教育内容和新颖的教育形式结合起来。在青年有困惑时，就给他们解疑释惑，从而有效抵制错误言行对他们的影响，引导他们坚定正确的方向，顺势利导、循循善诱地帮助他们。

三是创新工作制度。当今世界正经历百年未有之大变局，经济全球化、社会信息化、世界多极化、文化多样化对青年们的影响巨大，我们长期构筑的马克思主义意识形态领域的主导地位受到冲击。建立新时代关心下一代工作的领导体制，坚持党的领导，加强关工委领导班子建设，是关键之策；动员和吸收更多刚从工作岗位退下来的，热心关心下一代工作的老同志充实到我们的队伍中来，增强关工委的生机与活力，是当务之急；坚持把理论成果、调研成果转化为推动工作创新的长效机制，是势在必行；加强和共青团、学生工作部、教务处等有关部门的密切配合，形成合力，才能开创新时代关心下一代工作的新局面。

习近平总书记指出，十年树木，百年树人，祖国的未来属于下一代，做好关心下一代工作，关系中华民族伟大复兴。我们要在总结过去工作的基础上，充分认识工作上的不足，加强学习，在四川大学关工委的指导和学院/医院党委的领导下，立足新发展阶段、贯彻新发展理念、构建新发展格局，推动关工委工作的高质量发展，为共同开创四川大学关心下一代工作的新局面而努力！

最后，再次向各位老领导、老同志表示敬意，祝大家身体健康、生活美满、阖家幸福！

谢谢大家！

（王坤杰，四川大学华西临床医学院/华西医院副院长）

四川大学关工委成立 30 周年暨表彰大会 先进个人代表发言

四川大学关工委　秦自明

各位领导，同志们：

大家好！

今天学校召开四川大学关心下一代工作委员会成立 30 周年暨表彰大会，我有幸参加，并作为获奖个人老同志代表发言，深感无比激动和感慨，借此机会，将自己参加关工委工作 20 多年来的感受和体会，与大家分享。

我从 1999 年退休即参加学校关工委工作，至今已有 23 个年头，从这个意义上讲是退而不休。之所以如此，因为我认为，作为一名教师，教育学生，培养人才是永恒的职责；作为一名共产党员，为党的教育事业继续发挥优势和力所能及的作用，关爱后代，使之健康成长，成为社会主义事业合格的建设者和接班人是义不容辞的使命。

习近平总书记指出，祖国的未来属于下一代，做好关心下一代工作，关系中华民族伟大复兴。关工委要引导青少年树立和践行社会主义核心价值观，团结教育广大青少年听党话、跟党走。这是党寄予老教师、老共产党员的重托和期望，是我辈之责。

作为校关工委素质教育活动指导部的一员，20 多年来我多次参与"新生对话交流活动"，为他们能尽快适应大学的学习和生活提供咨询和帮助；多次参加华西公共卫生学院举办的"习近平新时代中国特色社会主义思想学习班"学习并作点评，根据自身的经历和体会说明在中国坚持共产党领导，走中国特色社会主义道路的必要性和正确性。从 2013 年开始参与化学工程学院、物理学院、华西基础医学与法医学院先后五个班的"跟班关爱学生成长"的实践和所开展的系列活动，会同二级关工委的同志对学生的成长进行全程跟踪，根据大学生从一年级到四年级不同阶段的思想、学习、生活等方面的变化和特点，适时地、有针对性地开展不同形式的教育活动。这些紧紧围绕立德树人根本任务，主题鲜明、形式多样的教育活动为青年学生的健康成长发挥了有效的作用。特别是已经毕业的 4 个班的"跟班关爱学生成长"的工作和成效已经成为我校关工委工作的一个创新品牌，受到教育部关工委的肯定和表彰。

十九大后我在化学学院 2017 级 201 班宣讲十九大精神时，鼓励同学们努力学习，练就本领，按照十九大规划的蓝图，把自己打造成为实现两个一百年奋斗目标合格人才，并为之奉献自己的知识技能，实现青春梦想。

在华西基础医学与法医学院 2017 级学生开展"读懂中国"活动中，我以参与者、践行者、见证者、成果享受者的切身经历和具体事例颂扬了改革开放 40 年的巨大变革和伟大成就。我告诉同学们"读懂中国"是一部鸿篇巨制，是亿万人用智慧、劳动、创造、奉献写成的，从中可以清晰地看到中国人从站起来、富起来到强起来的足迹，希望同学们沿着党指引的道路继续前行，勇于担当，为祖国富强谱写辉煌篇章。

在给化学学院、化学工程学院学生讲"为什么要入党"这个主题时，我通过切身经历和体会说明入党是一种追求，追求进步，追求真理，追求为党和国家多作奉献，以更好体现人生价值。共产党员不仅是荣誉，更是责任和担当，而且要把个人的理想抱负融入党和国家事业发展中，才能使自己的智慧才华得以充分展现。

2021 年是党的百年华诞，我认真学习了党的百年奋斗史，并先后给物理学院、化学工程学院、华西基础医学与法医学院、灾后重建学院等学院的学生分享了我学习党史的体会：党的诞生是历史必然；坚定的理想信念是共产党人浴血奋斗、战胜困难的精神支柱；人民的衷心拥护是党发展壮大的坚实基础；科学的指导思想是党的事业不断前进的精神旗帜和指路航标；自我革命、自我完善的精神能使党永葆生机活力。希望同学们从学习党史中汲取政治营养，树立正确的世界观、人生观、价值观，努力把自己培养成为堪当民族复兴大任的栋梁之材。

在关工委这个平台上工作 20 多年，有付出，有收获，有体会。付出的是时间和精力，收获的是精神生活的丰富和充实。体会有三点。一是党和国家事业发展需要培养有理想、有本领、有担当的建设者和接班人，因此关工委工作是党和国家对老一辈人的重托，分量不轻，责任重大。二是青年学生的健康成长需要老一辈人的关心和爱护。老教师、老共产党员要用正确的人生观、世界观、价值观去教育、引导、感染青年一代，使之坚定理想信念，听党话，跟党走，坚持走中国特色社会主义道路，为民族复兴奉献才华。三是青年学生思想活跃、追求进步、善于思考，为了与他们交流、座谈、沟通，自己需要不断学习提高，为自己充电，赶上新时代步伐，以更好适应针对青年学生的心理特点和思想需求开展活动，提高工作实效。

今后我将继续努力，老有所为，为立德树人发光发热。

谢谢大家！

（秦自明，四川大学关工委素质教育活动指导部副部长）

四川大学关工委成立 30 周年
暨表彰大会学生代表发言

四川大学化学工程学院　周一山

尊敬的各位领导，老师们、同学们：

大家好！

我是化学工程学院 2018 级本科生周一山。很荣幸能够作为学生代表发言，在今天这个特殊的日子里向老教师们致敬！今天，我们齐聚一堂，庆祝我校关工委成立 30 周年。请允许我代表四川大学的全体同学，向辛苦培育关爱我们的学校，向所有从事关心下一代工作的广大离退休老教师们，表示衷心的感谢！感谢学校对我们的教育培养；感谢老教师们离岗不离教，退休不褪色，用渊博的学识和无限的关怀，指引我们前进的方向，给予我们耐心的指导，引领我们成长成才。老师，您辛苦了！

莫道桑榆晚，为霞尚满天。我校拥有一大批德高望重的老干部、老战士、老专家、老教师、老模范，他们具有忠诚于党的教育事业的高尚品格，具有丰富的教育经验和人生智慧，退休之后仍然心系教育改革发展，心系广大青年学生的健康成长，乐此不疲地为培养我们这一代青年学子倾尽心血，为川大的教育事业改革发展作出了特殊贡献。这种"忠诚教育、关爱后代、无私奉献、务实创新"的精神令人感动，赢得了全校同学的尊敬和爱戴。

年少入蜀正懵懂，得遇先生始明心。我于 2018 年入学，来到成都这个陌生的城市，在川大求学。初入川大，兴奋中夹杂着紧张、新奇中伴随着忐忑，我踌躇满志又腼腆惶恐：我将度过怎样的四年？我的目标又该是什么？直到开学典礼后，我参加了学院学生工作组组织的关工委老师见面会，我发现除了辅导员和任课老师，学校还有这样一支心系我们成长成才的银发队伍！我的困惑、迷茫又多了一个解决途径，我的喜悦、畅快又多了一个分享对象，于是我敞开心扉、直面挑战、追求卓越。因为《平凡的世界》和《活着》两本书，我有幸结识了校关工委多名德高望重的老教师。在大学四年时光中，从当选团支部书记到成为四川大学研究生支教团成员，从参加青年马克思主义者培养工程到成为一名中共党员，老教师们不断关心和引导我。老教师们的传道、授业、解惑，让我在日常的学习生活中事半功倍；老教师们的点拨和指引，让我的学生工作越干越出彩，深得同学们的拥护；老教师们的潜移默化、润物无声，更让我们整个团支部的青年们坚定信念、矢志报国！目前，我们团支部22人，已经全部递交入党申请书，其中8人加入中国共产党，14人被列为入党积极分子；22人中6人保研至中国科技大学、南京大学、西安交通大学和四川大学，2人签约世界500强企业，2人选择考取选调生扎根基层，其余12名同学奋战在考研的征程上。借此机会，我代表我个人和我们团支部，向一直给予帮助和关怀的老教师们致以最衷心的感谢和最崇高的敬意！

天意怜幽草，人间重晚晴。在今后的学习生活中，我和同学们将常怀感恩之心，继承和传承"五老"精神，以"五老"为榜样，顺境不骄、逆境不屈、常境不懈，牢记习近平总书记的谆谆嘱托，以建功新时代的青春豪情，深耕科研创新高地，为中华民族的伟大复兴贡献青春力量。

忆往昔，银发峥嵘扶小树；看今朝，意气青年铸辉煌；展未来，挥斥方遒成栋梁！祝贺四川大学关心下一代委员会成立30周年，感谢所有老师的辛勤付出！祝老师们新春快乐，身体健康，全家欢乐，万事如意！

谢谢大家！

（周一山，四川大学化学工程学院2018级本科生）

理论研究

课题成果

普通高校二级关工委工作长效机制研究

四川大学关工委

摘要：加强高校二级关工委建设，是做好关心下一代工作的重要基础。四川大学关工委课题组针对高校二级关工委工作长效机制构建的实践与现状进行了调研，并分析了目前存在的问题及原因，明确了高校二级关工委工作长效机制的构建与创新的思路。

关键词：高校二级关工委　长效机制　创新思路

教育部党组关于教育系统关工委工作方针中强调指出：立足基层，注重实效。在高校教学科研学院和教学辅助单位建立二级关工委，注重构建二级关工委工作长效机制，对于加强高校广大青年学生和青年教师的培养，推动高校二级关工委工作全面、协调、可持续发展具有重要意义。四川大学关工委课题组会同学校离退休工作处和学校关工委，在广泛开展对全校二级关工委工作机构和队伍建设、开展关工委工作等方面情况进行问卷调查的同时，分望江东区、望江西区和华西校区三个片区进行走访座谈调研，结合近几年来学校关工委开展工作的实际及兄弟院校的经验，对如何构建高校二级关工委工作长效机制，进行了较为深入的思考、分析和研究。

一、高校二级关工委工作长效机制构建的实践与现状

据调查，近几年来特别是教育部党组 20 号文件下发以来，四川大学关工委深刻认识到，做好高校关工委工作并将任务落实到基层的关键是要加强高校二级关工委建设。为使高校二级关工委工作保持全面、协调、可持续性发展，发挥积极作用，构建高校二级关工委长效机制至关重要。为此，学校关工委为二级关工委工作长效机制的构建开展了积极的实践和探索。

（一）加强领导，不断增强做好二级关工委工作的责任感和使命感

教育部党组 20 号文件下发后，学校党委和行政更加重视关工委工作，特

别注意加强对二级关工委工作的领导。

其一，进一步调整充实校关工委领导班子，强化对二级关工委工作领导和指导的力度。在学校党委常务副书记任关工委主任，退休的原党委副书记任常务副主任的基础上，增设了分管人事工作的副校长为副主任，使在职的与关工委工作密切相关的4位校领导都担任主任或副主任。党委将关工委工作作为学校工作的重要组成部分，做到了把关工委工作纳入党委工作计划、纳入领导工作的议事日程、纳入对相关中层领导的考核，在部署、检查、总结工作时都想到了关工委。凡关工委有关部署工作、培训学习、总结表彰等重大会议和活动，学校党政主要领导和关工委主任和副主任都要出席讲话，及时对关工委和二级关工委工作提出希望和要求。在关工委委员和关工委所属6个工作指导部门（思想政治教育指导部、党建工作指导部、素质教育活动指导部、教学与青年教师指导部、心理健康教育及社团活动指导部、社区教育活动指导部）成员的配备上，尽量考虑任用便于协助和指导二级关工委工作开展的老同志，建立健全了关工委委员和指导部成员与二级关工委经常联系和指导制度。现有10位指导部成员直接担任学院关工委副主任，直接协助做好二级关工委工作。增设一位学生工作部副部长任关工委副秘书长，进一步加强了关工委与各学院分管学生工作党委副书记的沟通联系。专门配备一位正科级干部任关工委办公室专职副主任，增强了关工委日常工作开展和同学校各部门及单位联系的桥梁纽带作用。

其二，进一步强化二级关工委领导班子建设，不断深化各方对做好二级关工委工作的认识。学校党委进一步对40个二级关工委进行充实调整，明确规定各二级关工委主任由学院（单位）在职领导担任，副主任2~3人，由在职领导和一位离退休老同志担任。学校党委还根据教育部党组和省教育厅关工委的文件精神及学校的实际情况，制定下发了《关于进一步加强关工委建设，继续做好关心下一代工作的意见》，利用专题培训、各种会议等形式，从巩固党的执政地位，加快和推进学校的改革发展，培养高素质人才的战略高度，引导和提高大家对做好二级关工委工作的重要性和迫切性的认识，不断增强做好二级关工委工作的自觉性和主动性。

（二）广泛动员，积极协调，注重加强二级关工委工作队伍建设

近几年来，校院两级关工委把加强关工委队伍建设作为做好二级关工委工作的重要基础，采用宣传、动员、走访、看望、关怀、慰问等多种途径和方式，进一步激发离退休老同志关心下一代的责任感和政治热情；按照相对稳定，邀请和自愿参与相结合的原则，从校党政管理和教学科研岗位退下来的离

退休同志中，组织了一批具有一定优势和丰富经验，热爱关工委工作的离退休老同志，特别是刚退休下来"年轻"老同志参与关工委工作。全校 40 个二级关工委形成了 2000 多人的关工委工作队伍，占全校离退休人数总数的 20％左右，为全校关工委工作开展奠定了重要基础。

一是着重建设一支相对稳定的关工委工作队伍。不断调整充实的校关工委委员 49 人，其中离退休老同志占 56％，特别新增了 9 位刚退休的"年轻"老同志为关工委委员，平均年龄降低了 6.3 岁；关工委 6 个指导部共有 80 多位成员，部长都是由 60 岁左右刚退休的"年轻"老同志担任；全校设立的 40 个二级关工委现有成员 450 多人，除二级关工委主任和部分副主任由在职领导担任外，每个二级关工委至少有一位离退休老同志担任副主任，成员绝大多数为离退休老同志；学校为配合、协助各学院做好学生管理工作，聘请了 23 位学生教导员，校院两级聘请了 41 名特邀党建组织员；为提高教育教学质量，聘请校院两级 200 余名教学督导员等，全都是离退休的老同志，形成了二级关工委工作相对稳定的骨干队伍，为开展经常性的二级关工委工作提供了组织保证。

二是根据开展大学生教育活动的需求，邀请一些离退休老同志参与关工委工作。在开展对大学生理想信念、入学教育、党课教育、专题培训、大学生生涯规划、学术专题讲座、社团活动、心理咨询等教育活动中，各学院和学院关工委根据教育活动需要，专门邀请一批具有一定特长和经验的教师和管理干部（其中有相当一部分离退休老同志），为大学生开设讲座，与学生面对面深入沟通交流。每年的新生入学教育，学院和学院关工委都要邀请老同志与在职教师一道参加新生的入学教育，用他们的亲身经历和感受，启发大学生树立正确的世界观、人生观、价值观，树立奋发进取的精神、学习专业的热情，帮助制定成才规划等等。学院召开青年教师座谈会邀请老教授与青年教师进行座谈，交流经验体会，带动、促进他们树立良好师德和提高业务水平。

（三）充分发挥"五老"优势，努力创建二级关工委工作特色和品牌

在开展关工委工作的过程中，校院两级关工委紧紧围绕高校立德树人这一根本任务，始终坚持教育系统关工委"二十四字"工作方针，以关爱育人为己任，不断探索、创新关工委工作的有效途径和工作方法，努力创建二级关工委工作的特色和品牌。

一是以社会主义核心价值观教育为主线，通过多种形式开展不同内容的主题教育活动，注重提高大学生的思想政治素质。各学院关工委会同校关工委各指导部，协助、配合各学院党委通过专题培训、专题讲座、报告会、纪念会、

现身说法、参观学习等多种形式，对大学生和青年教师开展爱国主义、社会主义、集体主义、革命传统、理想信念和"我的中国梦"等主题教育活动。华西公共卫生学院关工委会同校关工委党建工作指导部和素质教育活动指导部，协助配合华西公共卫生学院学生党支部，自 2009 年 11 月以来，坚持每年举办一期中国特色社会主义理论学习班。该学习班现已举办了 5 期，每期分 5 个专题，注重从坚定理想信念、进一步坚持走中国特色社会主义道路决心和践行社会主义核心价值观的自觉性和坚定性开展培训。此班已培训学生党员、预备党员和入党积极分子 506 人，学员撰写学习心得 1718 篇，评选出 132 名优秀学员。2013 年 5 月此项目被评为四川大学第三届校园文化建设精品项目。

二是积极协助推进特邀党建组织员工作的开展，努力配合做好大学生党建工作。校院两级聘请的 41 位特邀党建组织员，绝大多数为校院两级关工委成员，其中学校党委聘请的 28 位特邀党建组织员，有 12 位分别担任校院两级关工委副主任。他们积极配合学院党委做好大学生党建工作，参与大学生党员培养教育、发展和考察工作，加强与入党积极分子的联系。近 4 年来，有 7 位特邀党建组织员共为校院两级党校上党课 194 次，培训入党积极分子 57248 人次。特邀党建组织员直接参与对 4394 名发展对象入党前的谈话考察，协助把好发展新党员质量关。特邀党建组织员、校关工委副主任周荣丰同志近 4 年来对 1015 名发展对象进行了入党前的谈话考察。校关工委党建工作指导部 12 名成员中，有 10 位老同志担任特邀党建组织员，与 1107 名发展对象进行了入党前的谈话考察。特邀党建组织员坚持与 30 个学院学生党支部工作的联系制度，有针对性地加强了他们对学生党支部书记、辅导员的专题培训，着重培养提高了他们做好学生党建工作的水平和能力。4 年来，他们先后参与各学院共举办的 60 期学生党建工作专题培训，有 1463 人次参加培训学习。

三是进一步深入开展"青蓝工程"，助力青年教师成长。首先，各学院关工委会同教学与青年教师指导部和学校教师教学发展中心，积极配合各学院抓好"青蓝工程"建设，帮助青年教师提升师德水平和业务能力，提高教学水平和教学质量。除学校成立教学督导委员会外，30 个学院分别成立了教学督导组，聘请了近 200 余名老教授、老专家、老干部参加。他们通过听课、检查理论与实践教学环节、走访师生、召开座谈会等多种形式，了解学院深化教育教学改革和教学过程中教与学的状况，帮助教师特别是青年教师总结经验，转变教育观念，改进教学方法，实行"传、帮、带"，进一步促进他们教学质量和教学水平的提高。近几年来教学与青年教师指导部听课 2000 多学时，马克思主义学院关工委在思想政治理论课教学和改革中，配合学院听了 700 多人次教师授课，在认真总结分析的基础上与教师交换意见，促进课堂教学质量提高。其次，关心青年教师思想、工作和生活中的困难，激励他们健康成长。校院两级关工委通过访问、座谈、问卷调查、个别交流等形式，对青年教师的思想、工作以及希望和困难进行了解，对他们提出的工作中的困难及时向学院领导和相关职能部门汇报和反映，积极提出建议，尽力协助解决问题，进一步激发他们奋发进取的敬业精神，增强他们的事业心和责任感。

四是热情关爱学生，促进大学生健康成长。在坚持以社会主义核心价值观为根本，以理想信念教育为核心，以爱国主义教育为重点，以道德品质教育为基础，开展内容丰富、形式多样的教育活动，不断提高大学生思想政治素质的同时，学院关工委积极协助配合各学院，在专业学习、工作和生活等方面对大学生给予关怀和帮助。专业学习上，积极指导他们制定大学生涯发展规划和职业生涯发展规划，采取多种方式激发他们刻苦学习、勇于拼搏、奋发进取的精神。比如化学工程学院关工委对大学生毕业论文、设计的每个环节实行跟踪指导，使毕业生能顺利地完成毕业论文、设计，取得良好的效果。学院关工委十分注意关心大学生的生活困难，特别注意关爱贫困学生的成长，不仅在思想上对贫困学生给予关爱，而且以多种方式筹措资金，设立困难补助金、奖学金等。有的学院和直属单位关工委每年多渠道筹措 40 万以上的困难补助费，给予贫困学生生活上的帮助。在涉及大学生切身利益的毕业、就业、创业问题上，学院关工委每年都把配合做好毕业生就业工作作为为毕业生办实事的具体行动，指导他们树立正确的择业观、就业观，如配合开展就业培训、专题讲座，提高就业择业的技巧；还发挥老同志阅历丰富、社会关系广的优势，为毕业生提供就业信息，帮助他们就业。针对新形势和信息时代对青年大学生健康成长带来的深刻变化和影响，积极协助开展一对一、面对面"老少共语"活动，促进大学生快乐健康成长。许多关工委成员长期保持与青年学生的联系，通过电话、QQ、微信、邮件等与青年学生进行沟通，对思想和心理出现状况的学生更是主动关心，还把有些学生叫到自己家里，与他们进行耐心沟通和交流，引导他们打开心结，让他们愉快地投入到学习和生活中去。

（四）积极创造条件，搭建平台，为二级关工委开展工作提供保障

对于二级关工委工作的开展，各学院、各教学辅助单位党委（党总支）和行政，除及时加强工作的指导检查，还积极创造必要条件，搭建工作平台。一是根据大学生和青年教师的需求，及时给关工委的老同志交任务、提出工作要求，帮助解决工作中遇到的实际困难和问题。二是为关工委老同志开展工作提供必要的办公场地和条件。三是为关工委开展工作提供一定的经费支撑。学校

将关工委日常活动经费纳入学校预算，单项活动所需经费实行单独报批，各二级关工委活动所需经费由各单位统筹解决；学校对关工委中的老同志骨干成员，在倡导发扬无私奉献精神的同时，给予一定的工作补贴；部分单位也根据自身财力情况分别对本单位的二级关工委成员给予一定的工作补贴，以调动老同志的积极性，促进关工委工作的开展。四是建立健全二级关工委工作制度，为构建二级关工委工作制度化、规范化、长效化奠定基础。长期以来，二级关工委坚持汇报、研究工作制度，坚持每年一次学院党政领导听取关工委工作汇报，研究如何开展二级关工委工作；坚持关工委工作例会制度，坚持每学期两次（学期初和学期末）及时传达学习上级和有关会议精神，部署、总结关工委工作；坚持学习培训制度，学习有关文件精神，不断提高从事关工委工作的理论水平和工作能力；坚持分工联系制度，建立定点，一对一联系帮助青年教师和大学生的制度等，确保二级关工委工作持续有效地开展。

（五）及时总结表彰，不断增强搞好二级关工委工作的动力和活力

为保持和促进二级关工委工作持续开展，校院两级关工委坚持了每年定期的工作总结交流会议制度，校内每年定期召开联席会议制度，对二级关工委工作进行总结交流和检查指导。2013年，结合教育部党组20号文件，各二级关工委进行自查总结。校关工委深入各二级关工委开展调查研究，总结经验，宣扬典型，对做得好的二级关工委坚持两年一次的表彰制度。从2009年以来，学校先后表彰关工委工作先进集体30个，先进个人116人，极大地鼓励和激发了二级关工委工作的积极性。

二、高校二级关工委工作长效机制构建存在的问题及原因

据调查，长期以来，学校二级关工委为关心大学生和青年教师健康成长做了大量的实实在在、卓有成效的工作，发挥了重要作用。但与新时期、新形势要求和当代大学生的需求相比，特别是在如何构建起做好高校二级关工委工作的长效机制方面，还存在有待解决的问题。

（一）学校二级关工委工作开展不平衡，工作的效果呈现明显差异

全校现有二级关工委40个，其中学院建立关工委30个，教学辅导单位建立关工委10个。全校二级关工委工作做得好的、相对一般的和相对较差的大致各占三分之一。关工委工作做得好的，主要表现为对关工委工作很重视，主动积极、经常性地开展二级关工委工作，取得明显效果。关工委工作做得相对较差的，主要是对关工委工作重视不够，开展关工委工作成效不明显，有的名不副实，甚至个别二级关工委形同虚设，根本就没有发挥关工委作用。存在这

些问题的根本原因，在于有的领导对建立二级关工委的重要性和必要性认识不足，对设置二级关工委的地位、作用认识不清。有的认为学院党委和行政的职责内容都包含这些工作，设置二级关工委没有多大必要；有的离退休老同志也认为，这些工作是在职同志要做的事情，老同志去做是抢了在职同志的工作任务，因此出现了在职领导对二级关工委工作不想过问，也不注意调动发挥老同志的作用，而离退休老同志也不主动去争取做关工委工作的现象。

（二）发动离退休老同志参与关工委工作的力度不够，二级关工委工作队伍存在后继乏人的问题

全校校院两级参与关工委工作的队伍有 2000 多人，只占全校离退休人员总数的 20% 左右，而关工委队伍中 70 岁左右的老同志比较多，65 岁以下"年轻"老同志偏少。部分刚从在职岗位上退休下来的年轻老同志能来参加关工委工作，都是经过反复宣传动员，靠发扬奉献精神而为的。少数"年轻"老同志不能主动参与关工委工作的原因在于：一是少数老同志的牺牲奉献精神、责任感不强；二是有少数老同志刚退休，家庭事务繁忙，有的需要照顾家庭、孙儿孙女；三是物价上涨，而老同志退休后只有退休工资，经济收入明显减少，关工委给予的工作补贴也相对有限，所以有的老同选择到报酬较高的单位去工作，而不会主动自愿参与关工委工作。

（三）开展二级关工委工作的有效途径和方法有待进一步加强和改进

长期以来，校院两级关工委协助配合学院党委，针对大学生和青年教师的需求和特点，开展了多种形式的教育和活动，在提高大学生和青年教师的思想政治素质和能力方面，取得了良好的效果。但随着新形势、新情况、新任务的变化，二级关工委开展工作的途径和方法、教育活动的手段，已经不能完全适应新形势、新任务的要求。从教育活动和工作的内容上看，其赋予新时代的需求不够，联系大学生和青年教师的思想实际不够紧密，有的缺乏针对性、实效性，效果不够明显；从工作手段和方式方法上来看，由于我们处在一个科学技术飞速发展的时代，社会环境在变化，大学生的思想也在变化，而大学生需求也存在差异，仅靠传统的途径和手段方法，很难满足大学生和青年教师的需求，我们必须要在传承优秀传统的同时，积极转变观念，拓展工作领域，丰富工作内容，探索有效途径和方法，不断提高关工委工作的针对性、实效性。

（四）对二级关工委开展工作的支持力度有待进一步加强

各学院党政部门在支持关工委开展工作中各有差异。一是在加强对关工委工作的领导和指导方面，有的为关工委开展工作搭建平台不够，有的没有将关

工委工作纳入学院工作计划，有的沟通较少，甚至有个别的根本就不沟通，更谈不上给关工委开展工作交任务、搭建工作平台；二是工作条件、经费支持力度各有差异，有的投入关工委工作经费很少，难以支持开展关工委工作的需要；三是对关工委老同志开展工作关心、关怀不够，难以调动关工委老同志主动开展工作的积极性。

（五）二级关工委工作制度坚持和执行的力度不够

二级关工委经过工作实践，建立和形成了一些工作制度，确保和促进了二级关工委工作的开展，但与使二级关工委开展工作形成一套完善的制度，实现二级关工委工作的常态化、规范化、制度化还存在一定的差距。一是现有的制度还不够健全完善，随着形势、任务的变化，二级关工委需要不断实践与创新，结合实际不断修订、健全完善，逐步形成其工作的长效机制；二是对现有制度执行的力度各有差异，有的执行不力，加之缺乏对执行制度和工作的检查考核机制，对执行制度和工作成效也缺乏完善的激励机制。

二级关工委工作存在的以上一些有待解决的问题，直接影响到二级关工委工作的开展，其最根本原因在于二级关工委工作长效机制构建和执行有待进一步落实。

三、高校二级关工委工作长效机制的构建与创新

高校二级关工委工作的实践经验证明，要确保二级关工委工作健康持续发展，使二级关工委工作科学化、常态化、制度化，保持关工委工作连续性与科学发展，必须构建和形成高校二级关工委工作长效机制，健全和完善、不断创新一系列行之有效的制度机制。

（一）充分发挥主导和主体作用，努力构建二级关工委的领导管理机制

教育部党组 20 号文件明确指出："教育系统关工委是在同级教育部门和各级各类学校党组织的领导下、以离退休老同志为主体、有在职同志参加的群众性工作组织。以现职党政领导为主导，提出工作任务；以老同志为工作主体，开展工作。"二级关工委作为校关工委的基层工作机构，要根据教育部党组的要求，建立以在职领导为主导的领导机制，切实发挥好主导作用。以现职党政领导为主导，也就是说，学院党委（党总支）要有人分管关工委工作并直接兼任关工委的主要领导，离退休老同志任关工委副主任，切实肩负起关工委工作领导之责，真正做到思想认识、分管领导、组织协调和关心支持四个到位。要把关工委工作列入学院工作的议事日程，列入学生思想政治工作体系，列入学院党委（党总支）有关领导干部目标管理和考核体系，

统筹进行安排部署，定期听取汇报和部署关工委工作，交给工作任务，及时研究、解决关工委工作中遇到的困难和问题。在二级关工委领导班子和人员的选配、工作平台搭建、工作条件和活动场地、工作经费等方面给予有力的支持，加强领导，指导和帮助关工委有效开展工作，切实为关工委开展工作营造有利环境和条件。

关工委老同志作为关工委工作主体作用的发挥，就是要紧紧围绕学院工作中心，紧密联系和结合大学生、青年教师与职工的需求和特点，积极配合学院党政开展关工委工作。

（二）建立健全二级关工委工作体系，努力构建二级关工委组织队伍的长效机制

构建二级关工委组织队伍的长效机制是保证二级关工委工作长期正常、持续有序开展的基础和前提。可以从以下几方面构建二级关工委组织队伍的长效机制：

一是构建二级关工委领导班子选配机制。根据上级和学校党委有关关工委工作文件和工作条例规定，按照关工委以在职党政领导为主导，以离退休老同志为主体相结合的原则，二级关工委设主任一名，副主任1～3名，成员7～13名。二级关工委主任一般由学院党委（党总支）负责同志兼任，副主任中至少要有一位离退休干部，关工委成员一般由离退休老同志、院党委秘书、院团委书记、辅导员等组成，由学院和单位党委（党总支）办公室兼管关工委的日常工作。要体现以离退休老同志为主体，有利于老同志更好地发挥主体作用，要特别注意对离退休老同志担任二级关工委副主任人选的选配，要注意选配思想政治素质高，组织管理能力强，关爱青年学生成长，具有奉献敬业精神，乐意从事关工委工作，曾担任过领导职务的离退休干部或老专家、老教授担任。同时，要特别注意和始终保持二级关工委机构人员健全，班子配备合理，该调整充实的，要及时调整充实，使二级关工委领导班子始终充满生机和活力。

二是构建二级关工委"五老"骨干队伍机制。为了保持关工委工作的连续性，要注意宣传、动员、组织、引导老同志积极参与关工委工作，把那些德高望重、学识水平高、敬业奉献精神强、身体健康、自愿的老干部、老党员、老教师、老专家、老模范等吸收到二级关工委队伍中来，形成和保持一定数量的骨干队伍，要特别注意动员和组织刚退休的"年轻"老同志积极参与二级关工委工作，激发他们从事关工委工作的热情。学校可动员和安排、学院可聘请因年龄等原因离任但尚未退休的干部参与二级关工委工作。

三是建立不断培训提高机制。为了使老同志的思想观念和工作方法与时俱

进，始终保持和发扬独特优势，以便关工委工作紧扣时代主题，紧贴大学生和青年教师的实际，要注意为老同志提供和搭建学习和工作平台，建立多种形式的培训制度，定期或不定期地组织老同志学习习近平总书记系列讲话精神、社会主义核心价值观等内容，进行学习培训和经验交流，同时，要及时向老同志传达上级有关文件精神，提供学习资料，鼓励老同志加强自学，沟通情况，提出工作要求，不断提高老同志从事关工委工作的水平和能力，使他们在工作中坚持发扬"忠诚教育、关爱后代、务实创新、无私奉献"的精神，充分发挥政治、经验、威望、时空和亲情优势，不断增强做好二级关工委工作的责任感和使命感。

（三）以创建关工委工作"十大品牌"为载体，努力构建二级关工委工作的运行机制

建立高校二级关工委工作的运行机制，使二级关工委工作能够坚持长期有效运行、科学发展，这是做好二级关工委最重要最关键的环节。

一是努力构建二级关工委工作供需互动责任机制。在新形势下，高校二级关工委要根据高校大学生和青年教师的需求，明确需要做什么以及如何做。实践经验证明，作为高校二级单位党委（党总支）要根据学院党委（党总支）的中心任务，紧密联系大学生和青年教师思想、工作实际，每学期至少应有1～2次及时给二级关工委作出工作部署、提出工作要求，交给工作任务。二级关工委要定期主动向单位党委（党总支）做好请示汇报，及时深入大学生和青年教师中了解其思想情况和要求。同时，要认真履行工作职责，按照二级单位党委（党总支）提出的工作任务和要求，紧密联系大学生和青年教师的实际和特点，制订工作计划，充分发挥老同志的优势，认真扎实地开展好关工委工作，努力完成工作任务。

二是努力构建主动作为创品牌机制。按照"围绕中心、配合补充、主动作为、协同创新、立足基层、注重实效"的工作方针，二级关工委要根据教育部关工委提出的创"十大品牌"的内容，通过有效载体和工作平台，力求取得预期工作成效的要求，实施创品牌机制。多年实践经验证明，值得借鉴的主动作为的载体和平台为配合主渠道主动开展主题教育活动，以立德树人，培育和践行社会主义核心价值观为主线，紧密联系大学生和青年教师的思想工作实际，以专题培训、专题讲座、专题论坛、报告会、党课、座谈会、演唱会、社会调查等形式，主动开展"我的中国梦""中国特色社会主义理论体系""社会主义核心价值观"、爱国主义、革命传统教育等形式多样、内容丰富的主题教育活动，引导、帮助大学生和青年教师树立坚定的理想信念以及奋发成才、勇于进

取的精神，树立正确的世界观、人生观和价值观，增强时代责任感和使命感；主动协助做好特邀党建组织员工作，积极参与做好新形势下的学生党建工作。切实做好大学生党建工作，对于提高学生党员队伍整体素质，培养和造就中国特色社会主义建设者和接班人，实现"中国梦"具有重大而深远的意义。老同志要直接担任特邀党建组织员或协助指导推进特邀党建组织员工作开展，积极参与学生党员发展和教育管理，协助加强对学生党支部建设的指导，结合实际加强对入党积极分子的教育培养，进一步激发他们的政治热情，把思想入党放到重要位置。要上好党课，加强对发展对象的培训，严格掌握党员标准，搞好对发展对象入党前的谈话考察，确保发展新党员的质量，切实加强对新党员的继续教育培养考察，把好入口关。要深入学生党支部开展调查研究，协助学院党委切实加强对学生党支部建设的指导，推动特邀党建组织工作的创新发展，为服务大学生党建工作作出新的贡献；主动参与教学督导，实施"青蓝工程"，助力青年教师成长。青年教师既是高校教学和科研的重要力量，也是青年大学生的楷模，他们与学生接触较多，对学生的思想行为的影响更直接，他们的思想政治素质和道德素养对学生健康成长具有重要的示范引导作用。据调查，四川大学 40 岁以下的青年教师占教师总数的 43% 左右，他们教书育人的经验不足，思想工作压力大，加之上有老下有小需要照顾等负担，因此，在过好教学关、科研起步阶段等方面亟须帮助、指导，所以建立青年教师的帮扶长效机制显得尤为重要。而关工委老同志在这一方面具有独特优势，所以，关工委老同志要充分发挥自身优势，积极参与教学督导，深入课堂、学生中了解情况，在教育理念、教学方法、课题申报等方面主动介绍信息和经验，实行言传身教，做好"传、帮、带"工作，积极参与青年教师培养，帮助他们严格遵守教育部发布的高校师德"红七条"禁令，加强修养，真正成为有理想信念、有道德情操、有扎实学识、有仁爱之心的优秀老师。配合做好帮困助学工作，主动关爱贫困学生的健康成长。随着高校深化招生考试制度改革，农村贫困专项计划招生人数将进一步增加，关爱贫困学生健康成长更将成为二级关工委的一项重要工作。二级关工委要配合主渠道，做好调查研究工作，发挥关工委老同志的优势，耐心细致地做好对贫困生的关爱、疏导工作，力所能及地帮助贫困学生解决生活困难，帮助贫困生完成学业，配合做好关心、指导他们就业创业的工作。

三是努力构建二级关工委工作探索创新机制。随着社会和经济的快速发展，新形势、新情况给大学生的思想带来了新的影响，出现了新的问题。关工委工作要适应新形势下因大学生思想变化而产生的新要求，在总结经验的基础上，坚持继承创新，在工作领域、工作内容、工作形式、工作方法和现代教育手段等方面，积极探索二级关工委工作新思路和新途径，不断探索创新新机制，才能使二级关工委工作更有针对性，保持旺盛的生命力。

（四）建立完善二级关工委工作制度，努力构建二级关工委工作的保障机制

建立和完善符合二级关工委工作特点、规律的各项规章制度，是不断促进二级关工委工作科学化、常态化的有力保障。一是建立不断规范和修正机制。对已制定的二级关工委的领导班子建设、队伍建设、工作运行和条件保障等方面的制度，以及经过工作实践检验证明可行的学习培训、调查研究、活动交流、表彰激励等一系列制度，进行制度规范，建立较为成熟的二级关工委工作的领导机制、组织建设机制、工作运行机制和条件保障机制。同时在执行过程中，根据形势任务变化要求，不断对制度加以修订完善，使二级关工委工作有章可循，工作更加科学化、规范化和制度化。二是建立检查督办机制。二级关工委工作制度的制定，是二级关工委工作有序进行的重要保障，而这些制度能否得到贯彻执行和落实，是二级关工委能否取得工作成效的至关重要的问题。二级关工委和学校关工委要加强对执行制度开展工作的情况的督促检查，开展调查研究，及时了解和解决执行过程中存在的问题和困难，真正使二级关工委工作扎扎实实、落到实处、取得成效。三是建立条件保障机制。必要的物质和经费投入，是二级关工委开展工作的重要条件。要积极为二级关工委工作的开展创造必要条件，在班子配备、工作平台、活动场地、工作经费等方面给予支持和保障。

（五）不断总结创新，努力构建二级关工委工作的激励机制

建立有效的激励机制，是充分调动和保护老同志做好二级关工委工作积极性和主动性的有效举措。一是建立关怀与支持的激励机制。对于从事二级关工委工作的老同志，各级党政领导和关工委要在注重充分发挥老同志的优势和作用的同时，从政治上、工作上和生活上给予关怀，尊重和肯定他们对关工委工作的贡献和成就，特别注意利用各种形式宣传老同志的奉献精神和敬业精神，使他们感受到离退休后从事关工委工作所发挥的作用、存在的社会价值，让他们富有光荣感。二是建立表彰先进激励机制。表彰先进是对从事关工委工作特别是二级关工委工作同志的肯定、支持、鼓励和鞭策，对于调动和推进二级关工委工作将起到广泛而深远的激励作用。因此，要积极开展创建"五好"关工委活动，形成每年作工作总结的制度，肯定所作贡献，提出新的工作要求，发现宣传典型，建立定期对先进集体和先进个人给予表彰制度，使做关工委工作

学有榜样，赶有目标，调动从事关工委工作的积极性。三是建立适当补贴激励机制。在倡导无私奉献精神的同时，除对从事二级关工委工作的老同志在政治上、工作上给予关怀、鼓励外，对于正式聘请并坚持关工委工作的老同志、特邀党建组织员、教学督导员，对于为大学生开设专题讲座、作专题报告、上专题党课等的老同志应给予适当的工作补贴，解决其因开展工作而产生的交通、通信、材料印制等费用，以利于调动和保护他们的工作积极性。

课题组组长：曾学锋
课题组成员：汪朝清、杨静波、周志文
执笔人：汪朝清

多元架构下的大学生思想政治教育"三进"教育模式中"五老"作用发挥机制研究

——以四川大学为例

四川大学关工委课题组

摘要：四川大学始终将关心下一代工作视为全党、全社会的共同事业，认为关工委工作是一件功在当代、利在千秋的永恒工程，而"五老"是大学生思想政治教育"三进"及思想道德建设的宝贵资源和不可替代的重要力量。校关工委的工作是不断探索、锐意创新、方向明确、与时俱进的。四川大学立足于已有并大力实施的发挥"四员""五老"做好关心下一代工作的特殊政治优势、经验优势、威望优势、情感优势和时间优势的作用之特色机制，切实落实大学生思想政治教育"三进"的多元教育模式并取得了优异效果。本研究以问卷调查、专题访谈及资料回顾与分析、个案分析为主要方法，通过以下五个方面的调研，形成了相关陈述、分析、讨论与结论。

关键词：大学生思想政治教育 "三进"教育模式 "五老"作用发挥机制

一、基于改进大学生思想政治教育及"三进"的问卷调查

加强和改进大学生思想政治教育，是当前全社会共同关注的一个时代课题。为了客观地了解当前四川大学学生思想政治教育现状，增强对大学生思想政治教育的针对性、实效性和提高大学生思想政治教育水平，本课题组限于经费与时间等条件，仅就四川大学学生思想政治教育理论课教学进行了问卷调查。答题对象为本校部分"两课教师"（30）、部分专业的"两课听课学生"（300），发放问卷 330 份，收回有效问卷 328 份。

问卷主要内容：1. 提高思想政治教育教学方式的关键何在？2. 大学生学习思想政治理论的目的何在？3. 什么是思想政治教育教学效果？4. 您对思想

政治课程的教学效果是否满意？5. 通过大学思想政治课学习，您认为学生对该学科的认识有什么变化？6. 您觉得思想政治课程的课堂气氛怎样？7. 您认为提升思想政治课教育效果的关键在于教师的哪些方面？8. 有些思想政治教育教师讲课对学生缺乏吸引力，您认为最重要的原因是哪些？9. 您对思想政治课教师的整体看法有哪些？10. 您认为思想政治课教师的以下因素对于学生学习这门课有怎样的影响？11. 您认为思想政治课教师所需要具备的素质应当有哪些？12. 您认为思想政治课教师应在哪些方面提升自己的能力？13. 您觉得什么样的思想政治课教师会激发学生上思想政治课的兴趣？14. 思想政治课教师使用讨论、辩论等教学方法对增强教学效果有无帮助？15. 思想政治课教师是否需要每年进修？16. 教学内容对学生学习思想政治课程有无影响？17. 您对什么样的思想政治教育教学内容最感兴趣？18. 您对当前的思想政治教育教学内容有何感受？19. 您所希望的思想政治课的教学内容是怎么样的？20. 上思想政治课最让您困惑的是什么？21. 您认为应如何提高学生上思想政治教育课的积极性？22. 您认为当前的思想政治教育教学模式需要改变吗？23. 按优先顺序选择以下您喜欢的思想政治教育教学方式。

以上问卷调查可为我们进一步发挥"四员"（"关工"员、教导员、督导员、组织员）与"五老"（老干部、老教师、老专家、老战士、老劳模）在落实大学生思想政治教育"三进"的多元教育模式中的作用提供参考。

二、关工委在"三进"教育模式中的作用发挥

为予别人，先强自身。四川大学关工委按照建设学习型关工委的要求采取集中、分散和自学相结合的方式加强了学习。校关工委组织了主要工作骨干认真学习习近平总书记在中国共产党成立95周年大会上的讲话、纪念红军长征胜利80周年的讲话、在全国思想政治工作会议上的讲话和对关心下一代工作的重要指示，传达学习中国关工委、教育部关工委、省教育厅关工委领导的多次讲话精神和上级关工委有关的培训会、工作会、表彰会的精神，进一步提高了关注、关心、关爱青年对于实现中华民族伟大复兴的中国梦的极端重要性的认识，进一步明确了工作的方向、目标、任务和方法，提高了进一步做好关工委工作的决心。各指导部还根据自身工作特点，组织学习相关内容，如教学与青年教师指导部专门学习了"每一位教师都应当知道的六大教育策略""课堂讨论上，如何提高学生参与度""大学教师如何回应学生的回答"等内容，以提高工作能力和水平。

经访谈、调研和资料回顾与分析，以2015、2016年为例，四川大学关工委在大学生思想政治教育"三进"教育模式中"四员""五老"作用发挥情况总体分为四个方面。

（一）协助抓好学生党建工作

2009年，在华西公共卫生学院党委和校院两级关工委的牵头下，校关工委积极探索创建以中国特色社会主义理论学习为主的学习型学生党支部，率先在四川大学开展了第一期中国特色社会主义理论学习班，按照"院党委关心和支持，校院关工委老师指导，学生党支部书记组织，三年级学生党员、入党积极分子参加学习"的学习模式，至今已成功举办了8期学习班。2016年四川大学关工委继续指导和参与公共卫生学院党委举办的第7期、第8期中国特色社会主义理论学习班。第7期有67人参加培训学习，学习期间有21位同学进行中心发言；关工委两个部有8人次进行专题点评，参与对学员撰写的82篇学习心得体会文章进行评阅，评选20名优秀学员进行表彰。培训期间发展新党员14人，对24名预备党员按期进行转正。第8期有近100人参加培训学习，校关工委有9人参加学习、讲评。第一专题的学习内容分5个方面展开论述，5位同志引经据典，联系实际，正视问题，全面深刻阐述观点，层次清晰、条理分明，每个发言人都有小结而且结论深化了主旨，说服力强。讲评者们认为：参加学习的入党积极分子、预备党员，学习态度认真；5位同志的发言精彩，学习的形式好，内容重点突出；学院党委精心安排，特邀党建组织员和许多老同志具体指导，是有特色、有亮点的学习会；同学们是主角，制作的PPT图文并茂，分享时有感触、有深度、有研究性，阐述深刻，是一次鲜活的学习会；学生的学习发言深刻，理论与实际结合得很好，对当前意识形态存在的问题分析中肯。

党建工作指导部积极协助商学院、文学与新闻学院、华西基础医学与法医学院、化学工程学院、数学学院加强对基层党委和基层党支部开展党建工作的指导。"七一"前夕与化学学院2015级入党积极分子座谈，使同学们对中国共产党有更加全面和深刻的认识，坚定入党决心。为经济学院、法学院、文学与新闻学院、历史文化学院、商学院、计算机软件学院、电气信息学院、建筑与环境学院、公共管理学院、成人与网络教育学院和锦江学院等12个学院党校上党课9次，有1561名发展对象和入党积极分子参加培训学习，对136名学生发展对象的入党材料进行了审核并对发展对象进行入党前的谈话考察。

（二）抓好理想信念、成长成才教育

校关工委与四川省新四军研究会川大分会、学生工作部、离退休工作处联合召开纪念中国共产党成立95周年暨红军长征胜利80周年座谈会，回顾党的历史，对青年进行革命传统教育，弘扬红军长征精神，不忘初心，继续前进。组织关工委老同志到四川省图书馆参观"纪念长征胜利80周年"主题图片展。还与马克思主义学院青年马克思主义读书会联合召开纪念中国共产党成立95周年暨长征胜利80周年座谈会，与同学们畅谈学习党史、国史的感想和体会。与校史文化协会、团委联合召开"回顾川大校史，弘扬川大精神"，四川大学120周年校庆座谈会。把党史、国史教育与校史回顾结合起来的做法，增强了学生爱党、爱国、爱校的信念。党建工作指导部与化学工程学院组织本院2015级40多名入党积极分子举行以"牢记历史、勿忘国耻、忠诚于党、无私奉献"为主题的座谈会，老同志以自己学习、工作的亲身经历以及受党教育的成长历程，和同学们分享如何保持党员的先进性和持之以恒的共产主义信仰。

（三）协助做好教学指导，关注青年教师成长

关工委教学与青年教师指导部、思想政治教育指导部继续做好对青年教师的"传、帮、带"工作，逐步做到"精准帮扶"，切实帮助青年教师提高教学能力和水平。完成《探索精细帮扶青年教师的有效途径》专题报告，特别介绍了对物理学院和生命科学学院的青年教师帮扶、培养工作的典型事例。

思想政治教育指导部和马克思主义学院教学督导组对面向全校本科生开设的四门公共必修课程（毛泽东思想和中国特色社会主义理论体系概论、中国近现代史纲要、马克思主义原理概论、思想道德修养与法律基础）、部分研究生公共课程进行了全面听课和督导，听课212人次，共450课时。指导部与督导组还坚持听"大学生心理健康"课程，帮助青年教师提高教学水平和质量。

根据学校关于进一步加大对课堂教学工作的管理与督促的意见，关工委老同志继续深入教学第一线，走进课堂，听青年教师的课，参与相关学院青年教师一对一的培养工作，帮助青年教师分析教学过程中的问题与不足。心理健康与社团指导部6位老师深入"大学生心理健康"课堂，课后分别与任课教师交换意见，提出有益的建议，帮助提高他们的教学水平。教学与青年教师指导部积极开展对青年教师教学情况的调研，协助人事处、教务处、教师发展中心对我校45岁以下青年教师的教学工作情况进行书面问卷调查，召开座谈会，与青年教师交流，对收集的数据进行分析，完成了《四川大学青年教师教学工作培养情况调查报告》。

（四）创新载体，开展形式多样的关爱活动

与学生工作部配合，坚持参加各种学生教育实践活动。校关工委参加"百廿耀光芒·青春续华章"四川大学2014—2015年度"百佳"班级评选活动，评选出标兵班级15个，模范班级15个，优秀班级20个。参加2014—2015年

度"百佳"寝室评选走访活动，对 113 个候选寝室进行逐一走访，推选出"百佳"寝室 100 个。参加"助学·筑梦·铸人"征文评选工作，共收到征文 455 篇，推选出一等奖 5 篇，二等奖 10 篇，三等奖 30 篇，优秀奖 55 篇。还参加了"我的家·我的梦"主题图片和"让梦想点亮芳华"主题视频评选活动，大力宣传国家学生资助政策，全面展现家庭经济困难学生资助工作取得的成就，加强对学生的励志感恩教育，促进学生成才。

心理健康教育及社团活动指导部和学校团委配合，参加"心里的书分享给你"评选活动，鼓励学生多读书，读好书。还经常与学生社团同学座谈，指导他们在开展各种活动时要坚持正确方向，爱党、爱国、爱校，促进德、智、体、美、劳全面发展。召开指导教师座谈会，听取他们的意见和建议，总结经验，推进工作。

社区教育活动指导部与相关部门和单位配合，指导学生志愿者在社区开展有意义的爱心活动。在南虹村社区开展"城市同梦·志愿同心"主题春季护绿志愿服务活动；在望江校区开展小区公共服务资金使用管理宣传活动，使"民事民议、民事民定"的原则深入人心；在新北村开展义诊活动；在农林村小区开展"健康进社区"志愿者服务活动，为在场老人免费测量血压并进行诊疗，解答健康问题并赠送相关健康宣传资料；组织志愿者参加南虹村社区重阳节文艺演出暨趣味游园活动。志愿者在积极做好活动现场的协调和辅助工作的过程中，唤起了对老人的关注，提升了社会责任感。指导志愿者探索"老少共话、以老带小、以小慰老"的多样化活动形式，为青年志愿者开展活动提供平台，也为关工委社区教育活动创造新的途径，充分发挥社区教育指导作用。继续和驻社区单位川大附小一起开展寒假小学生"读一本好书""在家当好孩子""在社区当好公民"的活动。坚持与川大三个幼儿园一起做好学龄前儿童的爱国主义教育活动。

教学与青年教师指导部配合校史文化协会开展"三十年——观川大沧海桑田"主题座谈会，讲述川大过去 30 年的趣事、校区间的故事以及川大著名的建筑。继续开展化学工程学院、物理学院"跟班关爱学生成长"教育实践活动，根据所跟班级进入毕业阶段的实际情况，参与组织召开有针对性的"三十年创业经历聊天会"，邀请已有 30 年工作经历的学长讲述创业经历、事业现状及规划和远景等。召开"畅想未来——考研以及找工作经验分享会"，指导学生正确看待就业与考研。召开"跟班关爱学生教育实践活动"工作专题研讨会，研究如何总结经验，深化和推进关工委工作的全面开展。参加华西临床医学院大学生暑期"三下乡"社会实践活动，引领广大青年学生积极投身脱贫攻坚、经济发展的热潮，用实际行动争做有理想、有追求、有担当、有作为、有品质、有修养的优秀青年。利用新媒体与学生互动，做好关爱学生工作。关工委中担任学生教导员的老同志经常通过 QQ、微信、短信等平台与学生联系沟通、双向交流，关心青年学生学习生活以及成才过程中遇到的困难，为学生排忧解难。

教学与青年教师指导部有针对性地帮助青年教师 50 多人次，针对量大面广的基础课等进行听课 250 多次，课后与任课教师进行交流，对教学认真、教育效果好的教师予以鼓励，对存在的不足提出建议，共同探讨课堂教学改革的方法、更新教学理念。特别是开展一对一的培养工作，旁听新教师的第一堂试讲课并予以帮助和指导，参与帮助青年教师的示范教学、新课程的评审，参与"慕课"（MOOC）这一开放式在线教育的准备和指导性工作、毕业论文的审查工作。

三、两课督导员在"三进"教育模式中的作用发挥

在模式与机制上，四川大学关工委思想政治教育指导部与马克思主义学院教学督导组是两块牌子一套人马，有正高 3 人，副高 10 人。自 2013 年至 2016 年，四川大学两课督导员在大学生思想政治教育"三进"教育模式中"四员""五老"作用发挥分为三个方面。

（一）"两课督导"

两课督导员对面向全校本科生开设的四门公共必修课程（毛泽东思想和中国特色社会主义理论体系概论、中国近现代史纲要、马克思主义原理概论、思想道德修养与法律基础）和部分研究生公共课程进行了全面听课和督导，听课 700 余人次，共 1400 余课时。在听课及督导中，重点对以上四门课程和研究生公共课程课堂教学环节特别是对课程教学主要环节、政治方向、大政方针等状况（质量）进行了解、把握、督导，与任课教师进行交流并提出质量改进的建议。其间，增进了师—师和师—生交流以及"下传上递"，通过"传、帮、带"和督教与导学，对教师改进教学和学生改善学习，以及在大学生思想政治教育、"三进"教育模式中"四员""五老"作用发挥上，起到一定的有益作用。

（二）协助抓好课外教育

两课督导员积极参加相关"两课"教研室开展的课外教育与学习活动，做指导及当评委，如被中宣部肯定并全国推介的"学生思品课八秒正能量视频大赛——题材自选，自作及自我宣讲、学校评奖"的教学活动；"我是川大人"

"我是川大梦"等视频自作、竞奖的课外教学活动。

（三）开展好"我的中国梦"等主题教育活动

在做好学生思想政治工作的同时，我们把中国梦教育作为理想信念教育的一个重要部分。思想政治教育指导部部长在2013年6月和7月，分别为艺术学院的400多名学生作了"中国梦之大学生安全、健康与成长问题应对及圆梦析要"专题讲座。

2015年，督导组部分成员参加学校教学工作交流会。部分成员对全校有关学生作了2个专题讲座："把握今天、梦想未来——对大学生立足心理调适、诚信人、事的感慨与分享"和"把握今天、梦想未来——积极心理学——通向美好未来的桥梁"，共计600多人听讲。部分成员参与学校、学院相关工作会（如学校教学工作交流会、学生工作交流会、辅导员论坛），进行学习、讨论、交流。部分成员参与学生社团活动及社团指导工作和其他方面的学生活动等，如参与学生社团指导，听心理健康教育课，以及参与学生"舍区"活动（如学生羽毛球比赛、文明寝室评选），担当评委，进行点评、主题讲话等。分成员出席校关工委活动并与多位学生做了交流。部分成员参与学院教学工作交流会和教学研讨会各2次，参加中国近现代史纲要、毛泽东思想和中国特色社会主义理论体系概论、马克思主义原理概论、思想道德修养与法律基础教研室组织的教研活动共5次。2015年7月3日全员出席"校关工委及两个部"和离退休工作处及校团委组织的"铭记历史、珍惜现在、展望未来——纪念抗战胜利70周年座谈会"，2位同志作主题发言。

2016年6月20日，思想政治教育指导部、心理健康教育及社团活动指导部、马克思主义学院在江安校区文科楼617会议室联合召开了纪念中国共产党成立95周年暨长征胜利80周年座谈会。学院党委副书记回顾了党的历史、发展历程，以先烈们抛头颅、洒热血、不怕牺牲的革命精神，激励我们坚定信念，把握好政治方向。校关工委副秘书长认为召开这样的座谈会非常有意义，我们在这里畅谈党史、国史，就是要跟党走、听党话。他通过人民生活水平的巨大变化，阐述了没有中国共产党就没有新中国，没有共产党的正确领导就没有我们今天的幸福生活的道理。心理健康教育及社团活动指导部副部长暨学院督导组专家作了主题发言，回顾了党在继往开来各个历史阶段取得的伟大成绩，证明了中国共产党是光荣的、正确的、伟大的，希望同学们坚定共产主义理想，坚持马克思主义信仰，积极投身中国社会主义特色理论学习，加强马克思主义理论研究，不断提升自身的政治素质和专业素质。马克思主义读书会的5位同学分别以《回顾"两史"，缅怀先烈，投身"两学一做"》《我们的长征还没有结束》《铭记历史，坚定信念》《在党的关怀下沐浴灵魂做一个合格党员——心中有党、信党》《密切联系群众，坚持群众路线》为题，畅谈了学习党史、国史的感想。督导组 3 位老师作了精彩发言。关工委老同志通过事例，有比较、有鉴别、有体会地发自内心地讲述党史、国史、理想、信念，使同学们受益匪浅。

四、特邀党建组织员在"三进"教育模式中的作用发挥

近几年来，学校特邀党建组织员通过多种形式为各个学院党校上党课约40 多次，有近 8000 名发展对象和入党积极分子参加培训学习；对约 1000 多名学生发展对象进行了入党材料审核和入党前的谈话考察；积极协助学院党委开展大学生党支部党建工作交流座谈会，进一步促进大学生党建工作的开展，协助化学工程学院党委举办的"研究生党员担任本科生班党建指导员工作专题汇报"交流座谈会和商学院学生党支部"学习十八届五中全会精神知识竞赛"，参加校党委组织部召开的特邀党建组织员交流座谈会；党建工作指导部协助商学院学生党支部举办"培养和践行社会主义核心价值观的知识竞赛及颁奖"教育活动，有大一、大二学生中的 100 多名入党积极分子参加；协助文学与新闻学院党委开展对学生党支部书记的专题培训，有 24 人参加。

五、教导员在"三进"教育模式中的作用发挥

《国家中长期教育改革和发展规划纲要（2010—2020 年）》明确提出，在国家发展战略转型期，高等学校肩负着文化传承、引领社会、服务社会的重要历史使命，必须树立以提高质量为核心的高等教育发展观，实现高等教育的内涵式发展。为此，大学生思想政治教育工作应以体制机制的创新来促进人才培养目标的全面实现，切实做到通过大学生思想政治教育工作的创新推进，促进专业知识和学术技能的传授，促进学习方法和科学思维的训练，促进科学精神和道德品质的培养。全职教导员制度建设是推进大学生思想政治教育工作创新的重要举措，全职教导员制度的确立和深入推进，将充分发挥长期从事教学、管理工作的专家教授和党政管理干部的资源优势，通过"传、帮、带"提升辅导员队伍的工作能力和水平；能够更深入地贯彻落实"全面发展""全员育人""全方位服务"的"三全"育人理念，创新思想政治教育工作队伍的主体构成、机构设置和资源分配方式，整合德育资源，形成育人合力，切实提高人才培养质量，促进学校育人工作的全面推进。

学校于 2011 年起创新性实施了"学生教导员"制，从退休老同志中选聘

学生教导员，协助学校学工干部队伍关爱、指导、帮扶本科低年级学生健康成长，成效显著，现有教导员 28 人。在具体措施上，首先，制定高选聘标准。将教导员选聘标准定位于教学管理岗位退休的老专家、老教授和处级以上干部，发挥他们具有"深厚的专业知识、丰富的人生阅历以及长辈特有的深情厚爱"的优势，并根据其学科背景或工作经历确定 1 个联系学院。其次，落实教导员责任。教导员按照"配合协调、查漏补缺"的定位，利用学生课余时间开展工作。教导员 4~5 人一组，每周在新校区学生宿舍围合值班 3 天，时间从下午 2 点到晚上 8 点；周日全体教导员到岗，召开工作例会，研讨工作、交流经验。最后，开展多种教导形式。一是深入走访。教导员在下午、晚上和周末，通过个人单独走访，教导员集体走访，与学院辅导员、师生代表一起走访等方式深入新校区学生宿舍，了解学生在学习、生活、思想、政治、情感、心理、健康等方面的状况，及时解答和解决学生提出的各种问题和困难，特别是关心关注家庭经济困难、生病住院、家庭突发变故和有心理障碍的学生，引导他们走出低谷。2011 年 9 月—2016 年 6 月，共走访学生寝室 4115 个、39261人次。二是个别咨询。教导员在办公室接待了大量前来咨询的学生，与学生一对一谈心达 6105 人次，帮助学生答疑解惑，成为学生学业、生活、情感等各方面的导师。通过微信、短信及 QQ 等平台，网上交流 1710 人次。每逢节日，学生还通过短信、电话等方式向教导员老师表达感谢和祝福。三是举办专题讲座。教导员积极联系学院开展各种专题讲座，如开展"如何适应大学生活""新生的身心适应与心理健康""怎样做一名优秀的大学生""如何申请转专业""职业生涯规划""学习十八大"等方面的主题讲座，近 5 年来共举办讲座 60余次，参加的学生约 1 万余人次。最后，密切教导员同学校学院的联系。按照"多方沟通、综合服务"的要求，学校一方面支持鼓励教导员参加联系学院的学生工作组例会、学生活动，参加校学生工作部相关活动和新校区工作协调会，更多地了解学校和学院情况；另一方面定期召开教导员工作例会和座谈会，通报学校学工工作情况，汇总教导员的意见和建议，商议讨论下一步工作内容，畅通辅导员、班主任（名誉班主任）、导师、教导员等各方信息，使这种"四位一体"的大学生成长关爱管理服务新体系更为有效。

六、小结

多年来，关工委老同志们发扬"忠诚教育、关爱后代、无私奉献、务实创新"的"四员""五老"精神，工作上取得了一定成绩，多元架构下的大学生思想政治教育"三进"教育模式中"五老"作用发挥机制受到上级组织的肯定。2016年，华西公共卫生学院关工委、化学工程学院关工委荣获四川省教育系统关心下一代工作先进集体，2位同志荣获四川省教育系统关心下一代工作先进个人，1位同志荣获四川省关心下一代工作先进工作者荣誉称号，12位同志被学校党委授予"2014—2015年度关心下一代工作先进个人"。多年来，关工委及成员做了一些力所能及的工作，取得了一些收获和成绩，但离上级关工委和学校的要求以及兄弟院校关工委工作还有一定差距，如大学生思想政治教育"三进"教育模式中"五老"作用发挥机制怎样建设、发展和完善，如何完善、充实关工委工作队伍，二级关工委如何考评，等等。为此，我们将进一步学习习近平总书记系列讲话精神，沿用好办法、改进老办法、探索新办法，增强工作的针对性，开创工作新局面。

课题组负责人：兰礼吉
课题组成员：唐登学、周荣丰、曾学锋、杨静波、郭勇、张红伟、刘吕红、马涛、汪朝清、徐怡
执笔人：兰礼吉

高校关工委组织建设的经验与启示研究

四川大学关工委

摘要：本研究从高校关工委30年来组织建设的历程回顾，组织建设实践总结和基本经验，组织建设面临的问题、挑战以及影响因素，组织建设的创新思路和途径等方面，对教育部直属高校关工委30年来组织建设在机构设置、人员配备、队伍建设和提供条件保障等方面的经验进行了归纳，提炼了高校关工委组织建设在实践性、规律性、现实性和可操作性方面的基本经验。面对新时代、新形势、新任务、新要求，根据习近平总书记对关工委工作的重要指示精神，分析了目前高校关工委组织建设有待解决的实际问题及影响因素，并以解决问题和创新关工委工作新思路为导向，提出了进一步加强新时代高校关工委组织建设的新思路和新举措。

关键词：高校关工委　组织建设　经验启示

高校关工委组织建设是教育系统关工委建设的重要基础，高校是思想政治教育的主阵地，大学生是关心下一代工作的重点。迈入新时代，为了深入学习贯彻习近平新时代中国特色社会主义思想和党的十九届五中、六中全会精神，系统梳理总结教育系统关工委成立30年来取得的理论和实践成果，进一步探索新时代教育系统关工委建设的工作思路和有效举措，提升工作质量，更好地落实立德树人根本任务，培养担当民族复兴大任的时代新人，培养德智体美劳全面发展的社会主义建设者和接班人，有必要对高校关工委组织建设的有关问题进行深入研究和探讨。因此，我校关工委组织课题组，重点以教育部直属高校关工委为样本，对教育部75所直属高校关工委组织建设情况进行问卷调查（收回问卷调查60份，收回率为80%），同时召开四川部分高校关工委组织建设研讨交流会，并查询大量的文献、领导讲话和资料，进行广泛的资料收集和调查分析，对如何进一步加强新时代高校关工委组织建设开展了深入的研究和探讨。

一、高校关工委 30 年来组织建设的历程回顾

1990 年 6 月 28 日中国关心下一代工作委员会成立；1991 年 4 月 16 日国家教委关心下一代工作委员会（现为教育部关心下一代工作委员会，以下统称教育部关工委）成立，至今教育部关工委已走过 30 年的光辉历程。教育部关工委的成立，标志着关心下一代工作在教育系统进入有组织发展的新阶段。教育部关工委成立初期，就受到中央领导、中国关工委和教育部党组的高度重视，时任总书记的江泽民同志在 1990 年明确指出："老有所为"要狠抓一下。李先念同志在 1991 年 6 月指出："要把教育关心下一代工作摆在十分重要的位置，把它作为一项战略任务来抓。"2015 年 8 月习近平总书记在纪念中国关心下一代工作委员会成立 25 周年暨全国关心下一代工作表彰大会上强调指出："各级党委和政府要关心和支持关心下一代工作，支持更多老同志参加关心下一代工作，在时代的舞台上老有所为，发光发热。"2013 年 10 月 23 日，顾秀莲同志在全国高校关工委工作经验交流会议上指出："各地高校要建立健全党委统一领导，有关部门和社团组织协调配合，关工委主动作为，依靠广大师生积极参与的领导体制和工作机制。"教育部关工委在教育部党组的领导和中国关工委的指导下，始终把教育系统关工委组织建设作为加强教育系统关工委建设的首要任务，对如何加强教育系统关工委组织建设，提出了一系列明确指示和要求，有力地促进了教育系统关工委组织建设和发展。

针对教育系统关工委组织建设，教育部曾三次下发文件，规定教育系统关工委的组织性质和定位。1991 年 4 月 9 日国家教委印发《关于成立国家教委关心下一代工作委员会的通知》（教办〔1991〕12 号），明确国家教委关工委是国家教委党组领导下的工作机构，其任务是指导、组织教育战线离退休的教师、专家、干部和职工，配合学校对青少年学生进行思想政治和道德品质教育。2003 年 2 月 12 日教育部办公厅转发《教育部关心下一代工作委员会关于进一步加强全国教育系统关心下一代工作委员会工作的意见》（教关厅〔2003〕1 号），明确"关工委是以离退休老同志为主体，在职同志参加的，广泛团结热心教育的志愿者参与的，全面关心青少年健康成长的群众性工作机构"。2009 年 7 月 10 日中共教育部党组印发《关于加强全国教育系统关心下一代工作委员会建设的意见》（教党〔2009〕20 号），进一步明确了关工委的性质、任务和工作方针。

中央领导、中国关工委和教育部关工委领导的一系列讲话以及教育部党组颁发的文件，为教育系统特别是高校关工委组织建设起到重要的指导和促进作

用。在教育部党组和各高校党委的领导和重视下，教育系统特别是高校关工委组织伴随教育部关工委走过 30 年的发展历程。田淑兰同志 2012 年 8 月 21 日在教育部关工委第四协作组工作会议上把关工委的发展概括为"四个阶段"：初创阶段、发展阶段、改革创新阶段和常态发展阶段。

教育部关工委 2020 年的统计表明，截至 2019 年底，教育部 75 所直属高校全部建立了关工委，其中有 69 所高校建立学院（系）二级关工委，占直属高校总数的 92%；从事关心下一代工作的"五老"队伍达 32172 人，占 75 所直属高校离退休总人数的 17.9%，其中骨干队伍人数达到 8944 人，占"五老"队伍总数的 27.8%。总结教育系统特别是高校关工委组织建设走过 30 年的历程，应该说我们已经进入了高校关工委组织建设的常态发展阶段，即第四阶段。经过 30 年的砥砺奋进，高校关心下一代机构健全，"五老"队伍扩大，关心下一代工作取得了显著成就。

二、高校关工委组织建设 30 年的实践总结和基本经验

关工委组织建设，包括机构设置、人员配备和必要的工作条件，使工作有人管、事情有人办、队伍有人带。开展好关工委工作的前提和基础是把组织建设好。30 年来，各高校关工委始终把关工委组织建设放在重要位置，坚持"党建带关建"，以高校关工委组织机构、领导班子、队伍建设和保障机制建设等方面作为重点，不断加强和推进关工委组织建设创新发展，高校关工委工作呈现出组织健全、队伍逐步扩大、条件保障基本到位的面貌，形成了较为完善的高校关工委组织网络，为高校关工委工作的开展奠定了良好基础，高校关工委工作进入科学化、规范化、制度化和常态化的发展轨道。

（一）建立健全关工委组织机构，努力实现高校关工委组织的全覆盖

教育系统关工委是在我国改革开放不断深入的形势下应运而生，逐步发展起来的。按照 1991 年 4 月国家教委《关于成立国家教委关心下一代工作委员会的通知》中提出的各级教委"建立相应的关心下一代工作委员会，做好发动和组织工作"的要求，各高校党委高度重视，进行广泛宣传动员，经过多方面的艰苦细致的工作，相继成立关心下一代工作委员会。目前对教育部 75 所直属高校关工委组织建设情况的问卷调查表明，教育部直属高校关工委已实现全覆盖。在 20 世纪 90 年代成立关工委的有 55 所高校，2000 年及以后成立的有 20 所高校，而且伴随各高校领导班子的调整换届，高校关工委也相应地进行了及时充实、调整和换届，特别是吉林大学、浙江大学、武汉大学、四川大学等高校在学校合并时，及时调整充实了关工委，保证了工作的连续性。

与此同时，大力加强高校学院（单位）、系（所）二级关工委机构组织建设。目前 75 所部属高校已建立二级关工委组织 1351 个，占应建二级关工委总数（1578 个）的 85.6％，高校二级关工委随学校关工委的调整换届，相应地已及时进行充实调整和换届。

（二）着重加强关工委领导班子建设，不断增强班子的凝聚力和战斗力

30 年来的实践证明，关工委领导班子对高校关工委工作的开展至关重要。各高校党委按照中国关工委、教育部关工委对高校关工委班子的配备和建设提出的明确要求，结合各校的实际，采取了一系列有效的措施。

一是加强领导，配好班子，注重关工委委员会的组建。实行"有权之士、有识之士、有为之士"三结合。现职有关领导参与其中兼任关工委领导，指导、支持关工委工作；关工委具体运作选择有威望、有作为并热心关心下一代的老同志挂帅指导；还要有乐于奉献、有能力、有水平的老同志或兼职同志主持工作。目前，75 所高等学校关工委主任由在职领导同志担任的有 65 所；关工委副主任共 191 人，其中在职同志 58 人；关工委委员由有关职能部门和群团组织的主要负责人以及部分离退休老同志担任。收回的调查问卷结果统计表明，60 所高校关工委委员人数最少 6 人，最多 147 人。

二是着重关工委常务副主任、秘书长（办公室主任）的设置和配备，使关工委工作开展落到实处。关工委常务副主任、秘书长（办公室主任）是高校关工委开展工作最直接的谋划者、组织者和实施者。因此，各高校党委在考虑配备关工委领导班子时，注重对关工委常务副主任人选的挑选，除着重考察政治强、威信高、作风实、有能力、讲奉献等方面，还特别注重挑选曾分管过离退休工作或学生工作的退休的原校级干部担任关工委常务副主任。目前，设置常务副主任的高校有 63 所，共配备 89 人。关工委秘书处（办公室）是关工委开展各项工作的枢纽，是关工委工作的日常办事机构。在设置和配备时，高校十分注重将与关工委工作联系最为密切的离退休工作和学生工作紧密结合起来，关工委秘书处挂靠在离退休工作处的高校有 69 所，挂靠在学生工作部的有 2 所。75 所高校关工委配备关工委办公室人员 295 人，其中在编 161 人，聘任 11 人，离退休人员 123 人。四川大学关工委还专门配备办公室主任一人，由离退休的原正处级干部担任，配备在职专职副主任一人。

三是着重学院（单位）、系（所）二级关工委机构人员的配备，充分发挥二级关工委主体作用。二级关工委是学校关工委工作的重点和落脚点，加强二级关工委机构人员的配备是全面推进关心下一代事业长远发展的必然要求。各高校对二级关工委领导班子人员的配备提出了明确要求，二级关工委主任由二

级学院（单位）的现职领导干部兼任，配备的副主任中至少有一位由退休的原处级干部担任，二级关工委办公室挂靠在学院（单位）、系（所）的党政办公室，并明确了专、兼职的联络人。回收的 60 所高校关工委调查问卷结果统计表明，60 所高校关工委设置二级关工委 1153 个，任命二级关工委主任 1135人，副主任 1674 人，其中离退休老同志担任副主任 873 人；明确二级关工委联系人 1201 人，有力地推进了高校二级关工委工作的开展。

四是着重校院两级关工委的政治思想建设，不断增强关工委领导班子的凝聚力和战斗力。从 1993 年起，教育部关工委每年组织一次全国教育关工委领导干部培训，各高校关工委以专题培训、经验交流、省内外校内外调研等多种形式，组织校院两级关工委成员学习培训，不断增强做好关工委工作的使命感、责任感和主动性，进一步彰显高校关工委组织优势，努力打造关心下一代工作的坚强堡垒。据统计，近 5 年来，75 所高校举办专题培训 2311 次，培训关工委成员达 107388 人次。

（三）着重加强关工委队伍建设，弘扬"五老"精神，充分发挥"五老"作用

高校关工委作为党领导下的群众性工作组织，拥有一支素质高、人员足、覆盖面广的教育志愿者队伍，是高校关工委组织建设的重要内容，是高校关工委开展工作的主体，也是关工委工作得以持续开展的重要前提。30 年来，各高校关工委对于关工委工作的核心层建设主要是通过组建、充实、调整校院两级关工委领导班子实现的。目前 75 所高校关工委配备关工委领导班子成员921 人。关工委骨干层建设，一是广泛宣传和组织动员，大力弘扬"五老"精神，凝练关工委组织文化，进一步激发离退休老同志参加校级关工委工作的积极性。二是搭建丰富多彩的平台和下设机构（工作团队）来吸引老同志参加关工委工作。回收的 60 所高校关工委调查问卷结果统计表明，60 所高校关工委设置工作团队（不含二级关工委）的有 32 所，下设工作团队 179 个。三是通过开展关工委特色活动创工作品牌，调动老同志的积极性，发挥"五老"作用。据统计，5 年来，75 所直属高校建立"五老"报告团 244 个，参与"五老"人数 4632 人。其中，参与网络宣传工作的"五老"人数为 1443 人，作报告 11652 场，受教育青少年 1225000 人次；担任特邀党建组织员"五老"人数为 2101 人；参与"青蓝工程"的"五老"人数 3481 人，参与其他文化育人活动 8504 人次，受益青少年人数 743819 人；参加社会实践活动 6493 次，受益青少年人数 363129 人次。2016 年以来开展"院士回母校""杰出校友回母校"活动，4 年共计 1580 场（次），受益学生达到 523869 人次。"读懂中国"活

动，仅 2019 年全国有 726 所高校 100.45 万大学生参与，采访优秀"五老"14075 名；75 所直属高校关工委全面参加"读懂中国"活动，参与学生人数 72000 多人，采访优秀"五老"2400 多人。四是树立典型，表彰先进，充分发挥榜样引领示范作用。据统计，近 5 年来，各高校党委和行政表彰"五老"先进典型 2840 人次。关工委工作的参与层建设，主要是通过设立二级关工委来进一步扩大参与面。在尊重老同志意愿的基础上，聘请他们担任特邀党建组织员、理论学习辅导员、学生教导员、教学督导员、社团指导员、心理咨询员、学风教风巡视员等，离退休老同志根据自己的五大优势和专业特长配合参与关工委工作，充分发挥作用，进一步扩大参与面，形成稳定的队伍。

（四）着重制度和条件保障建设，为高校关工委组织建设提供保障

30 年来，高校关工委始终坚持加强关工委体制和制度建设，为推动高校关工委工作创新发展提供了保障。一是建立健全关工委领导体制和工作机制。高校关工委在长期实践中逐步建立健全了党委统一领导、有关部门和社团组织协助配合、关工委主动作为、依靠广大师生积极参与的领导体制和工作机制。建立健全"党建带关建"的制度，加强了党对关工委工作的领导，做到"四纳入"（纳入学校发展的总体规划，纳入学校党政工作日程，纳入学校党建目标考核体系，纳入思想政治工作体系），"四落实"（落实编制、人员、办公条件、经费保障），"四统一"（与学校党建工作统一安排、统一督促检查、统一考核、统一表彰）。二是健全完善高校关工委组织建设制度，不断推进关工委工作常态化。各高校关工委建立并不断修改完善了高校关工委工作规程，积极探索构建和形成了汇报沟通、工作例会、学习培训、信息交流、工作激励、条件保障等关工委工作的长效机制，为高校关心下一代工作组织建设提供了有力的保障。三是提供办公条件、活动场所和必要的活动经费，为高校关工委组织建设创造良好条件和环境。据调查统计，75 所高校关工委获得学校划拨给关工委工作的年平均经费为 14.1 万元。划拨经费最多的华东师范大学关工委，其年工作经费为 60 万元，划拨经费最少的也在 1 万元以上。

经过 30 年的实践和探索，高校关工委组织建设积累和形成了许多宝贵经验。主要包括：

1. 坚持党对关工委工作的领导，是做好高校关工委组织建设的根本保证。

2. 不断扩大和建立较为稳定的"五老"队伍，是关工委组织建设的基础。

3. 不断健全完善关工委的体制和工作机制，是按法治思维和方法加强关工委组织建设的重要途径。

4. 提供必要的工作条件、经费保证，营造良好工作环境，是使高校关工

委组织建设落到实处的重要保障。

5. 坚持创新发展，是高校关工委组织建设活力的源泉。

三、高校关工委组织建设面临的问题、挑战以及影响因素

经过 30 年的实践和探索，高校关工委组织建设不断发展壮大，形成了良好的领导体制机制，取得了可喜的成绩。但新时代高校关工委组织建设面临诸多的问题和挑战。一是中华民族伟大复兴战略全局、世界百年未有之大变局、国内外形势发生深刻复杂变化所带来的新挑战。二是关工委的工作对象发生了深刻的变化，"00 后"走进校园，社会信息化趋势明显，互联网时代网上有害信息的快速传播极易误导青年大学生，给高校思想政治工作带来更加复杂的现实。三是高校关工委"五老"队伍发生变化，给关工委队伍建设带来新的问题。经调查分析，高校关工委组织建设面临的问题主要体现在以下几个方面。

（一）高校关工委组织机构建设校际、校内工作发展不平衡

从教育部 75 所直属高校关工委领导班子配备情况来看，一是设置配备不平衡。虽然关工委主任由在职领导担任的高校数量占直属高校总数的 82.6％，按教育部关心下一代工作规程要求，关工委干部班子配备比较齐全的只有 34 所，占直属高校关工委总数的 45.3％。二是高校之间二级关工委设置不平衡。75 所直属高校应建二级关工委 1578 个，目前已建 1351 个，其中有的高校建立的二级关工委数量较少，还有 6 所高校尚未建立二级关工委。三是校际和校内工作开展不平衡，关工委组织建设成效存在明显差异。从回收的调查问卷可以看出，许多高校都谈到二级关工委工作开展不平衡的问题。

（二）高校关工委"五老"队伍老化，队伍不稳定，参与率不高，后继乏人现象日益突出

教育部关工委统计数据显示，在 75 所直属高校关工委领导班子成员中 60 岁以上的有 348 人，其中 70~79 岁的有 104 人，80 岁以上的有 39 人。从各高校设置关工委常务副主任的情况来看，回收的 60 份问卷统计结果显示，60 所高校关工委设置常务副主任 64 人，其中 70 岁以上的有 26 人，占常务副主任总数的 40.6％。有的 80 岁以上的老同志仍然在主持学校关工委日常工作，他们具有强烈的敬业奉献精神，把毕生的精力放在关爱学生上。各学校关工委的"五老"队伍年龄老化问题比较严重，并且高校关工委"五老"队伍不稳定，补充人员困难，特别是刚退休或即将退休的"年轻"老同志不愿意或不乐意参加关心下一代工作。

（三）高校关工委能力建设有待进一步加强，组织文化的培植需进一步提升

高校关工委配合协调能力、组织力、整体合力还有待进一步发挥。关工委成员学习能力有待强化，有的思维和工作方式与新时代要求不适应，有的对现代网络信息技术运用有待进一步熟练，有的对关工委工作责任心不强，作用没有真正体现出来。如何把老同志潜在能力转化为现实优势，把个体努力转化为组织优势，把分散的力量转化为整体优势，有待进一步探索。

（四）高校关工委组织的体制机制有待进一步健全完善

现有的教育部党组〔2009〕20号文件、教育部关心下一代工作委员会工作规则、各高校关工委制定的关工委工作规程等一系列规章制度中部分内容已经难以适应新时代发展的要求，需要加以修改和完善。需要全面检视高校关工委组织建设的各项制度，不断推动高校关工委工作科学化、规范化、制度化和常态化。

（五）高校关工委组织建设创新力度不够

对标新思想、新理念，高校关工委组织建设，"党建带关建"的制度体系，"四纳入""四落实""四统一"还需要进一步健全完善。高校二级关工委建设和二级关工委作用还需要进一步加强，在高校关工委队伍建设选配人员上需要进一步拓宽思路。对标立德树人的要求，还需要进一步探索提高关工委成员的工作水平，拓宽工作思路；完善深化关工委现有工作品牌的内涵，创新工作平台和品牌；扩展丰富老同志参与"思政课程"和"课程思政"的形式与途径。

四、新时代高校关工委组织建设的创新思路和途径

不忘初心方能行稳致远，牢记使命才能开辟未来。站在新的历史起点上，以教育部关工委成立30周年为契机，在习近平新时代中国特色社会主义思想和习近平总书记对关心下一代工作重要指示的指引下，不忘初心，牢记使命，继往开来，务实创新，再创高校关工委工作新辉煌。

（一）进一步提高政治站位，加强领导，努力打造关工委工作的坚强堡垒

高校关工委组织建设创新发展，是推动高校关工委工作开展的首要条件。一是要进一步学习贯彻习近平总书记对关工委工作的重要指示，深刻领会内涵，强化认识，增强共识。二是加强顶层设计，为高校关工委工作开展提供尚方宝剑。随着新时代提出新要求，中国关工委和教育部关工委应再出台一份指导性的文件或规程，对新时代高校关工委的性质、目标、任务、条件保障等方面提出新的指导性意见，进一步为推动关工委工作创新发展提供

理论依据和工作实践指南。三是坚持不懈推进"党建带关建",切实加强对关工委工作的领导,确保对关工委工作做到"四纳入""四落实""四统一"。四是高校关工委充分发挥主体作用,争取党政领导班子加强对关工委工作的领导和支持。围绕中心,服务大局,主动作为,在校院两级党委领导下,充分发挥参谋助手和桥梁纽带作用,密切配合相关部门,彰显关工委工作强大合力。

(二)规范高校关工委组织机构设置,切实加强领导班子建设

多年实践证明,搞好高校关工委工作,必须坚持规范以在职党政领导为主导、离退休老同志为主体的强有力的关工委组织机构和工作班子。一是关工委组织机构设置与班子成员配备原则。据实践经验,高校关工委工作应按以下原则要求进行:坚持以在职领导为主导,离退休老同志为主体,在职与离退休相结合,专职与兼职相结合的原则;坚持党委统一领导,相关职能部门积极配合,关工委主动作为原则;坚持关工委设置或调整换届与学校党政班子调整换届同步原则;根据工作需要可适时有序进出的原则。二是进一步规范校院两级关工委及办事机构的设置和配备。三是以政治建设为统领,全面加强高校关工委组织建设。增强关工委组织的政治性、先进性、群众性,坚持用政治建设的要求提升基层关工委创建"五好"活动,推动基层关工委组织建设与新时代关心下一代工作相适应;不断提升高校关工委组织力,按照建设学习型、服务型、创新型关工委的目标,把高校关工委建设成为关心下一代工作的坚强堡垒。

(三)大力弘扬"五老"精神,努力建设一支素质优良、相对稳定的关工委工作队伍

建强配优关工委工作队伍,是加强高校关工委组织建设的基础和保障。一是积极组织,引导"五老"投身关心下一代工作。要广泛宣传老同志的先进事迹和奉献精神,支持老同志老有所为、发光发热。提高广大"五老"的政治站位,增强新时代使命感和责任感,激发他们积极参加关心下一代工作的积极性和主动性。二是采取组织发动、典型带动、"五老"推动、表彰促动等多种措施,尽可能多地动员"五老"参加关心下一代工作。三是要进一步加强高校关工委队伍的能力建设,让从事高校关工委工作的干部和关工委成员提高政治能力、配合协调能力、调查研究能力、育人工作能力、抓落实能力和自身宣传能力。四是大力培育关工委组织文化,进一步深化"五老"精神内涵,大力弘扬"五老"精神,使广大关工委成员树立荣誉感,增强做好关工委工作的责任感、使命感、幸福感和归属感。

（四）健全完善关工委组织建设的体制机制，不断推动关工委工作的科学化、规范化、制度化和常态化

扎实推进关工委组织制度创新和治理能力建设。在体制机制建设中，一是必须坚持以习近平新时代中国特色社会主义思想为指导；必须坚持党的领导，以"党建带关建"；必须坚持立德树人根本任务；必须坚持理论创新。二是重点推动完善关工委组织建设机制、工作运行机制、工作保障机制、目标考核激励机制，构建系统完备、科学规范、运行有效的关工委组织建设制度体系，为高校关工委工作开展、落实立德树人根本任务、实现中华民族伟大复兴提供有力的人才保证。三是全面检视高校关工委组织建设各项制度，包括关工委工作规程、学习培训制度、会议制度、各种活动制度、汇报交流制度、总结表彰激励制度、各种条件保障制度等，根据新时代变化的要求，进行修改补充完善，不断推动关心下一代工作科学化、规范化、制度化。四是牢固树立运用法治思维和法治方式开展高校关工委工作的观念，增强按规工作的意识，使高校关工委成为推进国家治理体系和治理能力现代化的重要力量。

（五）推进创新发展，不断增强高校关工委组织的凝聚力和组织力

随着社会形势和大学生需求变化，高校关工委组织建设要围绕立德树人根本任务，围绕高校改革发展大局，在实践中不断研究新情况，解决新问题，创新新经验。一是要在工作理念上创新。面对即将开启全面建设社会主义现代化国家的新征程，高校关工委工作要适应新形势、新任务、新要求，必须坚持在传承中创新，在创新中发展，必须用创新的理论、创新的精神、创新的思想和举措，搞好高校关工委组织建设，推进高校关工委工作的创新发展。二是要在领导体制上创新。要建立健全"党建带关建"的制度，加强党对高校关工委工作的领导，充分发挥党委对关工委工作的主导决策作用；对老同志开展关工委工作提出新的要求，要充分发挥关工委老同志工作的主体作用，为老同志开展关工委工作搭建工作平台，提供条件和经费保障，调动老同志参与关工委工作的积极性，支持老同志老有所为、发光发热。三是要在关工委工作运行机制上创新。要着眼于高校青年大学生思想政治教育新的特点和成长规律，注意积极探索新形式，特别是互联网与新媒体环境下高校关工委参与青年大学生理想信念教育、社会主义核心价值观教育和思想道德建设的新思路、新途径和新举措，开拓新渠道，打造新平台，凝练新品牌。四是要在关工委工作制度机制上创新。特别注重健全完善关工委工作继承和创新常态化机制、关工委工作协调机制和工作考核评估激励机制。五是不断推动关工委组织建设的理论创新。要

加强新时代高校关工委组织建设新特点新规律、新途径新方法的研究，努力构建教育系统关工委组织建设的理论框架体系。

　　课题组负责人：唐登学

　　课题组成员：曾学锋、汪朝清、杨静波、王智猛、徐怡、向丹、熊薇

　　执笔人：汪朝清、杨静波、王智猛

研讨文章

关于学校二级关工委工作开展的探讨

吴茂楠

学校二级关工委如何开展工作，对这个问题的认识完全取决学院关工委的工作内容及目的。关工委工作是为学校立德树人出力，同时也能更好地发挥"五老"的经验和优势，这是学院人才培养的一支重要力量。

习近平总书记 2020 年 11 月 18 日在中国关工委成立 30 周年时指出，青年是祖国的未来和民族的希望。中国关工委成立 30 年来，特别是党的十八大以来，团结带领广大老干部、老战士、老专家、老教师、老模范等离退休老同志，不忘初心、牢记使命，为促进青年健康成长发挥了重要作用。习近平强调，广大"五老"是党和国家的宝贵财富，是加强青年思想政治工作的重要力量。各级党委和政府要加强对关心下一代工作的领导，支持更多老同志参加关心下一代工作，使广大"五老"在关心下一代的广阔舞台上老有所为，发光发热，为培养社会主义建设者和接班人作出新的更大贡献。

经过长期历史考验的老同志要引导青年学生树立正确的"三观"，要肩负起"举旗帜、聚人心、育新人、兴文化、展形象"的职责使命，要教育引导广大青年与党同心、沿着党指引的方向健康前行；在高校要担负起传承中华优秀文化，传承学校学风的责任，同时起好"传、帮、带"的作用；要注意引导青年遵守公序良俗、树立良好的道德风尚，用正能量的精神力量去促进青年建立起健康的成长长城。青年的精神素养关乎国家未来，青年兴则国家兴，青年强则国家强。要通过各种有形和无形的教育方式，培养青年良好的精神素养，为培养合格的社会主义建设者和接班人贡献我们的力量。

习近平总书记的讲话再一次说明成立关工委的作用和意义、关工委的组成及任务，这是统一思想认识的重要的理论及实践依据，我们要以习近平总书记的讲话精神为工作的动力。同时，我们也要看到，改革开放已经走过了 40 多年的路程，从社会的变迁、人们的思想认识的变化，到对青年的影响，一代又一代的青年思想凸显了各个时代的特点。关工委做的工作是青年工作，青年的成长需要积极向上的价值观引领，才能激发出向上进取的动力。教育培养青年一代人，是一个长期的任务，也是我们老一辈的责任。好的教育，应该是倡导立德树人的前提下的"成才"，鼓励"成人"基础上的"成功"。奋进新征程，人才培养要坚持育人和育才的统一，坚持育人为本。我们的工作一定要随着青年思想特点的变化而变化，包括教育内容、教育方式都要随之变化，不能按部就班地采用原来的方式进行工作，必须要有"突变"，找到教育的结合点，建立健全协同教育机制。通过调查研究，我们发现学生个人生活与学习兴趣的关联情况，总结出教学与教育的引导方式方法。学校的老师和管理者要想法找准学生第一课堂的学习内容和方法，提高学生第二课堂的创新思维能力；想法克服这一代年轻人习惯于碎片化、短平快信息传播方式的短板，避免他们因沉淀于大量的、丰富的、有趣的资讯中而逐渐丧失了深度阅读的能力；要想法建立起年轻人深入思考的习惯、系统的思想框架和踏实学习工作的韧劲，鼓励疑问、创新，不因循守旧，要有批判精神，对年轻人的评价要采用新时代的新观点，突出创新能力和实际贡献。只有做到实情与实效的统一，才能达到培养人才的目的。

把新时代青年应有的精神力量教育引导融入青年学生的学习生活实践过程中，要形成以问题为中心的前沿意识，围绕学校中心，服务青年学生，这是关工委应力争做好的工作。我们如果不掌握新时代青年应具备的精神素养，就无法做好青年人工作，所以，加强自身学习显得尤为重要。要跳出传统的思维方式，建立大思政、大教改的新管理模式，促进学院关工委工作向纵深推进，把学院关工委工作做实。

在教育的过程中，要利用老同志的经历，用现时中国的巨变，引导教育青年学生认识中国共产党的伟大，从而增强"四个意识"，坚定"四个自信"，做到"两个维护"。要进一步增强青年学生思想引领的针对性和方向感，以理想信念为核心，落实好培养人、教育人、塑造人的根本任务。

学院关工委如何结合当代大学生的思想特点，找准工作的切入点，把思想政治教育引导工作做到点子上，充分发挥老同志的长处、经验和影响力，配合学院做一些立德树人工作，这是需要思考的问题。做好此项工作，我认为应解决好以下几个问题：

1. 对关工委工作的认识问题，其一是学院领导及相关部门的认识问题，其二是参加工作的同志的认识问题。这需要统一思想认识。只有认识一致，才能步调一致，才能产生效果。

2. 对涉及该项工作的具体问题的解决，包括参加的工作人员的条件（身体条件及工作素养），以及工作环境的条件（学习资料、任务分工落实、工作活动经费等）。学校关工委需要不定期编印工作简报，以指导各二级关工委工作。

3. 把学院关工委工作体现在学院思政工作的管理制度中，体现在学院思政管理的体系中，这是做好学院关工委工作的关键所在。要处理好与学院职能部门的配合问题，这需要主管及职能部门的领导主动提出要求，给关工委下达任务。关工委要做好工作，一是工作要主动，二是分工要明确，争取去做些力所能及的事。

4. 关工委的同志应加强自身的学习，这是一个非常重要的问题。关工委的部分成员是退休多年的老同志，对学校、学院，特别是学生的情况不太了解，不能单凭过去的经验或方式去工作，要从实际情况出发，上级对大学生的教育要求是引导，老同志如果对这些都不了解，就很难把工作开展好。老同志要怎样了解？一是通过报纸、广播、电视及微信等媒介去了解学习相关方面的信息，要做有心人。二是加强信息的互通，特别是从事学生工作、教学工作的人员要不定期与关工委同志交换意见，做好信息互通工作，同时提出工作的要求，便于开展工作。三是要注意研究和了解不同时期青年的思想特点，以及现时社会环境对其的影响，特别是面对一些负面影响时拿出应对措施。要帮学生解决困难，克服消极、焦虑等思想问题，同时帮助学生疏解好学业压力和就业压力。四是要注意解决认识问题，也就是老同志还能不能做点工作和怎样做好工作的问题。伟大的力量来自正确的认识，只有认识清楚，才能产生行动上的力量。参加关工委工作，不要有思想负担，要把它当成既能为人才培养尽点小力、实现人生价值，又能强身健脑、消除寂寞的事，这是好事。

5. 配合学校学院工作中心，找准关工委的位置，找准工作的切入点，积极主动地开展一些教育引导工作。这就要求参与关工委工作的同志要做有心人，在其位要谋其政，出其力，见其效。既然关工委工作是项事业，就要充分发挥老同志的作用，老同志要对得起自己的身份，把光和热充分用在培养关心下一代身上。

6. 认真做好组织落实工作。学院对关工委工作要像抓教学、科研、党建工作那样纳入学院工作统筹考虑，统一布置任务，统一检查落实效果。党委工作多，仍需落实一个部门来协调这项工作。这样做才能使参与工作的老同志有责任感、荣誉感、归属感。做好这项工作，将会对学院立德树人工作增添力量。

7. 关工委应在教育引导的效果方面下功夫。这就是人们常说的有为才能有位。关工委工作要搞"精准滴灌"，要摸清"病情"对症下药，才能收到工作的预期效果。

8. 根据中央对学党史的要求，把学党史与传承中华优秀文化有机结合起来，提出适合学院教育引导学生成长成才的方法和措施，把立德树人工作做细做扎实。要根据学院学科的特点，将突出传统文化优势与现时政治要求相结合，摸索出新时代人才培养的特色及特点。我们要从学生细微的表现和日常的谈话中去发现总结出青年的想法，从中悟出应采取的教育引导方式，从而达到教育的目标。

9. 关工委还有一项重要任务，做好"传、帮、带"工作。培养青年教师、青年干部，不但要在工作方法上传授技巧，更重要的是在思想上、人生观上、师德上传授真知，引导青年教师及青年政工队伍，让年轻人少走弯路、健康成长。老同志要在大方向一致的前提下，为了共同的育人目标"坦诚相待，通向净友益友，礼义为先，通向各尽其能，各任其职，各尽其力，各问其责；通向交流、互补、双赢，通向多元一体的中华文化观"，为学院立德树人协力战斗，结合学院实际情况，有目的、有组织地开展一些活动。

做好调查研究，摸清情况，提出对策，帮助相关职能部门解答学生学习、思想方面的困惑，积极主动配合相关职能部门做好青年学生教育引导工作，是关工委的一项重要任务。老同志要发扬党的优良作风，充分发挥老同志的经验阅历优势，在工作中发光发热。老同志要做学院事业的推动者，做立德树人的参与者，在力所能及的环境下，做好自己的工作。关工委的工作原则是敬职不越职，做事不评事，不给组织添麻烦，一定要在学院党政领导下开展工作。要协助学院学生系统，处理好棘手难事，化解矛盾，使学生的思想、心理等问题及时得到解决，可采取个别谈话及集体研讨相结合的形式，以正面教育引导为主，要让青年学生知道坚持什么、反对什么，让正能量在学生中形成，让积极向上因素占领青年思想阵地。要通过关工委的有力配合、扎实工作，培养带出一批素质过硬的青年工作干部。

除了搞好调查研究工作，还要利用老同志的经验指导青年学生读书、做学问。可以召开一些专题研讨会，比如，召开学生思政研讨会、教学研讨会、行政事务管理研讨会、就业指导研讨会等。研讨会由现主管部门各负责人主持，关工委的同志可提前做些调研工作，研讨时抛出一些材料并提出一定意见供大家讨论，这也是促进工作的一种有效方式。

参与关工委工作，一是要有责任感，思考如何尽到老同志的责任，为下一代的青年成长成才做一些力所能及的工作；二是要有乐于奉献的精神，要有愉悦感，要为做这项工作而感到愉快，不能有负重心理。

10. 对青年学生的教育引导，要树立对错观、中外文化异同观、新时代发展观，用心去观察和处理学生的事，避免说教式的老套教育方式；要用现实典型案例，用新时代的观念、中国传统的美德与现时青年易于吸收的方式，做到读"社会书"，说"家里事"，解"心里难"，处理好青年学生思想、生活、学习等方面的问题，以家长式的情感来与青年学生打交道，把真诚和爱献给学生，这才能真正起到关心青年一代的作用。同时在工作的过程中，老同志也将会体会到快乐，将会增强自己的获得感、成就感。

要做好关工委工作一定要感知青年温度，一定要关注学院青年学生的基本情况，青年教师的基本状况，青年思想及素养，青年成长、健康、婚恋及就业情况，青年权益保障，毕业学生参与社会发展情况等。了解了这些情况，引导青年时就可以做到有的放矢。另外，还应很好解决青年人的认知问题，要引导他们全面了解国情、社情，客观地认识当代中国，看待外部世界，在实践中深刻地理解中国共产党为什么"能"，马克思主义为什么"行"，中国特色社会主义为什么"好"，激励引导青年学子跟党走、为祖国奋进。

总之，关工委要做的工作比较多，总的原则是要坚持用坚定的理想信念和真挚的情怀实现思想政治教育的价值引导，坚持用辩证唯物主义、历史唯物主义的思维厚植学生的爱国情怀。关工委的工作要找好切入点，做到知责尽责，主动作为，量力而行，既要工作，又要考虑老同志的健康状况。老同志在关工委主要是出主意、提问题，发挥正能量的社会价值，培养积极的青年，发挥老同志余热。培养教育青年学生，是全院教职工的大事，还得依靠全院教职工的力量，依靠党政的坚强领导。

（吴茂楠，四川大学文学与新闻学院关工委副主任、党建工作指导部成员）

谈大学生思想政治教育中
关工委作用的发挥

兰礼吉

四川大学关工委始终重视并发挥在大学生思想政治教育中的作用，表现在从多方面发挥关工委做好关心下一代工作所具有特殊的政治优势、经验优势、威望优势、情感优势和时间优势，取得了较好成绩。

一、注重在大学生思想政治教育中作用的发挥

为予别人、先强自身。四川大学关工委按照建设学习型关工委的要求，采取集中、分散和自学相结合的方式，进一步加强了对大学生思政教育的知识学习和能力建设。

近几年来，四川大学关工委坚持用习近平新时代中国特色社会主义思想武装头脑，指导工作，统一思想认识，凝聚合力，增强"四个意识"，坚持"四个自信"，做到"两个维护"，不断增强工作使命感和责任感。围绕中心，配合补充，按照习近平总书记"高校思想政治工作关系高校培养什么样的人、如何培养人以及为谁培养人这个根本问题。要坚持把立德树人作为中心环节，把思想政治工作贯穿教育教学全过程，实现全程育人、全方位育人，努力开创我国高等教育事业发展新局面"的指示，认真努力发挥关工委"五老"在大学生思政教育工作中的作用，把立德树人作为根本任务，协助党委和行政加强对青年学生的思想政治教育、道德品质教育、革命传统教育、党史国史校史教育、综合素质教育，为培养全面发展的社会主义建设者和接班人助力，取得了显著成绩。先后41名老同志担任特邀党建组织员，近5年来，为各个学院作专题报告、上党课222场，听讲学生人数达34984人次，对505名发展新党员进行了入党前的谈话考察；学校关工委协助华西公共卫生学院党委和关工委连续13年举办12期"中国特色社会主义理论学习班"，其被评为第三届校园文化建设精品项目；从2013年以来开展的"跟班关爱学生成长"实践活动，被教育部

关工委评为优秀创新案例；连续 20 多年设立"关心优秀学生奖学金"，已对 1387 名贫困学生进行了奖励；不少老同志长期参与听课，教学督导等"青蓝工程"；积极参加院士回母校活动，老年志愿者主动参加抗击疫情活动；在近几年开展的"读懂中国"活动中取得较好成效，获教育部关工委优秀组织奖。

二、注重在教学督导和实践活动中作用的发挥

在模式与机制上，校关工委思想政治教育指导部与马克思主义学院教学督导组是两块牌子一套人马，有正高 3 人，副高 10 人。近年来，四川大学两课督导员对大学生思政教育的辅助作用主要表现在两个方面。

由校关工委思政教育指导部成员担当的思想政治教育课教学督导员（简称两课督导员），对全校本科生开设的毛泽东思想和中国特色社会主义理论体系概论、中国近现代史纲要、马克思主义原理概论、思想道德修养与法制四门公共必修课程（2020 年秋季还新开设了"习近平中国特色社会主义理论概论"课程）和部分研究生思想政治教育公共课程进行了全面听课和督导，近 8 年来，共约听课 3000 余人次，6000 余课时。在听课及督导中，重点对以上四门公共必修课程和研究生公共课程课堂教学环节特别是对课程教学主要环节、政治方向、大政方针等方面的状况（质量）进行了解、把握、督导和与任课教师进行交流并提出质量改进的建议。其间，增进了师—师和师—生的交流以及"下传上递"，通过"传、帮、带"和督教与导学，对教师改进教学与学生改善学习和在大学生思想政治教育中的作用发挥方面，起到一定的助益作用。两课督导员每个学期参与学院教学工作交流会、教师教学竞赛和教学研讨会，以及参加各个教研室组织的教研活动（如集体备课），均有良好交流与互动。

两课督导员积极参加两课教研室开展的课外教育与学习活动，做指导、当评委，如被中共中央宣传部肯定并在全国推荐的"学生思品课八秒正能量视频大赛——题材自选，自作及自我宣讲、学校评奖"的教学活动，"我是川大人""我的川大梦"等视频制作、竞奖等课外教学活动。

在做好学生思想政治工作的同时，我们把中国梦教育和"读懂中国"活动作为理想信念教育的一个重要部分，部分老专家为学生做专题讲座，如"中国梦之大学生安全、健康与成长问题应对及圆梦析要""把握今天、梦想未来——积极心理学——通向美好未来的桥梁"等几十个专题讲座。部分成员参与学校和学院相关工作会、学生社团活动及社团指导工作、其他方面的学生活动等，如参与学生社团指导，听心理健康教育课，以及参与学生"舍区"活动（如学生羽毛球比赛、文明寝室评选），担当评委，作点评或主题讲话，出席

"校关工委及两个部"和离退处及校团委组织的主题为"铭记历史、珍惜现在、展望未来——纪念抗战胜利 70 周年座谈会",并有 2 位同志作主题发言等。

马克思主义学院、思想政治教育指导部、心理健康教育及社团活动指导部在江安校区文科楼 617 会议室联合召开了庆祝中国共产党成立 95 周年暨长征胜利 80 周年座谈会。座谈会通过回顾党史和先辈们的革命精神,坚定了同学们的社会主义革命信念。马克思主义读书会的 5 位同学分别以《回顾"两史",缅怀先烈,投身"两学一做"》《我们的长征还没有结束》《铭记历史,坚定信念》《在党的关怀下沐浴灵魂,做一个合格党员——心中有党、信党》《密切联系群众,坚持群众路线》为题,畅谈了通过学习党史、国史的感想,督导组 3 位老师作了精彩发言。关工委老同志通过经典事例,有比较、有鉴别、有体会地发自内心地讲述党史、国史、理想、信念,使同学们受益匪浅。

三、注重在学生党建工作中作用的发挥

早在 2009 年,学校关工委、华西公共卫生学院党委和院关工委就牵头积极探索创建以中国特色社会主义理论学习为主的学习型学生党支部,开展了第 1 期"中国特色社会主义理论学习班",按照院党委关心和支持,校院关工委老师指导,学生党支部书记组织,三年级学生党员、入党积极分子参加学习的模式,至今已成功举办了 12 期学习班。在这种有特色的系列的党建与学生思想政治教育活动中,关工委老党员、老教师、老专家发挥了思想政治育人的巨大作用。2021 年,校关工委继续指导和参与华西公共卫生学院党委举办的学习班邀请了思想政治教育指导部专家主讲党史学习专题"中国共产党党内法规百年历程与基本经验概要"。初步统计,各期共有学生近千人参加培训学习,学习期间共有 200 余位同学进行中心发言;校关工委几个指导部共有 80 余人次进行专题学习讲评,对学员撰写的数百篇学习心得体会文章进行评阅,评选数十名优秀学员并予以表彰;各培训期间共发展新党员 100 余人,100 余名预备党员按期进行转正。

校院两级领导及专家肯定了中国特色社会主义理论学习专题设计重点突出、主题鲜明、内容深刻、形式活泼,取得了很好的效果。希望同学们能够将理论学习内化于心,外化于行,在成长、成才的人生道路上展现出一名年轻中共党员的先锋模范作用。希望同学们通过"两学一做"学习教育的契机,进一步加强理论学习,学习党章党规、习近平总书记系列讲话,不断提升自己,做一名合格的党员。

校关工委党建工作指导部积极协助各有关学院,加强对基层党委和基层党

支部开展党建工作的指导。通常每年"七一"前夕与所联系学院的学生入党积极分子座谈，促进同学们对中国共产党更加全面和深刻的认识，坚定入党决心。为各个学院党校上党课，近 5 年共有 8000 多名发展对象和入党积极分子参加培训学习，对 1000 多名学生发展对象进行了入党材料审核和入党前谈话考察。

多年来，学校关工委以及几个指导部的老同志们发扬"忠诚教育、关爱后代、无私奉献、务实创新"的精神，发挥了关工委老党员、老教师、老专家不可替代的思想政治育人的作用，在工作上取得了较好成绩：2016 年，华西公共卫生学院关工委、化学工程学院关工委荣获四川省教育系统关心下一代工作先进集体；近年来数位同志荣获四川省教育系统关心下一代工作先进个人；数位同志荣获四川省关心下一代工作先进工作者荣誉称号；数十位同志被学校党委授予"年度关心下一代工作先进个人"。校关工委除多次荣获教育部关工委工作先进集体外，2020 年被中国关工委评为"全国关心下一代工作"先进集体。为此，我们将进一步学习习近平总书记系列讲话精神，沿用好办法，改进老办法，探索新办法，进一步增强关工委工作的针对性，力争开创辅助大学生思想政治教育工作的更好局面并做出更好成绩。

（兰礼吉，四川大学关工委思想政治教育指导部部长）

工作大事记

四川大学关心下一代
工作大事记（1991—2021）

四川大学关工委办公室

1991 年

【11 月 11 日】根据国家教委办〔1991〕12 号文件精神，中共成都科技大学委员会、成都科技大学印发了《成都科技大学关于成立关心下一代工作委员会的意见》（成科委发字〔1991〕33 号），成立了成都科技大学关心下一代工作委员会。委员会由 25 人组成，其中，原成都科技大学副校长卢昭任关工委顾问，原成都科技大学副校长黄仁杰任关工委主任，副校长樊高润、校秘书长唐登学任关工委副主任。下设关工委办公室，办公地点在离退休工作处，张启民任关工委办公室主任，汪仲华任副主任。

同时，制定印发了《成都科技大学关心下一代工作委员会章程（试行）》。

1992 年

【5 月 14 日】原四川大学关心下一代工作委员会成立，四川大学党委办公室印发了《关于成立四川大学关心下一代工作委员会的通知》（校委办字〔1992〕7 号）。原校党委书记赵铎任关工委主任委员，校党委副书记彭炳忠、原校党委副书记陈秉元任副主任委员，何文钦、杜文科、彭盛琪、韩军美、谭万贞、陈宜宽、熊焰波 7 位同志任委员，关工委办公室设在思想政治教育教研室，陈宜宽同志兼任办公室主任。

【8 月 4 日至 7 日】原四川大学关工委副主任委员陈秉元，原成都科技大学副校长、关工委顾问卢昭，参加了中国关工委在辽宁省大连市联合召开的全国关心下一代工作座谈会。

1993 年

【3 月 4 日】华西医科大学根据川教关〔1993〕01 号文件《关于印发〈四川省教委关工委成立暨经验交流会会议纪要〉的通知》精神，成立华西医科大学关心下一代工作委员会。中共华西医科大学委员会印发了《关于成立华西医科大学关心下一代工作委员会的通知》（校党字〔1993〕第 12 号）。委员会由 12 人组成。校党委副书记周荣丰任会长；原华西医科大学纪委书记陈怀志，原华西医科大学副校长刘报晖，华西医科大学副校长孔凡成，校工会主席丁继伦任副会长；郭戈奇、王培英、李元忠、杜昌维、黄晓燕、刘建学、罗艾任委员；刘建学任秘书长。

同时校关工委建立了"华西医科大学关心下一代志愿者协会"。孙金城任会长，罗来芳、吴先培任副会长。

制定了《华西医科大学关心下一代工作志愿者协会章程》。

【3 月 11 日】中共成都科技大学委员会、成都科技大学印发了《成都科技大学关于健全关心下一代工作委员会的意见》（成科委发字〔1993〕9 号），进一步健全了成都科技大学关心下一代工作委员会，委员会由 35 人组成。其中，原成都科技大学党委书记郑方，原成都科技大学校长曹振之，原校党委副书记王朴庵，原副校长卢昭任校关工委顾问；成都科技大学副校长唐登学任校关工委主任；原成都科技大学副校长黄仁杰任关工委常务副主任；校党委副书记李新良、副校长程尊宁、校长助理杨晴任关工委副主任。

下设关工委办公室，办公地点在离退休工作处，张启民任关工委办公室主任，汪仲华任副主任。

同年，成都科技大学后勤集团关工委成立（属校二级关工委）。

1994 年

【4 月 8 日】原四川大学、成都科技大学合并成立四川联合大学，关工委工作随着学校的发展而发展，开始有序地开展工作，并逐步向基层深入，抓典型，树先进，促进关工委工作向纵深发展。

1995 年

【11 月 6 日】中共四川联合大学委员会印发了《关于成立四川联合大学关心下一代工作委员会的通知》（联大委〔1995〕39 号），成立了四川联合大学关心下一代工作委员会，委员会由 32 人组成。其中，原成都科技大学党委书

记郑方，原四川大学党委书记赵铎，原成都科技大学党委副书记王朴庵，原四川大学副校长何文钦任关工委顾问；校党委副书记唐登学任四川联合大学关工委主任；校党委副书记曾学锋，副校长周宗华，原成都科技大学副校长黄仁杰，原四川大学副校长杜文科，原成都科技大学副校长程尊宁，原四川大学党委副书记陈秉元任关工委副主任。

【11月】校关工委委员、离休老干部田雁，原电力系党总支书记、教务党总支书记陈穗竹分别被四川省关心下一代工作委员会评为"四川省关心下一代工作先进个人"。

1996 年

【6月28日】校关工委召开纪念中国共产党成立七十五周年暨中国工农红军长征胜利六十周年座谈会。

【11月】陈穗竹因关心下一代工作事迹突出，被中共成都市委、市政府评为"离退休干部先进个人"。

1997 年

【4月14日】华西医科大学对关心下一代工作委员会进行了调整，中共华西医科大学委员会印发了《关于调整华西医科大学"关心下一代工作委员会"成员的通知》（校党字〔1997〕15号），调整后的关心下一代工作委员会由24人组成。其中，原华西医科大学党委书记董启勋，原华西医科大学校长马俊之，原华西医科大学副校长曹钟梁任关工委名誉会长；华西医科大学党委副书记周荣丰任会长；副校长赵小文，原华西医科大学副校长刘报晖任副会长；离退休工作处处长刘建学任关工委秘书长，张志君、石正刚、邱蜀进、邓平任副秘书长。

【8月】四川联合大学关工委被四川省教委评为"四川省教育系统关心下一代工作先进集体"。原计算机及自动控制系主任助理、党支部书记王淑惠被四川省教委评为"四川省教育系统关心下一代工作先进个人"。

【12月18日】校关工委召开年度工作总结会，校党委副书记、校关工委主任唐登学主持会议，离退休工作处党总支书记、校关工委秘书长周恢复总结汇报了关工委工作情况。

1998 年

【12月14日】四川省关心下一代工作委员会印发了《关于表彰全省关心

下一代工作先进集体、先进个人和优秀工作者的决定》（川关委〔1998〕14号），四川联合大学关心下一代工作委员会被表彰为"四川省关心下一代工作先进集体"。

【12月18日】召开关工委工作总结会，校党委副书记唐登学主持会议并作了总结性讲话，关工委秘书长、老干部党总支书记周恢复汇报了1997年关工委工作情况。

【12月21日】中共四川联合大学委员会印发了《关于调整四川联合大学关心下一代工作委员会组成人员的通知》（联大委〔1998〕22号），委员会由31人组成。其中，原四川大学党委书记赵铎，原成都科技大学党委书记赵静桂，原四川大学副校长何文钦，原成都科技大学党委副书记王朴庵任关工委顾问；校党委常务副书记王祯学任关工委主任；校党委副书记唐登学，副校长杨继瑞，原副校长樊高润、杜文科，原校党委副书记曾学锋、陈秉元任关工委副主任；委员会设秘书处，老干部党总支书记杨万贵任关工委秘书长，邓铭玉任副秘书长。委员会下设办公室，挂靠在离退休工作处，处理有关日常工作。

【12月21日】四川联合大学更名为四川大学，四川联合大学关心下一代工作委员会更名为四川大学关心下一代工作委员会。

1999 年

【10月18日】中共四川大学委员会印发了《关于进一步加强我校关心下一代工作委员会工作的意见》（川大委〔1999〕61号），对做好关工委工作的重要性，进一步建立健全关工委机构，抓住主题与时机，把工作落到实处，抓住重点、加强薄弱环节，如何做好关心下一代工作，作出有关规定，提出要求。

【12月14日】教育部关心下一代工作委员会在北京召开全国教育系统关心下一代工作先进集体、先进个人表彰电视会议，并印发了《关于表彰全国教育系统关心下一代工作先进集体和先进个人的决定》（教关〔1999〕1号），四川大学德育教研室教授涂敏纳同志被授予"全国教育系统关心下一代工作先进个人"称号。

2000 年

【2月】四川大学关工委制发《四川大学关心下一代工作委员会2000年工作要点》（川大关工委〔2000〕1号），初建邓小平理论学习及"两课"指导组，文明校风巡视组、教学巡视组、校园文化活动顾问组、学生党建工作指导

组、学生心理健康咨询组共计 6 个工作指导组，对建立完善院（系）及机关党总支二级关工委提出了要求。

【4 月 13 日】四川大学关工委召开关心下一代工作委员会全委会，印发了《四川大学关心下一代工作委员会会议纪要》（川大关工委〔2000〕2 号）。原四川大学党委副书记、校关工委副主任曾学锋改任校关工委常务副主任，为了完善和加强校关工委组织、协调工作，试行学校离退休工作委员会办公室和关工委秘书处一套班子、两块牌子。增补张平治、谭仕祥两位同志为关工委委员、副秘书长，周恢复同志为关工委办公室主任。

【6 月 14 日】学校党委转发了《四川大学关心下一代工作委员会工作暂行条例》（川大委〔2000〕27 号）。

【6 月 30 日】制发了《关于公布我校二级关工委组成的通知》（川大关工委〔2000〕5 号）。建立了 35 个二级关工委，设二级关工委主任 35 人，副主任 40 人，委员 173 人，秘书 12 人。

【9 月 27 日】召开校关工委 8 个小组负责人会议，并下发了《会议纪要》（川大关工委〔2000〕6 号）。校关工委将 6 个指导小组拓展为 8 个指导小组：邓小平理论和"两课"巡导组，素质教育、文明校风建设指导组，教学巡视组，青年教师教学指导组，学生党建组，学生教育活动及心理健康咨询指导组，待业青年帮教组、中小学生寒暑假活动组，任命指导组负责人 19 人。

【9 月 29 日】原四川大学与华西医科大学合并，组建四川大学。

【10 月】四川大学关心下一代工作委员会与党委学生工作部首次在我校对来自老、少、边、穷等地区的学生中设立校级"关心优秀学生奖学金"制度，印发了《四川大学关心下一代工作委员会关于评选"关心优秀学生奖学金"的实施办法》（川大关工委〔2000〕7 号），设立一、二等奖学金，按学年评定，一等奖 10 名，每名奖励金额 1500 元，二等奖 30 名，每名奖励金额 1000 元，颁发荣誉证书。

【12 月 25 日】四川大学印发了《关于颁发 1999 年至 2000 年度"关心优秀学生奖学金"的通知》（川大校〔2000〕新 12 号），梁晓峰等 10 名学生获"关心优秀学生奖学金"一等奖，管金玲等 30 名学生获"关心优秀学生奖学金"二等奖，予以表彰和颁奖。

2001 年

【1 月 10 日】校关工委召开关工委全委扩大会，印发了《四川大学关心下一代工作委员会会议纪要》（川大关工委〔2001〕2 号）。增补离退休工作处处

长刘建学同志为四川大学关工委委员、副秘书长。

【5月31日】召开了四川大学关工委工作交流会，校党委副书记、关工委副主任唐登学，校关工委常务副主任曾学锋，校关工委副主任以及校有关部门的负责人，关工委8个指导小组与华西校区"关协"负责人，关工委秘书处全体同志出席会议，曾学锋同志主持会议。

【6月19日】校党委组织部、校关工委联合召开中国共产党成立八十周年座谈会，时任校纪委书记刘富德，组织部正副部长，校关工委常务副主任曾学锋，秘书处、办公室、党建工作指导部全体同志，各学院学生党员、入党积极分子学生代表共计40余人参加会议，曾学锋同志主持会议。

【10月15日】四川大学党委印发《关于调整四川大学关心下一代工作委员会组成人员的通知》（川大委〔2001〕56号）。校党委副书记唐登学任关工委主任；原校党委副书记曾学锋任关工委常务副主任；副校长杨继瑞、李虹，原副校长杜文科、樊高润，原校党委副书记周荣丰、陈秉元，老干部党总支书记杨万贵任关工委副主任；委员会由49人组成，其中在职人员占42％，离退休人员占58％，杨万贵兼任关工委秘书长，离退休工作处处长刘建学、副处长纪大泽任副秘书长。下设关工委办公室，原老干部党总支书记周恢复任办公室主任。

【10月30日】四川省关心下一代工作委员会印发了《关于表彰"全省关心下一代工作先进集体"、"全省关心下一代工作优秀工作者"的决定》。四川大学关心下一代工作委员会被授予"全省关心下一代工作先进集体"称号，黄桂芳被授予"全省关心下一代工作优秀工作者"称号。

【12月6日】四川省教育厅关心下一代工作委员会印发了《关于表彰全省教育系统关心下一代工作先进集体和先进个人的决定》，召开表彰大会。四川大学关工委、四川大学水电学院关工委、校关工委学生党建指导组均被四川省教育厅关工委评为"四川省教育系统关心下一代工作先进集体"；校党委副书记、校关工委主任唐登学被授予"四川省教育系统关心下一代工作荣誉奖"；校关工委常务副主任、原校党委副书记曾学锋，老干部党总支书记、校关工委副主任兼秘书长杨万贵，校关工委学生党建指导组组长黄桂芳，关工委委员素质教育、文明校园建设指导组副组长赵雪琴分别被四川省教育厅关工委授予"全省教育系统关心下一代工作先进个人"称号。

2002年

【3月15日】四川大学党委印发了《关于转发〈四川大学关心下一代工作

委员会工作条例〉的通知》（川大委〔2002〕15 号）。

【6 月 3 日】校关工委印发了《关于四川大学各学院直属党委（总支）关工委组成人员的通知》（川大关工委〔2002〕1 号），调整并建立健全 29 个学科型学院关工委和 10 个行政实体型关工委，有二级关工委成员 367 人，其中设立二级关工委主任、副主任 101 人，委员 252 人，秘书 14 人。

【6 月 21 日】教育部关工委常务副主任朱新均，教育部关工委副主任李蒙恩，教育部关工委秘书长原永堂，教育部关工委秘书张应川，四川省教育厅关工委副主任、原省教委副主任张凤山，省教育厅秘书长、省教育厅老干处处长唐在云，省教育厅关工委副秘书长、省教育厅老干处副处长邵学君，到四川大学关工委调研。

【7 月 5 日】校关工委印发了《关于充实调整四川大学关工委 8 个指导组负责人的通知》（川大关工委〔2002〕3 号），将校关工委 8 个指导组拓展为邓小平理论"三个代表"重要思想和"两课"巡导指导部，素质教育、文明校风建设指导部，党建工作指导部，教学巡视指导部，青年教师教学指导部，学生教育活动及心理健康咨询指导部，待业青年帮助、教育指导部，中小学生寒暑假教育活动指导部 8 个指导部。任命指导部部长、副部长 27 人。

【11 月 20 日】校关工委召开学习贯彻党的十六大精神座谈会。

2003 年

【4 月 1 日】校关工委印发了《四川大学关心下一代工作委员会关于表彰奖励关工委优秀文章的决定》（川大关工委〔2003〕1 号），评选出特等奖文章 3 篇，一等奖 3 篇，二等奖 5 篇，三等奖 7 篇，对相关人员予以表彰和奖励。

【4 月 9 日】学校召开了四川大学关心下一代工作会议。校党委副书记、关工委主任唐登学，关工委常务副主任曾学锋，副主任周荣丰、樊高润，以及关工委全体委员，各学院直属党委（总支）关工委正副主任，机关有关部门负责人和 8 个指导部全体成员参加会议。会议传达上级关工委精神，总结部署工作，宣读了《四川大学关心下一代工作委员会关于表彰奖励关工委优秀文章的决定》（川大关工委〔2003〕1 号），进行表彰和颁奖。

【6 月】校关工委召开四川大学关心下一代工作首次理论和工作研讨会，编印下发了《四川大学关心下一代工作文集》。

【12 月 12 日】学校首次对学校关工委工作进行表彰，中共四川大学委员会、四川大学印发了《关于表彰关心下一代工作先进集体、个人的决定》（川大委〔2003〕48 号），经济学院关工委等 12 个单位被评为"关心下一代

工作先进集体"，赵炳寿等 51 名同志被评为四川大学"关心下一代工作先进个人"。

【12 月】四川大学关工委荣获教育部关工委"全国教育系统关心下一代工作先进集体"称号。

2004 年

【4 月 1 日】校关工委素质教育、文明校风建设指导部对大学生建设文明寝室进行了一次问卷调查，并撰写了《建设文明寝室，促素质提高》的调查报告，对大学生建设文明寝室的情况进行分析，提出建议。

【6 月 24 日】校关工委召开了纪念邓小平同志一百周年诞辰座谈会。

【12 月 6 日】四川大学党委印发了《四川大学关工委关于颁发 2004 年"关心优秀大学生奖学金"的通知》（川大委学〔2004〕12 号）。王建霞等 12 名学生获"关心优秀学生奖学金"一等奖，张小萍等 50 名学生获"关心优秀学生奖学金"二等奖，对他们予以表彰和颁奖。

2005 年

【1 月 11 日】四川省教育厅关心下一代工作委员会印发了《关于表彰全省教育系统关心下一代工作先进集体和先进个人的决定》（川教关〔2005〕1 号）。四川大学关工委党建工作指导部、水利水电学院关工委、华西公共卫生学院关工委被授予"全省教育系统关心下一代工作先进集体"称号，赵雪琴、谢懋浓两位同志被授予"全省教育系统关心下一代工作先进个人"称号。

【1 月 25 日】《中国教育报》在头版发表了题为《老教授与新生促膝谈心，优秀研究生与新生真诚交流——四川大学以人为本抓思政工作》的报道，介绍校关工委与党委学生工作部密切配合，安排动员组织 40 余名老专家、教授在江安校区开展"面对面谈理想人生、成长成才"的活动情况。

【12 月 22 日】四川大学党委印发了《四川大学关心下一代工作委员会工作条例》（川大委〔2005〕73 号），同时印发了《关于调整四川大学关心下一代工作委员会组成人员的通知》。委员会由 53 人组成，在职人员占 45%，离退休人员占 55%。校党委副书记罗中枢任关工委主任，原校党委副书记唐登学任校关工委常务副主任，李志强、周学东、曾学锋、周荣丰、陈秉元、樊高润、杜江任关工委副主任；委员会下设秘书处，挂靠在离退休工作处，设秘书长 1 人，由离退休工作处处长杜江同志兼任；设副秘书长 3 人，由杨静波、罗卡、戴光文担任。设关工委办公室，处理关工委工作日常事务，设关工委办公

室主任 1 人，由杨万贵同志担任；设副主任 2 人，由周恢复、张平治担任。

2006 年

【3 月 22 日】校关工委印发了《关于调整四川大学关心下一代工作委员会指导部负责人的通知》（川大关工委〔2006〕1 号），对校关工委指导部及其负责人作适当充实，调整为 7 个指导部：思想政治教育指导部，党建工作指导部，素质教育活动指导部，教学指导部，青年教职工指导部，心理健康教育及社团活动指导部，社区教育活动指导部。设指导部部长、副部长 21 人，指导部成员 54 人。

【6 月 15 日】校关工委印发了《关于四川大学各学院、直属党委（总支）关工委组成人员的通知》（川大关工委〔2006〕2 号），将各学院、直属党委（总支）关工委组成人员进行调整后仍为学科型学院关工委 29 个，行政实体型关工委 10 个，设关工委主任 39 人，名誉主任 1 人，副主任 77 人，委员 280 人，秘书 40 人。

2007 年

【5 月 24 日】学校召开"四川大学关工委 2007 年工作暨培训会"，校关工委主任、常务副主任、副主任，校关工委委员，各学院、直属学院党委（总支）关工委主任、副主任、秘书长、副秘书长及校关工委各工作指导部正副部长共 140 余人参加会议。校党委书记杨泉明同志参加并作了重要讲话。此次会议，四川省教育厅做了专题报道。

【9 月 23 日】校关工委常务副主任唐登学同志参加教育部全国部分高校关心下一代工作经验交流与研讨会，并在大会上作交流发言。

【10 月 22 日】校关工委召开主题为"学习党的十七大精神，努力开创关工委工作新局面"的学习座谈会。校关工委主任，各指导部部长、副部长、秘书长、副秘书长、办公室主任、副主任等出席参加，校党委副书记李志强同志出席并作了讲话，教育部关工委和四川省教育厅作了报道。

【11 月 20 日】四川省关心下一代工作委员会、四川省精神文明建设办公室印发了《关于表彰"四川省关心下一代工作先进集体"、"四川省关心下一代优秀工作者"的决定》（川关委〔2007〕9 号），四川大学关工委思想政治教育指导部长、政治学院关工委副主任安德才同志被授予"四川省关心下一代优秀工作者"称号。

【12 月 20 日】教育部关心下一代工作委员会印发了《教育部关工委关于

表彰全国教育系统关心下一代工作先进集体和先进个人的决定》（教关委〔2007〕17号）。四川大学关心下一代工作委员会被授予"全国教育系统关心下一代工作先进集体"称号。

【12月25日】由校关工委牵头，校关工委、学生工作部、校团委、离退休工作处、四川省新四军研究会川大分会联合召开了"四川大学师生共话新四军成立七十周年大会"。

【12月】校关工委参加教育部关工委在成都召开的"社区教育工作会议"，在会上作了"社区与校园互动育人，在构建和谐校园的创新探索"的交流发言。

2008年

【1月2日】校党委书记杨泉明，副校长石坚，校纪委书记徐兰，组织、人事、离退休工作的负责同志听取了校关工委工作情况汇报，校关工委常务副主任唐登学汇报关工委工作情况，副主任曾学锋、陈秉元、杜江及关工委有关同志参会。

【2月27日】校关工委素质教育指导部用半年时间对川大学生辅导员队伍的现状进行了调查，并形成《关于建设一支高素质学生辅导员队伍的调查》报告，校关工委以2008第3期简报进行转发。

【5月】四川省发生"5·12"汶川特大地震后，校关工委广大老同志心系灾区，用不同方式积极参与支援抗震救灾，帮助学生开展心理咨询。不少老同志主动捐款捐物支援灾区，水电学院关工委成员陈家远教授捐款7000元，交特殊党费5000元。校关工委心理健康教育及社团活动指导部副部长兰礼吉同志带领研究生在学生中开展心理咨询，还购买了方便面、饼干、矿泉水等自驾送到灾区。

【6月28日】校关工委召开了纪念中国共产党成立八十七周年"七一"座谈会。

【12月1日】四川大学党委印发了《关于转发四川大学关工委颁发2007—2008学年度"关心优秀学生奖学金"获奖名单的通知》（川大委〔2008〕42号）。肖立等12名学生获"关心优秀学生奖学金"一等奖，刘娜等48名学生获"关心优秀学生奖学金"二等奖，对他们予以表彰颁奖。同时将一等奖学金从1500元调至2000元，二等奖学金从1000元调至1500元。

2009 年

【3 月 2 日】教育部关工委工作调研会在我校望江校区行政楼 320 会议室举行。教育部关工委秘书长赵晖、副秘书长郭春开，四川省教育厅关工委秘书长唐在云，我校副校长石坚，校关工委常务副主任唐登学，副主任曾学锋、杜江和电子科技大学、西南交通大学、西南财经大学关工委负责人出席了调研会，我校离退休工作处、关工委、宣传部、学生部有关负责人参加了调研会。

【5 月 18 日】四川大学党委根据教育部党组《中共教育部党组关于加强全国教育系统关心下一代工作委员会建设的意见》（教党〔2009〕20 号）文件精神，制定下发了《关于进一步加强关工委建设继续做好关心下一代工作的意见》。

【9 月 16 日】四川大学关工委召开了庆祝中华人民共和国成立六十周年庆祝会。

【11 月】校关工委党建工作指导部、素质教育活动指导部协助华西公共卫生学院党委，首次举办"中国特色社会主义理论学习班"。第 1 期以"牢固树立共产主义远大理想，坚定中国特色社会主义信念"为主题，校关工委副主任周荣丰同志参加，指导部同志 29 人次参加指导，2007 级本科生 91 人参加学习培训。

【12 月 2 日】四川省教育厅关心下一代工作委员会印发了《关于表彰全省教育系统关心下一代工作先进集体、先进个人和优秀工作者的决定》，四川大学关工委被授予"四川省教育系统关心下一代工作先进集体"称号，华西公共卫生学院关工委被授予"全省教育系统关心下一代工作先进集体"称号，孙金城、周恢复两位同志被授予"全省教育系统关心下一代工作先进个人"称号，杜江被授予"全省教育系统关心下一代工作优秀工作者"称号。

【12 月】四川大学关工委被学校党政评为"2007—2009 年度关心下一代工作先进集体"。

【12 月 22 日】学校召开离退休工作和关心下一代工作经验交流暨表彰大会，校党委书记杨泉明，校长谢和平，校党委常务副书记、校关工委主任罗中枢出席会议，并作了重要讲话。中共四川大学委员会、四川大学印发了《关于表彰四川大学离退休工作和关心下一代工作先进集体、先进个人的决定》（川大委〔2009〕36 号），授予党委学生工作部、化学学院关心下一代工作委员会等 10 个单位"2007—2009 年关心下一代工作先进集体"称号，授予郑道文、王炳南等 35 位同志"2007—2009 关心下一代工作先进个人"称号，并予以表彰。

2010 年

【5 月 18 日】教育部关心下一代工作委员会印发了《关于建立教育部直属高校关工委工作协作组制度的通知》（教关委函〔2010〕14 号）。教育部直属高校关工委建立 5 个协作组，协作组实行轮值制度（轮值期一年），原则上每年举办一次交流活动，并于当年启动，四川大学关工委被安排在五协作组。

四川大学党委制定印发了《关于进一步加强关工委建设，继续做好关心下一代工作的意见》（川大委〔2010〕16 号）。

【6 月 22 日】四川大学关心下一代工作委员会被中国关心下一代工作委员会、中央精神文明建设指导委员会办公室授予"全国关心下一代工作先进集体"称号。

【11 月 1 日至 3 日】教育部直属高校首次关工委第五协作组工作交流研讨会由四川大学承办，来自西南财经大学、西南交通大学、电子科技大学、重庆大学、西南大学、西安交通大学、西北农林科技大学、陕西师范大学、兰州大学、浙江大学、厦门大学、合肥工业大学、四川大学等 13 所高校关工委负责同志近 40 人参加，教育部关工委常务副主任王茂根、关工委秘书长赵晖，四川省教育厅关工委常务副主任唐朝纪、秘书长唐在云，四川大学党委书记杨泉明、党委常务副书记罗中枢、党委副书记李向成等出席了会议，会议获得兄弟高校关工委代表的较高评价。

2011 年

【3 月 28 日】四川省关心下一代工作委员会、中共四川省委老干部局、四川省精神文明建设办公室印发了《关于表彰四川省关心下一代工作先进个人和先进集体的决定》（川关委〔2011〕9 号），四川大学水利水电学院关工委被授予"四川省关心下一代工作先进集体"称号。

四川省关心下一代工作委员会印发了《关于通报表彰从事关工委工作 10 年老同志的决定》（川关委〔2011〕10 号），四川大学关工委曾学锋、周荣丰、陈秉元等 42 位同志在纪念省关工委成立 20 周年之际，受到通报表彰。

【4 月 16 日】教育部关心下一代工作委员会印发了《关于表彰全国教育系统关心下一代工作先进集体和先进个人的决定》，四川大学党委书记杨泉明同志被授予"全国教育系统关心下一代工作荣誉奖"称号，校关工委常务副主任唐登学、关工委成员吴先培两位同志被授予"全国教育系统关心下一代工作先进工作者"称号。

【4月29日】学校对校关工委领导班子进行了充实、调整、换届。新一届关工委由49人组成，其中，在职员工17人，离退休人员32人。校党委常务副书记罗中枢任关工委主任，四川大学原党委副书记唐登学任关工委常务副主任，校党委副书记周学东、副校长石坚、校党委副书记李向成、四川大学原党委副书记曾学锋、原华西医科大学党委副书记周荣丰、四川大学原副校长周宗华任关工委副主任。设秘书长1人，副秘书长4人；办公室主任1人，副主任2人。关工委办公室副主任中专门配备了一名在职正科级干部，动员了一批相对年轻的老同志和刚退下来的部处领导担任关工委委员。

【5月30日】校关工委制发了《关于调整四川大学关心下一代工作委员会各指导部负责人的通知》（川大关工委〔2011〕1号），将校关工委7个指导部充实调整为6个指导部：思想政治教育指导部、党建工作指导部、素质教育活动指导部、教学与青年教师指导部、心理健康教育及社团活动指导部、社区教育活动指导部。设指导部部长、副部长共25人，有指导部成员67人。

【6月20日】校关工委召开"庆祝中国共产党成立九十周年座谈会"。

【9月16日】校关工委召开了换届后首次关工委全委会。

【10月8日】校关工委印发了《四川大学各学院、直属单位党委（总支）关工委组成人员的通知》（川大关工委〔2011〕4号），对校内二级关工委进行调整，调整后有40个二级关工委。设二级关工委主任、副主任138人，成员333人，秘书22人。

【10月9日】学校党委印发了《四川大学关心下一代工作委员会工作条例》（川大委〔2011〕68号）。

【10月19日】校关工委召开了"四川大学关工委培训工作会"，校党委书记杨泉明出席大会并作重要讲话，校党委副书记李向成主持会议，校关工委常务副主任唐登学作培训专题报告。校关工委正副主任、全体委员、正副秘书长、办公室正副主任、各工作指导部正副部长，各学院（单位）40个二级关工委正副主任共计170多人参加会议。报告会后，分望江东西区、华西校区进行了讨论。

【12月16日】校关工委印发了《关于通报表彰从事关工委工作十年以上老同志的决定》（川大关工委〔2011〕5号），对从事关工委工作十年以上的131名离退休老同志进行了通报表扬。

【12月21日】学校党委印发了《关于表彰四川大学2010—2011年离退休工作和关工委工作先进集体、先进个人的决定》（川大委〔2011〕126号），四川大学党委和行政授予物理学院等10个学院"2010—2011年关心下一代工作

先进集体"称号，授予王炳南等 38 位同志"2010—2011 年关心下一代工作先进个人"称号，予以表彰。

【12 月 28 日】四川大学召开了纪念关工委成立 20 周年暨 2010—2011 年离退休工作和关心下一代工作先进表彰大会。校党委书记杨泉明，党委常务副书记、校关工委主任罗中枢，校关工委常务副主任、副主任，各工作指导部正副部长、正副秘书长，办公室正副主任，各学院及业务单位分管离退休工作和关工委负责人，受表彰的先进集体和先进个人共 210 多人参加会议。会上，宣读学校党委的表彰决议和校关工委通报表彰决定，对先进集体和先进个人进行了表彰。

2012 年

【3 月 26 日】校关工委召开了"四川大学二级关工委暨离退休工作领导小组成员东片区交流会"。

【4 月 23 日】浙江大学关工委来我校传经送宝。

【9 月】由四川大学关工委编写的《育人新曲——四川大学关心下一代工作委员会二十年实践与探索》一书，由四川大学出版社正式出版发行。

【11 月 6 日】校关工委副主任周荣丰同志参加成都片区高校关工委工作协调会。

【11 月 22 日】教育部关工委来四川调研，听取我校关工委在社区教育方面的工作汇报，教育部和省教育厅关工委领导给予了充分的肯定和认可。

【11 月 28 日】校关工委召开了"四川大学关工委学习贯彻党的十八大精神座谈会"。

2013 年

【6 月 3 日】校关工委党建工作指导部协同学校党委组织部，从 2012 年下学期到 2013 年 5 月 18 日，对校内各学院大学生党支部建设状况进行调研，校关工委组织召开加强高校大学生党支部建设情况的专题研讨会，在调研的基础上，形成了《加强高校大学生党支部建设的探索与思考》调研报告，校关工委以《关心下一代工作简报》第 3 期进行了转发和上报。

【9 月 10 日】中国关心下一代工作委员会印发了《关于表彰创建五好基层关工委优秀组织奖和五好基层关工委先进集体的决定》（中关委〔2013〕13 号），四川大学关工委被授予"五好基层关工委先进集体"称号。

【10 月】校关工委素质教育活动指导部、教学与青年教师指导部选择化学

工程学院制药 2 班（22 人），物理学院微电子 3 班（20）人，首次开展"跟班关爱"活动。

【12 月 11 日】校关工委、新四军研究会川大分会举行毛泽东同志一百二十周年诞辰座谈会。

【12 月 29 日】教育部关工委在北京召开"全国高校关工委工作经验交流会"，校关工委常务副主任唐登学在大会上作了题为"努力探索创建关工委工作的有效形式和方法"的交流发言。教育部关工委《关心下一代》杂志 2013 年第 6 期以《实现三个配合，提高工作实效》为题进行了刊载。

2014 年

【4 月】四川省教育厅关工委印发了《关于通报表扬全省教育系统关心下一代工作先进集体和先进个人的决定》，校关工委党建工作指导部被通报表扬为"全省教育系统关心下一代工作先进集体"，周荣丰同志被通报表扬为"全省教育系统关心下一代工作先进个人"。

【3 月至 10 月】校关工委承担了教育部关工委下达的"普通高校二级关工委工作长效机制研究"专项课题研究，建立了以曾学锋同志为课题组长，以汪朝清、杨静波、周志文为主研人员的课题组，进行课题研究，并撰写了 12000 字左右的《普通高校二级关工委工作长效机制研究》课题报告。课题报告经有关专家评审获得较高的评价。

2015 年

【3 月 23 日】教育部关工委主任田淑兰、副主任王萍、副秘书长郭春开等一行 5 人在四川省教育厅关工委顾问唐朝纪、执行主任王晓都、秘书长李功成等同志的陪同下，对我校关工委工作进行检查指导。我校关工委主任和关工委常务副主任、副主任对我校关工委工作了全面汇报。

【4 月】曾学锋同志被四川省关工委、中共四川省委老干局、四川省精神文明建设办公室、共青团四川省委表彰为"四川省关心下一代工作先进工作者"称号。

【4 月 25 日】教育部关心下一代工作委员会印发了《关于表扬全国教育系统关心下一代工作先进集体和先进个人的通报》（教关委函〔2016〕8 号），四川大学关工委被授予"全国教育系统关心下一代工作先进集体"称号。

【7 月 6 日】校关工委会同职能部门召开"纪念抗日战争胜利七十周年座谈会"。

【8月12日】中国关心下一代工作委员会、中央精神文明建设指导委员会办公室印发了《关于表彰全国关心下一代工作先进集体、先进个人的决定》（中关工委〔2015〕14号），周荣丰同志被中国关工委、中央精神文明建设指导委员会办公室授予"全国关心下一代工作先进工作者"称号。

【10月】我校关工委撰写的《普通高校二级关工委工作长效机制研究》一文被教育部关工委编写的《关心下一代论文集萃》一书收录，由广西师范大学出版社出版发行。

【10月21日】由校关工委常务副主任唐登学同志带队，校关工委、离退休工作处同志一行10人到延安大学、西安交通大学、西北农林科技大学等高校学习调研，并参观了革命圣地延安。

【11月】校关工委社区教育指导部撰写的《搭建高校青年学生社区教育多元支持平台》荣获教育部关工委社区教育理论与实践征文活动一等奖。该文被教育部关工委社区教育中心收入全国教育系统关工委《社区教育理论与实践研究论文集》。

2016年

【4月12日】中共四川大学委员会、四川大学印发了《关于表彰2014—2015年度离退休工作和关心下一代工作先进集体和先进个人的决定》（川大委〔2016〕24号），物理学院关工委等10个单位被授予"2014—2015年度关心下一代工作先进集体"称号，王炳南等38位同志被授予"2014—2015年度关心下一代工作先进个人"称号，予以表彰。

【4月25日】教育部关心下一代工作委员会印发了《关于表扬全国教育系统关心下一代工作先进集体和先进个人的通报》（教关委函〔2016〕8号），四川大学关心下一代工作委员会被通报表彰为"全国教育系统关心下一代工作先进集体"。

【7月19日】校关工委召开"纪念中国共产党成立九十五周年、红军长征胜利八十周年座谈会"。

【11月17日】四川省教育厅关心下一代工作委员会印发了《关于表扬四川省教育系统关心下一代工作先进集体和先进个人的通报》，化学工程学院关工委、华西公共卫生学院（华西第四医院）关工委被四川省教育厅关心下一代工作委员会通报表扬为"四川省教育系统关心下一代工作先进集体"；唐登学、徐怡被四川省教育厅关心下一代工作委员会通报表扬为"四川省教育系统关心下一代工作先进个人"。

2017 年

【6月】素质教育活动指导部、教学与青年教师指导部撰写的《跟班关爱学生成长实践与探索》案例，被教育部关工委评为"全国教育关工委'优秀创新案例'"。

【6月2日】学校召开离退休工作总结暨先进表彰会，中共四川大学委员会、四川大学印发了《关于表彰 2015—2016 年度发挥"老有所为"作用先进集体和先进个人的决定》（川大委〔2017〕28 号），对文学与新闻学院等 10 个发挥"老有所为"作用先进集体和孙金城、杨万贵、谢懋浓等 60 位先进个人予以表彰。

【10月】校关工委素质教育活动指导部、教学与青年教师指导部在"跟班关爱"化学工程学院制药 2 班、物理学院微电子 3 班的基础上，增加"跟班关爱"华西基础医学与法医学院基础医学班（40 人）。

2018 年

【1月4日】四川大学党委对关心下一代工作委员会进行调整换届。中共四川大学委员会印发了《关于调整四川大学关心下一代工作委员会组成人员的通知》（川大委〔2018〕2 号），调整后的关工委有委员 53 人，其中，在职人员 19 人，占关工委成员总数的 35.8%，离退休人员 34 人，占关工委成员总数的 64.2%，关工委成员平均年龄 62.2 岁。校党委副书记李旭锋任关工委主任，唐登学任关工委常务副主任，李向成、曹萍、梁斌、曾学锋、周荣丰、石坚、郑尚维、杨静波任关工委副主任。杨静波兼任关工委秘书长，罗卡、陈岗、马绍琼、周志文任关工委副秘书长，汪朝清任关工委办公室主任，徐怡任关工委专职副主任。

【3月6日】四川大学关工委印发了《调整后四川大学关心下一代工作委员会各指导部负责人名单》（川大关工委〔2018〕1 号），对校关工委 6 个指导部负责人进行了充实调整，指导部成员 67 人，其中部长、副部长 24 人。

【6月7日】校关工委对 2011 年印发的《四川大学关心下一代工作委员会条例》进行了修改、补充、完善，由学校党委印发了《关于印发〈四川大学关心下一代工作委员会工作规程〉的通知》（川大委〔2018〕43 号）。

【6月14日】四川大学关工委印发了《关于四川大学二级关心下一代工作委员会组成人员的通知》（川大关工委〔2018〕3 号），对校内二级关工委进行了调整充实，调整后的二级关工委有 39 个，有关工委成员 489 人。其中，二

级关工委主任、副主任 129 人，秘书 29 人。

【3 月 19 日至 7 月】根据教育部关工委《关于开展"读懂中国"试点活动的通知》（教关委函〔2018〕2 号）要求，以"改革在身边，开放在眼前"为主题，开展"读懂中国"试点活动。全校 39 个学院（单位）关工委有 24 个学院（单位）关工委组织采访"五老"62 人，参与学生 801 人；撰写征文 52 篇，录制微视频 22 个。校关工委组织评选，评出征文一等奖作品 5 篇，二等奖作品 3 篇，三等奖作品 6 篇，参与奖作品 38 篇；评出微视频一等奖作品 3 个，二等奖作品 4 个，三等奖作品 4 个，参与奖作品 11 个。上报教育部关工委征文 5 篇，微视频 3 个。

【7 月】以兰礼吉为课题负责人，唐登学、周荣丰、曾学锋、杨静波、郭勇、张红伟、刘吕红、马涛、汪朝清、徐怡为课题组成员的四川大学关工委课题组撰写的《多元架构下的大学生思想政治教育"三进"教育模式中"五老"作用发挥机制研究》，被《教育部关工委理论研究中心 2016 年课题研究成果选编》收录。

【10 月 30 日】校关工委组织到江南大学调研。

【12 月 19 日】校关工委召开"庆祝改革开放四十周年座谈会"，校关工委常务副主任、关工委副主任、关工委正副秘书长、关工委办公室正副主任，以及各工作指导部正副部长等 30 多人参加，认真学习了习近平总书记在庆祝改革开放 40 周年大会上的讲话，并进行交流座谈。

2019 年

【2 月 28 日】教育部关工委印发了《关于 2018 年"读懂中国"试点活动评选结果的通知》（教关委函〔2019〕2 号），文学与新闻学院关工委组织录制的《新闻行者——邱沛篁》获教育部关工委 2018 年"读懂中国"试点活动最佳微视频，机关党委关工委组织撰写的《对话泰斗，心向未来——访四川大学华西临床医学院欧阳钦教授》获教育部关工委 2018 年度"读懂中国"试点活动最佳征文奖，其最佳征文朗诵在中国教育电视台展播。此外，机关党委关工委组织撰写的《从学术研究角度看改革开放》《浅谈改革开放之教育》，华西临床医学院关工委组织撰写的《修己安人治仁术，改革开放焕新生》，电气工程学院关工委组织撰写的《初心不改，寄情未来》获教育部关工委 2018 年"读懂中国"试点活动优秀征文。

【3 月 29 日】学校召开离退休工作和关心下一代工作总结暨表彰会，中共四川大学委员会、四川大学印发了《关于表彰 2017—2018 年度离退工作和关

心下一代工作先进集体、先进个人的决定》（川大委〔2019〕16号），授予物理学院关工委等10个单位"四川大学2017—2018年度关心下一代工作先进集体"称号，授予伍长康等27位同志"四川大学2017—2018年度关心下一代工作先进个人"称号。

【3月22日至7月】校关工委全面开展以"我和我的祖国"为主题的"读懂中国"活动，全校39个二级关工委，挑选"五老"采访对象80人，组织906名学生参加访谈，录制微视频22个，撰写征文86篇。经学校关工委"读懂中国"活动专家评审组评审，评选出微视频一等奖3个，二等奖4个，三等奖5个，参与奖20个；征文一等奖5篇，二等奖11篇，三等奖23篇，参与奖28篇；优秀组织奖3个。同时将获得一等奖的微视频和征文上报教育部关工委。

【4月20日】校关工委撰写的《"读懂中国"走进川大》文章被《心系下一代》杂志于2019第2期刊载。

【6月25日】校关工委召开庆祝新中国成立七十周年座谈会。

【11月27日】教育部关工委印发了《关于2019年"读懂中国"活动评审结果的通知》（教关工函〔2019〕16号），化学工程学院关工委组织撰写的《风雨兼程六十载》，文学与新闻学院关工委组织撰写的《不忘初心，与时俱进》两篇征文获教育部关工委2019年"读懂中国"活动最佳征文奖，最佳征文的朗诵在中国教育电视台展播；华西临床医学院关工委组织撰写的《受任于历史转折之际，勇挑时代责任之重担》获教育部关工委2019年"读懂中国"活动优秀征文奖。四川大学关工委获教育部关工委2019年"读懂中国"活动优秀组织奖。

【12月2日】吉林大学关工委来我校传经送宝。

【12月15日】校关工委协同华西公共卫生学院党委召开"中国特色社会主义理论学习班""习近平新时代中国特色社会主义思想学习班"10周年暨第11期开班典礼。校党委副书记、校关工委副主任郭勇，校关工委常务副主任唐登学，校关工委副主任周荣丰，学校党委组织部、宣传部、学生工作部、校工会等单位负责同志，校关工委办公室和工作指导部成员，学院负责同志、政治辅导员，历期学习班指导教师以及第11期全体学员共计80人参加。会上，学院副院长裴晓方进行学习班10年总结汇报，学员代表、指导教师代表进行发言，郭勇副书记、唐登学常务副主任作了致辞讲话，学院党委副书记张琦主持会议。

2020 年

【3 月 23 日至 11 月 3 日】按照教育部关工委《关于申报教育部关工委成立 30 周年理论与实践成果研究专项课题的通知》（教关函〔2020〕3 号）要求，四川大学关工委组织成立了以唐登学同志为课题组长，曾学锋、汪朝清、杨静波、王智猛、徐怡、向丹、熊薇为课题组成员的专项课题组，申报获准承担教育部关工委《高校关工委组织建设经验与启示研究》，全国教育系统关工委 30 周年理论与实践成果专项课题 1 类课题研究。通过深入细致地调查分析研究，课题组撰写了《高校关工委组织建设的经验与启示研究》课题报告，上报教育部关工委评审结题，获得较高的评价。

【5 月 15 日】中共四川大学委员会印发了《关于调整四川大学关心下一代工作委员会成员的通知》（川大委〔2020〕24 号），对四川大学关工委进行了调整，调整后的委员会由 52 人组成，其中在职领导 19 人，占委员会成员总数的 36.5%；离退休老同志 33 人，占委员会成员总数的 63.5%。校党委常务副书记曹萍任校关工委主任；唐登学任校关工委常务副主任；副校长梁斌、张林，校党委副书记郭勇，曾学锋、周荣丰、石坚、郑尚维、杨静波任校关工委副主任。离退休工作处处长杨静波兼任秘书长；老干部党总支书记罗卡，学生工作部副部长周志文，离退休工作处副处长陈岗、马绍琼担任副秘书长。汪朝清担任校关工委办公室主任，徐怡担任办公室专职副主任。

【6 月 17 日】四川大学党委召开 2018—2019 年度"老有所为"暨"读懂中国"活动表彰和动员会，校党委常务副书记、校关工委主任曹萍，校党委副书记郭勇，关工委常务副主任、副主任、秘书长、副秘书长、关工委办公室主任、副主任、各指导部部长和副部长、各学院（单位）党委和关工委负责同志，以及受表彰的单位和个人参加会议。中共四川大学委员会、四川大学印发了《关于表彰四川大学 2018—2019 年度"老有所为"先进个人的决定》（川大委〔2020〕25 号），对邓琳等 60 名"老有所为"先进个人进行表彰和颁奖。

【6 月 23 日至 7 月 17 日】按照《教育部关于开展"读懂中国"活动"全面小康，奋斗有我"的通知》（教关委函〔2020〕6 号）要求，四川大学关工委全面开展以"全面小康，奋斗有我"为主题的"读懂中国"活动。全校 32个二级关工委，挑选采访了"五老"43 人，参与学生人数 7046 人，各二级关工委撰写征文 64 篇，录制微视频 18 个，经学校"读懂中国"活动专家评审组评选推荐，将机关关工委、化学工程学院关工委、华西临床医学院（华西医院）关工委、外国语学院关工委和华西第二医院关工委组织撰写的 5 篇征文，

录制的 3 个微视频推荐上报教育部关工委。

【9月4日】四川大学关工委召开"学习贯彻习近平总书记在纪念抗日战争胜利 75 周年暨抗击新冠肺炎疫情表彰大会上的讲话精神座谈会",校关工委常务副主任、副主任、秘书长、副秘书长,关工委办公室主任、副主任,各指导部部长和副部长等 40 余人参加了座谈会。

【10月20日】中国关心下一代工作委员会、中央精神文明建设指导委员会办公室印发了《关于表彰全国关心下一代工作先进集体和先进个人的决定》(中关工委〔2020〕11 号),四川大学关心下一代委员会被授予"全国关心下一代工作先进集体"称号。

【11月26日】组织学校关工委全体成员及二级关工委代表参加了教育部关工委学习贯彻习近平总书记对关心下一代工作重要指导精神视频会议。

【12月3日】四川大学关工委召开了"学习贯彻习近平总书记对关工委工作重要指示暨十九届五中全会精神座谈会",校关工委领导班子成员、校关工委正副秘书长、校关工委办公室正副主任、各指导部部长及副部长近 30 人参加会议。

2021 年

【1月4日】四川大学党委印发了《关于转发〈四川大学关工委关于表彰2019—2020 学年度"关心优秀学生奖学金"获奖学生的决定〉的通知》(川大委学〔2021〕1 号),李鹏梅等 20 名学生获"关心优秀学生奖学金"一等奖,高立等 50 名学生获"关心优秀学生奖学金"二等奖,予以表彰并颁奖。

【4月2日】校关工委会同机关党委,老干部党总支、离退休工作处,新四军研究会川大分会举办党史学习报告会。

【4月25日】教育部党组下发了《中共教育部党组关于加强新时代全国教育系统关心下一代工作委员会工作的意见》(教党〔2021〕34 号)。在学习的基础上,校关工委起草了《中共四川大学委员会关于加强新时代学校关心下一代工作委员会工作的实施意见》的建议稿。

【5月20日】学校党委常务副书记、校关工委主任曹萍召集有关职能部门负责人,关工委常务副主任、副主任、正副秘书长、关工委办公室正副主任,召开了学习贯彻教育部党组 34 号文件专题会。

【5月21日】四川省关工委召开"四川省关心下一代工作会议",汪朝清同志作为先进个人代表参加会议。会上,四川省关心下一代工作委员会、中共四川省委老干部局、四川省精神文明建设办公室授予化学工程学院关工委"四

川省关心下一代工作先进集体"称号，授予汪朝清同志"四川省关心下一代工作先进工作者"称号。

【6月】校关工委专职委员涂敏纳撰写的《"永葆初心，老骥伏枥，志在千里"的一生追求》被教育部离退休干部局收入《心路——教育部直属系统老同志庆祝中国共产党成立100周年文集》，该文集由高等教育出版社出版发行。

【3月至6月】根据教育部《关工委关于开展2021年"读懂中国"活动的通知》（教关委函〔2020〕18号）要求，在全校开展以"讲好入党故事，传承红色基因"为主题的"读懂中国"活动。全校29个关工委，挑选"五老"79人，参与学生12892人，主创团队248人，撰写征文64篇，拍摄微视频25个、短视频5个。经学校"读懂中国"活动专家评审组评出征文一等奖6篇，二等奖8篇，三等奖10篇，参与奖21篇；微视频一等奖5个，二等奖5个，三等奖8个，参与奖7个。艺术学院、水利水电学院、华西基础医学与法医学院、机关党委荣获学校"读懂中国"活动优秀组织奖。上报教育部关工委优秀征文5篇、微视频3个。获教育部关工委2021年"读懂中国"活动最佳征文3篇、优秀征文1篇，学校关工委获教育部关工委2021年"读懂中国"活动优秀组织奖。

【6月24日】学校党委常委会审议通过了《中共四川大学委员会关于加强新时代学校关心下一代工作委员会工作的实施意见》（川大委〔2021〕66号）文件。

【7月1日】校关工委组织校关工委常务副主任、副主任、正副秘书长、办公室正副主任、校关工委各工作指导部正副部长，集中收看庆祝中国共产党成立100周年大会实况，聆听习近平总书记在庆祝中国共产党成立100周年大会的重要讲话。

【7月9日】校关工委召开了"学习贯彻习近平总书记在庆祝中国共产党成立100周年大会上的讲话精神座谈会"，校关工委常务副主任、副主任、正副秘书长、办公室正副主任、校关工委各工作指导部正副部长近30人参加会议。

【7月16日】校关工委召开"学习贯彻党的十九届六中全会精神座谈会"。

【8月】我校关工委撰写的《高校关工委组织建设的经验与启示》专项课题研究论文，被教育部关工委收入纪念教育部关工委成立30周年系列丛书《教育系统关心下一代课题研究成果集萃》，由北京大学出版社出版发行。

【11月18日】中共四川大学委员会、四川大学印发了《关于表彰四川大学2019—2020年度离退休工作和关心下一代工作先进集体、先进个人暨关工

委工作荣誉奖的决定》（川大委〔2021〕76 号）。文学与新闻学院关工委等 10 个单位被授予"四川大学 2019—2020 年度关心下一代工作先进集体"称号；廖君沛等 37 名同志被授予"四川大学 2019—2020 年度关心下一代工作先进个人"称号；从事关工委工作二十年及其以上的丁明双等 57 名同志获得"四川大学关心下一代工作荣誉奖"。

【11 月 29 日】四川大学关心下一代工作委员会印发了《关于通报表扬并颁发四川大学关心下一代工作纪念证的决定》（川大关工委〔2021〕4 号），对曾经或正在为关心下一代工作作出贡献的王苏裕等 498 名离退休老同志，给予通报表扬，特颁发纪念证。

【12 月 7 日】校关工委连续 22 年开展了"关心优秀学生奖学金"的评定工作，并印发了《关于表彰 2020—2021 学年"关心优秀学生奖学金"获奖学生的通知》（川大委学〔2021〕20 号），进行表彰颁奖。周文哲等 20 名学生获得"关心优秀学生奖学金"一等奖，叶庆华等 50 名学生获得"关心优秀学生奖学金"二等奖，颁发奖学金 11.5 万元。

【12 月 22 日】教育部关工委第六次工作会议暨成立 30 周年大会在北京召开，四川大学设分会场。四川大学党委书记王建国，四川大学党委常务副书记、校关工委主任曹萍，副校长、校关工委副主任梁斌，党委副书记、校关工委副主任郭勇，校关工委常务副主任、副主任、正副秘书长、办公室正副主任、各指导部正副部长，关工委先进集体负责同志在分会场参加视频会议。会上，四川大学关工委被授予"全国教育系统关心下一代工作先进集体"称号，唐登学同志被授予"全国教育系统关心下一代工作先进工作者"称号。

【12 月 24 日】四川省教育厅关工委成立 30 周年纪念大会召开，四川大学设分会场。学校党委常务副书记、校关工委主任曹萍，副校长、校关工委副主任梁斌，党委副书记、校关工委副主任郭勇，校关工委常务副主任、副主任、正副秘书长、关工委办公室正副主任、各指导部正副部长，关工委先进集体负责同志在分会场参加会议。校关工委素质教育活动指导部副部长梁明征作为先进个人代表，在主会场参加会议。会上，四川大学关工委被通报表扬为"四川省教育系统关心下一代工作先进集体"，唐登学同志获得"四川省教育系统关心下一代工作突出贡献奖"，梁明征、赵雪琴两同志被授于"四川省教育系统关心下一代工作先进工作者"称号。

【2022 年 1 月 5 日】四川大学隆重召开"四川大学关心下一代工作委员会成立 30 周年暨表彰大会"。校长李言荣同志主持会议，校党委书记王建国同志讲话，校党委常务副书记、校关工委主任曹萍同志作主题报告，校关工委常务

副主任唐登学同志通报了受上级关工委表彰名单，宣读了学校的表彰决定，会上为先进集体和先进个人进行颁奖。学校部分党政领导、校关工委领导班子全体成员、各工作指导部成员、二级关工委负责同志、离退休干部、"五老"代表、受表彰的先进集体和个人近 200 人参加会议。

会后，编印并下发了《四川大学关工委三十年》画册，编辑出版了《晚霞生辉——四川大学关心下一代工作三十年实践与探索》文集。

（编写：汪朝清，四川大学关工委办公室主任）

四川大学关工委组织机构

四川大学关心下一代工作委员会组成人员名单

（2020 年 5 月 15 日）

主　　任：曹　萍

常务副主任：唐登学

副　主　任：梁　斌　张　林　郭　勇　曾学锋
　　　　　　周荣丰　石　坚　郑尚维　杨静波

委员（按姓氏笔画排序）：

兰礼吉	冯永德	卢生元	任　斌
孙金城	许　虹	余　倩	冷文华
李存厚	李清朗	杨万贵	汪朝清
肖友发	邱华明	陈秉元	罗丽君
赵雪琴	胡府斌	徐赐宁	涂敏纳
秦自明	郭明秀	曹养书	梁明征
黄建铨	傅师申	傅运清	曾志源
曾治玉			
李正赤	徐海鑫	陈　森	陈华明
赵　露	胡　兵	王宝富	张红伟
罗德明	罗　卡	严成辉	肇其伟

秘　书　长：杨静波（兼）

副秘书长：罗　卡　周志文　陈　岗　马绍琼

办公室主任：汪朝清

办公室专职副主任：徐　怡

四川大学关工委工作指导部名单

（2018 年 3 月 6 日）

一、思想政治教育指导部

部　　长：兰礼吉
副部长：冯永德　任　斌

二、党建工作指导部

部　　长：曾治玉
副部长：罗丽君　李清朗　肖友发

三、素质教育活动指导部

部　　长：曹养书
副部长：秦自明　梁明征　赵雪琴　傅师申

四、教学与青年教师指导部

部　　长：徐赐宁
副部长：傅运清　曾志源　余　倩

五、心理健康教育及社团活动指导部

部　　长：杨万贵
副部长：黄建铨　郭明秀　许　虹

六、社区教育活动指导部

部　　长：冷文华
副部长：卢生元　邱华明　胡府斌

四川大学各学院（单位）二级关工委组成人员名单

（2018 年 6 月 14 日）

1. 经济学院关心下一代工作委员会

主　任：涂　刚

副主任：梁　剑　廖君沛

委　员：赵玉华　龙树德　王苏裕　杨　玲　刘丸源　朱　莉　车　莉
　　　　杨成惠

秘　书：杨成惠

2. 法学院关心下一代工作委员会

主　任：何继业

副主任：陈永革

委　员：左卫民　刘昕杰　谢维雁　悦　洋　蔡明婧

秘　书：产炜炜

3. 文学与新闻学院关心下一代工作委员会

主　任：古立峰

副主任：张　莹　吴茂楠　罗　梅

委　员：梁小梅　银　浩　吴朝义　李朝正　杜　蓉　李　苓　肖　键

秘　书：袁　昊

4. 外国语学院关心下一代工作委员会

主　任：黄小虎

副主任：赵　毅　张裕树

委　员：向晓华　敖　凡　余国强　李凤秀　郑锦璨　冯泽辉　杨　柳
　　　　程中慧　胡　刚　陈　跃　高晓钢　田旭雯

秘　书：张菲菲

5. 艺术学院关心下一代工作委员会

主　任：汪东升

副主任：李延浩

委　员：陈晓霞　刘　婷　马　林　李　艳　陈奕钰　陈　倩　段禹农
　　　　袁一民

秘　书：陈奕钰

6. **历史文化学院（旅游学院）关心下一代工作委员会**

主　任：陶　宏

副主任：霍　巍　姜　华　李永宪

委　员：鲍承志　李映福　李志勇　王　果　成功伟　李映发　黄　伟
　　　　李晓涛　陆正宇　张正裕　伍宗华

秘　书：李雪梅

7. **数学学院关心下一代工作委员会**

主　任：覃孟念

副主任：李清朗　寇辉　徐友才

委　员：黄大奎　谢勉忠　李　海　赵国松　张慎语　张　丹　张　宏

秘　书：罗晓蓉

8. **物理科学与技术学院（核科学与工程技术学院）关心下一代工作委员会**

主　任：张　波

副主任：朱建华　曹养书

委　员：龚　敏　张　红　蒋　刚　陈　钢　纪智宏　郭永康　谢懋浓
　　　　张一云　沈明元　王广照

秘　书：袁　菁

9. **化学学院关心下一代工作委员会**

主　任：王智猛

副主任：谢　均　郭明秀

委　员：游劲松　李　坤　刘　波　郑成斌　邓锦林　钟安永　李　方
　　　　徐泽民　肖友发　赖琼钰　谢明贵

秘　书：李　倩

10. **生命科学学院关心下一代工作委员会**

主　任：吴近名

副主任：胡永松　杨守忠　姜丹蓉

委　员：黄位联　刘绍龙　孙启玲　傅华龙　贾勇炯　罗昌全　李　虹

秘　书：陈立立

11. **电子信息学院关心下一代工作委员会**

主　任：陈笃海

副主任：张启灿　龙建忠

委　员：雷印杰　杨　阳　彭龙商　陈元亨　罗代升　秦鸿镒

秘　书：李运国

12. 材料科学与工程学院关心下一代工作委员会

主　任：张晓满

副主任：刘蓉生　武莉莉

委　员：付　梅　韩纪梅　刘丽娟　王　娇

秘　书：刘丽娟

13. 制造科学与工程学院关心下一代工作委员会

主　任：惠新强

副主任：唐世红　黄成祥

委　员：张　毅　方　辉　罗　阳　李方信　张汉文　杨传云　余洪俊

秘　书：徐祥羽

14. 电气信息学院关心下一代工作委员会

主　任：韩　芳

副主任：吕　林　胡淑群　张英敏

委　员：张世三　敬　东　郭永德　李小根　许　虹　黄顺良　曾立渊

秘　书：夏　磊

15. 计算机学院（软件学院）关心下一代工作委员会

主　任：蒋　斌

副主任：朱　敏　董柯平　伍良富

委　员：李炳法　谢　汶　周明唐　贺德珏　叶明隆　吴子华　赵成祥
　　　　何明儒　唐常杰　聂　靖　倪胜巧

秘　书：张飞絮

16. 建筑与环境学院关心下一代工作委员会

主　任：王　晖

副主任：楚英豪　李昌慈　陈泰川

委　员：姚景亮　刘火生　蒋明建　胡玉英　周　敏　金　燕　陈小青

秘　书：曾伟珉

17. 水利水电学院关心下一代工作委员会

主　任：杨兴国

副主任：黄晓荣　庄文化　王玉华

委　员：舒仲英　陈祖明　张　林　伍　超　陈家远　何昌荣　马　丹
　　　　赵　毅　余　挺　费文平　孟玉川　刘　华　徐奴文

秘　书：陈　敏

18. **化学工程学院关心下一代工作委员会**

主　任：李天友

副主任：梁明征　姜利寒　余徽

委　员：罗光华　刘钟海　朱立嘉　付晓蓉　赵红卫　方为茂　寇承平
　　　　黄文辉　李维俊　傅运清　夏代宽　卿培亮　李晓燕

秘　书：杨谨瑗

19. **轻纺与食品学院关心下一代工作委员会**

主　任：冯国涛

副主任：廖隆理

委　员：华　坚　吴奏谦　李志元　祝　蔚　肖　凯　王坤余　傅师申
　　　　陈衍夏

秘　书：李　慧

20. **高分子科学与工程学院关心下一代工作委员会**

主　任：牟德富

副主任：钱祉祺　丁明双

委　员：张举祥　张洁辉　胡泽容　常建勋　曾邦禄　王泽琼　何成生
　　　　钟银屏　刘明清　张卫勤

秘　书：蒋雨芹

21. **华西基础医学与法医学院关心下一代工作委员会**

主　任：李昌龙

副主任：郭晓伟　刘亚群

委　员：孔古娅　卿德华　王若涵　贾文祥　曾志源　黄　莉　李　昕
　　　　陈维操　董晓爱

秘　书：陈维操

22. **华西临床医学院（华西医院）关心下一代工作委员会**

主　任：沈　彬

副主任：邓绍林　刘伦旭

委　员：欧阳钦　成翼娟　田浩明　裴福兴　周翔平　艾春霞　程述森
　　　　余　淳　张　猎　廖浩君

秘　书：廖浩君　王　涵

23. **华西第二医院关心下一代工作委员会**

主　任：王素霞

副主任：王红静

委　员：陈大鹏　张　静　陈莉娟　黄莉君　冉尼山　贾苍松　彭芝兰
　　　　　游　泳　杨太珠

秘　书：陈莉娟

24. 华西口腔医学院关心下一代工作委员会

主　任：谭　静

副主任：王晓毅　孙建勋　温玉明

委　员：张金军　何　苗　张凌琳　谭　红　林　梅　胡德渝　史宗道
　　　　　巢永烈　陈扬熙

秘　书：瞿　星

25. 华西公共卫生学院（华西第四医院）关心下一代工作委员会

主　任：方　云

副主任：张　琦　潘　杰　王国庆

委　员：陈光清　张朝武　马　骁　安　珍　程崇泉　游全程　康小槟
　　　　　佘玉琼　邹　毅　全立明　姜春萍　黄　倩　李　双

秘　书：车　安

26. 华西药学院关心下一代工作委员会

主　任：章　程

副主任：成淑杰

委　员：胡晓娟　陈艳芳　张志荣　莫正纪　徐　正　马志坚　陆一霞

秘　书：陈蕾蕾

27. 公共管理学院关心下一代工作委员会

主　任：杨　磊

副主任：侯　苹

委　员：杨　戎　倪道善　吴　军　孙家鳌　沈治宏　罗亚玲　刘　玲
　　　　　兰旭凌

秘　书：邓雅芯

28. 商学院关心下一代工作委员会

主　任：李小平

副主任：钟　胜　赖新农　曾治玉

委　员：刘莉莉　隗玉梁　魏宏皓　梁元第　李明德　马孝华　汪贤裕
　　　　　贺昌政

秘　书：隗玉梁

29. **马克思主义学院关心下一代工作委员会**

主　任：刘吕红

副主任：兰礼吉　刘　渊

委　员：何洪兵　王洪树　曹玉蓉　黄建铨　任　斌　邢海晶　徐冠楠

秘　书：唐加玥

30. **体育学院关心下一代工作委员会**

主　任：夏泽友

副主任：袁志华　曾大中

委　员：沈际洪　向丹雄　王秀芳　李俊华　周克秀

秘　书：佘德琼

31. **老干总支关心下一代工作委员会**

主　任：史冰川

副主任：陈　岗　马绍琼　杜　江

委　员：张启民　刘建学　孙　慈　杨万贵　张平治

秘　书：朱　颖

32. **机关党委关心下一代工作委员会**

主　任：兰利琼

副主任：汪朝清　邓　薇

委　员：唐登学　罗丽君　成北良　雷　雨　范德全　熊　伟　马　涛
　　　　黄雯雯　苏　春

秘　书：苏　春

33. **图书馆关心下一代工作委员会**

主　任：陈明惠

副主任：杜小军　蒋德明

委　员：何德华　杨福枢　孙惠民　冯泽泗　郝建新　蒋真明　王兴伦
　　　　姜　晓　韩　夏

秘　书：张　宸

34. **分析测试中心关心下一代工作委员会**

主　任：吴　兰

副主任：黄桂芳　吉晓江　朱晓帆

委　员：周　杰　赵修贤　杨文树　吕晋川

秘　书：李沅爱

35. 出版社及学报关心下一代工作委员会

主　任：宋绍峰

副主任：张凌之　杨丽贤　罗从正

委　员：伍少梅　汤　洁　邱　爽　赵　婧　胡　林　李知恕　张祖权
　　　　罗惠坤　杜　羿

秘　书：李金兰

36. 成人继续教育学院（成教与网络）关心下一代工作委员会

主　任：乔长江

副主任：刘　勇　殷　明　李建国

委　员：黄太送　张正元　万鸿声　刘　蓉　郑祖铨　张　蓉　唐阿友

秘　书：黄　洁

37. 出国留学人员培训部（出国留学预备学院）关心下一代工作委员会

主　任：刘　琍

副主任：陈　兵　谢永年

委　员：鄢　澜　唐雪虹　季春琳　李旭光　柳　艳

秘　书：季春琳

38. 科技产业集团关心下一代工作委员会

主　任：刘　杰

副主任：钟　武　宋江洪　胡　刚

委　员：何念威　苏乾伟　牟　群　万弟民　杨泽建　浦仁萍　杨爱民
　　　　谢　刚

秘　书：谢　刚

39. 后勤集团关心下一代工作委员会

主　任：罗　卡

副主任：熊寿华　郭小俐　王定昌

委　员：万海清　兰　京　成举权　杨　旭　杨凌云　吴　文　张一驰
　　　　陈　锜　庆　军　罗　婷　周　乐　秦自明　高　山

秘　书：陈　锜

后 记

四川大学关工委成立三十周年了，为了回顾三十年来校关工委在建立、发展、创新过程中的实践与探索，总结我们过去的成绩、经验，探索新时代关工委工作的创新发展，我们专门编辑了《晚霞生辉——四川大学关心下一代工作三十年实践与探索》这本文集，以此纪念四川大学关心下一代工作委员会成立三十周年。

为了编辑好文集，校关工委在 2020 年、2021 年先后发出征集稿件的通知，校、院（单位）关工委和关工委六个工作指导部，积极行动，在做好防控新冠肺炎疫情的同时，动员、组织有关同志撰写文章和理论研究成果，为编辑出版文集提供了强有力的支撑和保障。

对编辑文集，学校党政领导非常重视，有关职能部门和四川大学出版社等单位大力支持，值此，我们对关心、支持本文集出版的学校党政领导，相关单位以及为编辑出版付出辛勤工作的同志，表示衷心的感谢！

由于我们水平有限，难免有疏漏和不足之处，欢迎读者提出宝贵意见。

四川大学关心下一代工作委员会《晚霞生辉》编委会

2022 年 2 月 23 日